Stefan Scherer
Einführung in die Dramen-Analyse

Einführungen Germanistik

Herausgegeben von
Gunter E. Grimm und Klaus-Michael Bogdal

Stefan Scherer

Einführung
in die Dramen-Analyse

Die Deutsche Nationalbibliothek verzeichnet diese Publikation
in der Deutschen Nationalbibliografie;
detaillierte bibliografische Daten sind im Internet über
http://dnb.d-nb.de abrufbar.

Das Werk ist in allen seinen Teilen urheberrechtlich geschützt.
Jede Verwertung ist ohne Zustimmung des Verlags unzulässig.
Das gilt insbesondere für Vervielfältigungen,
Übersetzungen, Mikroverfilmungen und die Einspeicherung in
und Verarbeitung durch elektronische Systeme.

© 2010 by WBG (Wissenschaftliche Buchgesellschaft), Darmstadt
Die Herausgabe dieses Werkes wurde durch
die Vereinsmitglieder der WBG ermöglicht.
Satz: Lichtsatz Michael Glaese GmbH, Hemsbach
Einbandgestaltung: schreiberVIS, Seeheim
Gedruckt auf säurefreiem und alterungsbeständigem Papier
Printed in Germany

Besuchen Sie uns im Internet: www.wbg-wissenverbindet.de

ISBN 978-3-534-16266-6

Inhalt

I. Gattungsbegriff 7
   1. Was ist ein Drama? 7
   2. Begriffsgeschichte und Begriffsklärungen:
      Drama – Dramentheorie – Dramaturgie 9
   3. Konstitutive Merkmale des Dramas im System der
      literarischen Gattungen 12
   4. Das Kommunikationssystem des Dramas 16
   5. Das Drama als plurimediale Darstellungsform –
      Verhältnis von Text und Inszenierung 17

II. Forschungsbericht 19

III. Grundbegriffe der Dramen-Analyse 24
   1. Bauelemente der dramatischen Rede 24
   2. Bauformen des Dramas 32
   3. Gattungssystem – Formen des Dramas 44
   4. Weitere Kategorien zur Interpretation dramatischer Texte ... 55
   5. Episierung des Dramas 58

IV. Dramentheorien – Die *Poetik* von Aristoteles als Basistext 61

V. Geschichte des Dramas 70
   1. Von der Antike bis zur Frühen Neuzeit 70
   2. Aufklärung – Sturm und Drang 75
   3. Drama um 1800 – Klassik – Romantik 78
   4. 19. Jahrhundert – Geschichtsdrama 82
   5. Moderne 88
   6. Tendenzen seit den 1970er Jahren –
      ‚Postdramatisches' Theater 101

VI. Einzelanalysen 105
   1. Friedrich Schiller: *Kabale und Liebe* 105
   2. Georg Büchner: *Danton's Tod* 114
   3. Gerhart Hauptmann: *Vor Sonnenaufgang* 123
   4. Bertolt Brecht/Kurt Weill:
      Aufstieg und Fall der Stadt Mahagonny 131
   5. Thomas Bernhard: *Der Theatermacher* 139

Kommentierte Bibliographie 147
Personenregister 155
Sachregister 157

I. Gattungsbegriff

1. Was ist ein Drama?

Das Drama ist eine ursprüngliche, wenn nicht die ursprünglichste Kunst des Menschen überhaupt. Früh waren die Menschen ‚Theatermacher', um die Götter zu besänftigen, aber auch, um sich für die Jagd und die Schlacht zu wappnen. In gewisser Hinsicht ist auch das Familienleben eine Schule des Theaters, insofern im engeren Sozialverband Nachahmung, Beobachtung, Verhandlung und Rollenspiel nötig werden. Die leibhaftige Nähe anderer Menschen erzwingt hier soziale Reaktionen und ästhetische Einschätzungen, die zwischen Anteilnahme und Abgrenzung oszillieren. Gerade die reale Präsenz eines Menschen auf der Bühne macht das Theater so attraktiv. Aus diesem Sachverhalt erklärt sich ein elementarer Mechanismus der ästhetischen Erfahrung: Die leibhaftige Anteilnahme kann zur Veränderung menschlicher Dispositionen führen, denn das gewissermaßen körperliche Verstehen eines anderen Menschen schult die Fähigkeit, sich in dessen Lage zu versetzen.

<small>Drama als ursprüngliche Kunst</small>

Darüber hinaus hängt das Theater mit dem Glauben zusammen: Der religiöse Kult, die Wechselgesänge in der Liturgie der Kirche, die geistlichen Spiele zu den kirchlichen Festen im Mittelalter richten sich an den großen Zuschauer Gott im *theatrum mundi*. Die Geschichte des Dramas – sowohl im griechisch-antiken als auch im christlichen Bereich – ist auch eine Emanzipationsgeschichte gegenüber den Göttern, ein Ersatz für die metaphysische Obdachlosigkeit im Verdacht auf die Gottlosigkeit der Welt. Am Anfang war das Theater Gottesdienst, bei den Griechen das Fest für Dionysos, für den Sohn des Zeus, der als bocksfüßiger Gott für Rausch und Verwandlung stand, für Wein und Fruchtbarkeit. Für diesen Gott wurden seit dem 5. Jahrhundert v. Chr. am Südhang der Akropolis die ersten Festspiele, die Großen Dionysien, veranstaltet.

<small>Religionsersatz</small>

Das Drama dient in diesem Rahmen der Selbstdarstellung der *polis*, eines sozialen Raums also, in dem öffentliche Belange in ästhetischer Weise probeweise durchgespielt werden. Die Aufführung versetzte die Gemeinschaft der Zuschauer in einen rauschhaften Bann (griech. *ekstasis*) – auf eine durch die Kunst regulierte Weise, so dass der dionysische Rausch apollinisch gebannt blieb. Insofern dient das Theater der öffentlichen Kontrolle im Sinne eines gleichsam gebändigten Rauschs. Es kanalisiert den Triebhaushalt des Einzelnen in der Gemeinschaft. Daraus lässt sich zwanglos die Lehre von der Katharsis in der *Poetik* von Aristoteles ableiten. Das Theater ist demnach eine institutionalisierte gesellschaftliche Praxis, die der Reinigung der Affekte dient, aber auch der Reinigung von ihnen. Es kommt ihm daher die Aufgabe zu, das soziale Funktionieren der Gemeinschaft zu garantieren, indem sich der Mensch auf ästhetisch organisierte Weise seinen Körperregungen hingeben darf. So dient das Theater auch als Katalysator der problematischen Triebe im Menschen.

<small>Selbstvergewisserung, Probehandeln und Triebabfuhr in der *polis*</small>

Die Dionysien wurden mit einer Prozession eröffnet. Daraufhin schlachtete man bis zu 300 Opfertiere, die gebraten und verzehrt wurden. Erst dann begann das Spiel auf der Bühne, die zuvor mit dem Blut der geopferten Jungtiere gereinigt wurde. Das Ensemble bestand aus dem Chor, verkleidet als Bocksherde, und professionellen Schauspielern, die dem Chor mit Masken gegenüberstanden. Der erste bekannte griechische Tragödienautor Thespis löste 534 v. Chr. einen Spieler aus dem Chor und ließ ihn als Einzelnen gegen das Kollektiv sprechen. So entstand der Dialog, die Wechselrede zwischen einzelner Person und Gruppe. Die nachfolgenden griechischen Tragiker im 5. Jahrhundert v. Chr. vermehrten daraufhin die Einzelspieler: Bei Aischylos kam der zweite, bei Sophokles schließlich der dritte Schauspieler hinzu. Jeder von ihnen konnte mehrere Rollen spielen. Aus dieser Entwicklung entstand die Regel, dass höchstens drei Personen an einem Dialog beteiligt sein sollten.

Grundform Wechselrede

Der Dialog, den Schauspieler auf der Bühne nachahmen, genauer gesagt betreiben, spielen und als Spiel darstellen, bildet das Kernelement des Dramas, das durch die griechischen Tragödienautoren als literarische Kunstform entstand. Das Drama wird jetzt zum literarischen Text, „der neben einer Lektüre die Inszenierung auf dem Theater ermöglicht" (Ottmers 1997, 392). Es handelt sich demnach um eine Dichtung, die auf eine Theateraufführung hin ausgerichtet, genauer vorab für die Umsetzung in einem anderen Medium mit anderen Zeichensystemen konzipiert ist. Aus diesem Grund beachtet diese Gattung bereits in der literarischen Gestaltung bestimmte Strukturvorgaben der Aufführbarkeit, mit anderen Worten bereits im Zeichensystem der Schrift die verschiedenen Zeichensysteme der Bühne. Diese Orientierung an der Bühne schließt historische Formen einer experimentellen Dramatik nicht aus, die zum Teil sogar mutwillig vom Gesichtspunkt der Inszenierung absehen. Diese sog. Lesedramatik, die auf Anforderungen der Bühne (Länge des Stücks, szenischer Aufwand und Grenzen bzw. Möglichkeiten der theatralischen Umsetzung) keine Rücksicht nimmt, stellt einen Grenzfall dar (Ottmers 2000). Aber auch hierbei greift ein Effekt, der die dramatische Rede von den beiden anderen literarischen Hauptgattungen unterscheidet: Das Drama suggeriert Unmittelbarkeit in der szenischen Darstellung fiktiver (Wechsel-)Reden, die in einer bestimmten Situation geäußert werden. In der Aufführung gewinnt diese Darstellung plastische Gestalt. Der Dramatiker ist der Plastiker unter den Dichtern (A.W. Schlegel 1967, 112), weil sein Text ohne Vermittlung (durch einen Erzähler) auf der Bühne raumgreifend anschaulich und damit sinnlich evident wird.

Theatralität

Auf der Bühne wirkt der theatralische Apparat, d.h. das ganze Arsenal von Zeichensystemen, mit denen die fünf Sinne des Menschen angesprochen werden. Neben der (Wechsel-)Rede von Figuren spielen dabei uralte Darbietungsformen hinein: das gestische Spielen und das Zeigen dieses Spiels, der Tanz und die Pantomime als körperliches Nachahmen einer Handlung. Spielen, Zeigen und Darstellen sind Grundformen der szenischen Repräsentation (Gelfert 1992, 11). Bezieht sich das Spielen auf die motorischen wie sprachlich-assoziativen Impulse, die im Spiel entstehen, meint das Zeigen die theatralische Wiedergabe einer Fiktion in Ereignissequenzen. Mit dem Darstellen kommt schließlich ins Spiel, dass ein Geschehen so simuliert wird, dass es den Zuschauer mit seiner Gegenwart berührt – indem er in den ästhetischen Schein hineingezogen, indem er illudiert wird (von lat. *illudo*: spielen, täuschen/betrügen). Ein Kern des Dramas als Theaterereignis besteht deshalb darin, dass es den Zuschauer in eine ästhetische Simulation als Probehandeln verstrickt – ein Konzept, das seit Aristoteles bis ins frühe 20. Jahrhundert hinein gültig ist und erst mit der kritischen Verfremdung von Brecht zur Distanz gegenüber der szenischen Illusion gebrochen wird. Aber auch diese Demonstrationsdramatik baut noch auf die sinnliche Evidenz von Bühnenereignissen, die von Menschen verkörpert werden.

Ein grundlegendes Kennzeichen wahrt sogar das sog. Lesedrama, das Kriterien der Aufführung nicht vorab beachtet: Es besteht in der Kombination zweier Textsorten – genauer einer fiktiven direkten Rede als Haupttext in Verbindung mit Textpassagen, die diese Rede „arrangieren, situieren, kommentieren" (Ottmers 1997, 392). Die Gesamtheit dieser Elemente nennt man Nebentext. Die Minimalform des Nebentexts besteht in einer Angabe für den Sprecherwechsel. Längere Nebentexte, die u. a. Hinweise auf die Inszenierung geben, können erzählerisch angelegt sein. Sie dienen dann dazu, die Figurenreden zu deuten oder das Handeln der Figur zu kommentieren (Korthals 2003, 108–129). Solcherart episierende Nebentexte kommen aber gehäuft erst im modernen Drama mit Vorläufern in der Romantik und im Vormärz vor. Wichtig zur Beurteilung eines Dramas ist auf jeden Fall das quantitative Verhältnis von Haupt- und Nebentext. Die Kombination zweier Textsorten, die funktional aufeinander bezogen sind, unterscheidet das Drama von den beiden anderen Hauptgattungen Epik und Lyrik. Im Grunde genommen ist das Drama ein Arrangement direkter Figurenreden, das als Vorlage für ein Theaterspiel dient. Darauf kann der Nebentext auch explizit hinweisen: „ODYSSEUS mit dem Heer über die Bühne ziehend" (Kleist: *Penthesilea*,12. Auftritt).

Haupt- und Nebentext

2. Begriffsgeschichte und Begriffsklärungen: Drama – Dramentheorie – Dramaturgie

Das Wort Drama leitet sich aus griech. *tí dráso* („Was tun?") ab, das Aischylos in seiner *Orestie* (im zweiten Stück *Choephoren*) mit dem Verb *drán* ins Spiel bringt (Aischylos 1988, 170, V. 899). Akzentuiert wird damit ein bestimmter Aspekt der Handlung: Während *práttein* auf das Ziel und die Vollendung einer Handlung ausgerichtet ist (Aristoteles 1982, Kap. 3, 11), tritt bei Aischylos mit *tí dráso* im Sinne von ‚etwas begehen', ‚etwas tun wollen' ein Aspekt in den Vordergrund, durch den die Aktivität, das Tun selbst auf dem Spiel steht. Das *drán*, das dem Drama den Namen gibt, treibt den Handelnden an. Es bezieht sich aber weder auf einen zielgerichteten Verlauf noch auf die „fortlaufende Kette eines notwendig zusammenhängenden und einheitlichen Wirkens", sondern auf den „entscheidenden Punkt, auf die ‚Tat', die am Anfang des Handelns steht, [...] auf die ‚Ent-Scheidung', in der sich der Zwiespalt der Welt auftut" (Schnell 1928, 14). *Drán* bleibt in der *Orestie* von Aischylos daher stets auf die „Überwindung von Zaudern und Unschlüssigkeit" bezogen und markiert den Anfang bzw. den Entschluss zum Tun. Es bezeichnet eher einen Vorhof des Handelns, in dem es um ein Sich-Entscheiden, um das Anbrechen der Tat geht (Vogl 2007, 33, 26).

„Was tun?"

Das griechische Wort *dráma* ist vor diesem Hintergrund eine Ableitung des Verbs *drán* und bedeutet soviel wie ‚Hände betätigen', ‚körperlich agie-

Handeln

ren', ‚hantieren'. Allgemeiner meint es mit Aristoteles ‚tun' bzw. ‚handeln', im künstlerischen Bereich ‚mimetisch darstellen', so dass bereits mit dem Wort der zentrale Aspekt der *imitatio* mitgeteilt wird. Es bezeichnet die Nachahmung einer Handlung und die ästhetische Darstellung dieser Nachahmung: „‚Dramen' [...] ahmen ja sich Betätigende (*dróntes*, von *drán*) nach" (Aristoteles 1982, Kap. 3, 9f.). Aristoteles meint damit die schauspielerische Tätigkeit auf der einen, die dramatische Handlung auf der anderen Seite (Asmuth 1994, 907). Die Ableitung *dramaturgía* bezeichnet dann die Anfertigung von Dramen unter Berücksichtigung der Regeln und Strukturen, die dabei zu beachten sind (Schmid 1997, 399).

Drama – Schauspiel – Schaubühne

Die weitere Entwicklung der Dramentheorie führte am Substantiv Drama lange Zeit vorbei. Horaz spricht in der *Ars Poetica* von *scaena, actus, fabula* (Horaz 1972, V. 125 u. 183, 129 u.189, 190). Er verwendet also Begriffe, die auch für erzählende Formen gelten, auch wenn er damit die Einteilung des Dramas nach 5 Akten begründet (ebd., V. 189f.). Erst im Gefolge des lat. Grammatikers Diomedes (4. Jahrhundert) ist von „genus dramaticon", von dramatischer Dichtkunst die Rede (Curtius 1963, 438), wenn auch vorerst nur vereinzelt wie bei Scaliger. Das Einzelwerk wird noch bei Lessing und Schiller als „dramatisches Gedicht" bezeichnet, so *Nathan der Weise* (1779) und *Don Carlos* (1787). Die Gattungstrias – lyrische, epische, dramatische Dichtung – etabliert sich erst Ende des 18. Jahrhunderts in der Nachfolge von Batteux durch Goethes Rede von den „Naturformen der Poesie" (Goethe 1982, 187). Erst jetzt entwickelt sich Drama zum führenden Begriff im Unterschied zu den vorher eingebürgerten Wörtern Schauspiel (16. Jahrhundert) und Theater bzw. (Theater-)Stück noch Mitte des 18. Jahrhundert wie in Lessings *Hamburgischer Dramaturgie* (1767–1769).

Von Dramen ist daher erst seit Ende des 18. Jahrhunderts, durchgängiger seit dem 19. Jahrhundert die Rede, so in Grabbes *Napoleon oder die hundert Tage. Ein Drama in fünf Aufzügen* (1831) oder Büchners *Danton's Tod. Ein Drama* (1835). Erstmals verwendet Gerstenberg 1766/67 den Begriff gegenüber dem bis dahin gängigen Untertitel ‚dramatische Dichtung' (Asmuth 1994, 908). Dabei gibt offenbar Lessings Diderot-Übersetzung von 1760 den Anstoß, insofern die ‚Dritte Unterredung' in Abschnitt II „[d]as ganze System der dramatischen Gattung" ankündigt (Lessing 1990, 20). Bei Schiller gibt es den Untertitel Drama noch nicht. Im 18. Jahrhundert wird Drama noch neben den Wörtern Schaubühne und Schauspiel synonym gebraucht. In Johann Joachim Eschenburgs *Beispielsammlung zur Theorie und Literatur der schönen Wissenschaften* gibt es dementsprechend noch die Redewendung „Drama oder Schauspiel" (Eschenburg 1793, 163). Systematisch werden die Begriffe in Sulzers Schrift *Allgemeine Theorie der schönen Künste* (1773) unterschieden: Drama bezeichnet hier den dichterischen Text in seiner schriftlichen Form (als „Dichtkunst") und weniger das aufgeführte Werk. Sulzer trennt damit das Drama vom „Schauspiel, dazu es dienet" (Sulzer 1792, 710): „[D]ie Schaubühne aber stellt uns würklich handelnde Menschen vors Gesicht, und das Drama enthält ihre Reden" (ebd., 705). Um 1800 bezeichnet das Wort Schaubühne daher v.a. den theaterpraktischen Aspekt gegenüber dem nun als Kunstwerk nach Maßgabe der Autonomieästhetik aufgefassten Drama.

Dramentheorie

Die Dramentheorie ist ein Teilgebiet der Literaturwissenschaft, das alle begrifflichen Systematisierungen und historischen Diskussionen zu dramatischen Texten umfasst. Sie beschäftigt sich mit der Form, Funktion und Geschichte der für das Theater geschriebenen Texte, weniger aber mit ihren Aufführungen selbst. Dafür ist eine andere Disziplin, die Theaterwissenschaft, zuständig. Einzelne Problemfelder der Dramentheorie ergeben sich aus spezifischen Fragestellungen: Was ist ein Drama? Worin bestehen die konstitutiven Elemente des Dramas im System der literarischen Gattungen? Wie verhält es sich mit der Wortverwendung im historischen Kontext? Die Dramentheorie ist in diesem Sinn ein Teilbereich der allgemeinen Gattungstheorie, eine spezielle Gattungstheorie also. Auf Aspekte dieser Gattung selbst bezogen interessiert sie sich für Kriterien der Unterscheidung von Genres (Komödie, Tragödie, Tragikomödie, Bürgerliches Trauerspiel usw.). Sie untersucht Organisationsprinzipien des Dramas in systematischer Absicht, also Bauelemente, Stilmittel, Formen und Funktionen der Figurenrede, daneben die verschiedenen Gliederungsprinzipien (Akt, Szene) bis hin zu Bauformen und typologischen Unterscheidungen (offenes vs. geschlossenes Drama). Schließlich erforscht die Dramentheorie die poetologischen Äußerungen von Autoren zur Struktur und Geschichte der Dramatik. Dabei kann es sich um Äußerungen zu eigenen Dramen oder um Überlegungen zur Dramatik anderer Autoren handeln, wie es etwa Lessing in seiner *Hamburgischen Dramaturgie* als Ansammlung von Theaterkritiken praktiziert, die sich bei Gelegenheit zu Befunden mit allgemeingültigem Anspruch ausweiten. Schließlich unternimmt es die Dramentheorie, diese Debattengeschichte philologisch zu rekonstruieren.

Unter Dramaturgie versteht man einerseits die Lehre von der Technik und Kunst des Dramas, wobei Möglichkeiten und Grenzen der theatralischen Umsetzung gewürdigt werden. Sie formuliert also praktische Regeln für die Inszenierung eines dramatischen Texts (Schauplatzwechsel, Wechsel des Bühnenraums u. a.) und poetische Regeln für dessen Anfertigung, so die Lehre von den drei Einheiten, die ein elementares Kriterienbündel für die Aufführbarkeit eines Stücks bereithält. Insofern bedenkt die Dramaturgie auch die Bedingungen zur Steuerung einer beabsichtigten Wirkung. Andererseits bezeichnet das Wort Dramaturgie das Büro und das Tätigkeitsfeld des Dramaturgen, bedingt durch die je historischen, institutionellen und medientechnischen Bedingungen des Theaters und die historischen Interessen eines Regisseurs. *Dramaturgie*

Für Aspekte der Dramen-Analyse interessieren sich unterschiedliche wissenschaftliche Disziplinen: sowohl die Literatur- als auch die Theater-, Medien- und Kulturwissenschaft. Aspekte der Aufführung und Theatralität eines Stücks gehören im engeren Sinne zum Gegenstandsbereich der Theaterwissenschaft und ihren Teilbereichen Theatergeschichte, Theatertheorie, Dramaturgie und Theaterkritik. Zudem analysiert diese Disziplin einzelne Inszenierungen, so dass man eine theoretische, systematische und historische Theaterwissenschaft unterscheiden kann (Balme 2008, 13; Brincken/Englhart 2008). In dieser *Einführung in die Dramen-Analyse* interessieren in erster Linie Dramen als Texte, damit v. a. die analytischen Kategorien zur Interpretation dieser Texte im historischen Zusammenhang. Beobachtungen zur Aufführungsgeschichte eines Dramas erfordern grundsätzlich andere Zugangsweisen. *Theaterwissenschaft*

Zu beachten ist in diesem Zusammenhang, dass die Dramentheorie bis weit ins 18. Jahrhundert Gesichtspunkte der Aufführung wenig gewürdigt hat, weil sich die Autoren in erster Linie für den dramatischen Text interes- *Dichtung vs. Aufführung* sierten. Schon Aristoteles hält fest, dass die Aufführung demgegenüber bloß äußerlich sei: „Die Inszenierung vermag zwar die Zuschauer zu ergreifen; sie ist jedoch das Kunstloseste und hat am wenigsten etwas mit der Dichtkunst zu tun" (Aristoteles 1982, Kap. 6, 25). An diesen Befund knüpft noch Lessing an, wie auch immer die Konzeption seiner Dramen und seine Dramentheorie selbst an die Wirkung auf den Zuschauer gekoppelt ist (Lessing 2003, 703).

3. Konstitutive Merkmale des Dramas im System der literarischen Gattungen

Mimesis von Wirklichkeit

Aristoteles charakterisiert das Drama als Nachahmung von „handelnde[n] Menschen" (Aristoteles 1982, Kap. 2, 7). Während sich in der Lyrik der subjektive Bewusstseinsinhalt eines Einzelnen artikuliert, ohne dass dies auf den Umgang mit anderen Personen zurückgeht, ahmen dramatische und epische Texte eine bestimmte Wirklichkeit nach. Diese Nachahmung von Wirklichkeit in einer authentischen Darstellung, gezeigt und gespielt von handelnden Personen, wird erst in der Moderne problematisch, weil hier die Wirklichkeit bzw. das, was man darunter versteht, selbst in Frage steht.

Das Theater lässt die sprachlichen Zeichen der Textvorlage im physischen Sinne real werden, indem es weitere Zeichensysteme einsetzt und damit die fünf Sinne des Menschen ansteuert. Der Zuschauer muss sich das Realisierte nicht mehr vorstellen wie bei der Lektüre, denn es wird ihm als Geschehen tatsächlich vor Augen gestellt: als eine eigene, anschauliche Wirklichkeit im ästhetischen Raum des Theaters, der als solcher bestimmte Grenzen für die reale Präsenz des Stücks festlegt. Seit dem französischen Klassizismus sind die drei Einheiten, die aus diesen Vorgaben abgeleitet wurden, als normativ denunziert worden – durchaus zu Unrecht, denn unter der Prämisse, dass der Inszenierungscharakter auf der Bühne unsichtbar werden soll, erweisen sich die drei Einheiten sogar als „Bedingung der Möglichkeit von Illusion und konsistenter Vollziehbarkeit" des Geschehens (Landwehr 1996, 39). Erst dadurch wird das Bewusstsein, dass es sich um eine Inszenierung handelt, ausgelöscht, denn nur so kann die Verwechslung der ästhetisch simulierten Realität mit einer tatsächlich möglichen Realität gelingen.

Unmittelbarkeit

Die besondere Stellung des Dramas im System der literarischen Gattungen geht darauf zurück, dass es eine Geschichte auf szenische Weise darstellt, sowohl was das Darstellen als auch das Ergebnis dieses Darstellens betrifft. Dieser Modus signalisiert die spezifische Unmittelbarkeit, die diese Form der ästhetischen Nachahmung gegenüber der Epik suggeriert. Die direkte Konfrontation bewirkt entweder die Identifikation im ernsten oder die eher distanzierte Betrachtung im komischen Genre, bedingt durch das Lachen. Auf jeden Fall aber wird der Rezipient eines Dramas direkt in das Geschehen verstrickt. Erst mit Brechts Abkehr vom aristotelischen Theater soll der Zuschauer durch eine verfremdende Darstellung vor dieser direkten Illusionierung bewahrt werden. Er wird damit auf andere Weise mit der Darstellung konfrontiert: Die auf der Bühne gezeigte Wirklichkeit ist nun veränderbar. Die Distanz durch den Verfremdungseffekt soll eine Kritik an der Wirklichkeit kraft Einsicht in eben diese Veränderbarkeit provozieren.

3. Konstitutive Merkmale des Dramas

Gattungen sind Beschreibungskategorien zur systematischen Klassifikation literarischer Texte. Gattungsbegriffe sind deshalb Klassenbegriffe, die aus einer begrenzten Menge gemeinsamer Merkmale von Textgruppen gewonnen werden. Sie sind Konstruktionen, d. h. wissenschaftlich konstituierte Einheiten aufgrund einer bestimmten Theoriebildung. Mit anderen Worten gibt es Gattungen nicht als solche. Gattungen sind vielmehr Ensembles sprachlicher und struktureller Merkmale, die einer Gruppe von Texten gemeinsam sind und diese eine Gruppe zu einem historischen Zeitpunkt von anderen Gruppen unterscheiden. Solche Textgruppenbildungen dienen dazu, die Gesamtheit der literarischen Texte zu ordnen und überschaubar zu machen.

Literarische Gattungen

Die Schwierigkeiten der Gattungstheorie werden einsichtig, wenn man sich eingeführte Erläuterungen aus der Textgruppe ‚dramatische Texte' vor Augen hält. So wird etwa das Lyrische Drama als Drama mit Musikbegleitung, daneben als Ein- oder Zweipersonenstück, schließlich als ein starke Emotionen und Konflikte vorführendes Schauspiel definiert (Burdorf 2000, 506). Die Komödie charakterisiert man als Drama, das über größere Partien eine oder mehrere Zentralfiguren als komisch präsentiert; das Libretto schließlich als ein Textbuch, das zur Vertonung bestimmt ist. Die gemeinsamen Merkmale aus der Textgruppe ‚dramatische Texte' beziehen sich folglich auf ganz unterschiedliche Aspekte, u. a. auf stoffliche bzw. thematische Kennzeichen: So dominieren in der Komödie komische Personen, meist niedere Figuren nach Maßgabe der Ständeklausel. Neben diesen stofflichen Kriterien spielen formale und (inter-)mediale Kennzeichen für die Zuordnung eines Texts zur Gattung Drama eine Rolle: für das Lyrische Drama die Kürze, für das Libretto die musikalische Aufführung, für die Komödie schließlich der gute Ausgang. Weitere Gesichtspunkte betreffen die Wirkungsabsichten (komisch, lyrisch, musikalisch), nicht zuletzt die epochale Zugehörigkeit, wenn man bedenkt, dass das Lyrische Drama ein bevorzugtes Genre um 1900 bildet. Insgesamt spielen also eine ganze Reihe unterschiedlicher Gesichtspunkte für die Textgruppenbildung hinein.

Schwierigkeiten der Gattungstheorie

Die Beispiele deuten die Schwierigkeiten an, eine strenge und v. a. überzeitliche Gattungssystematik aufzustellen. Der entscheidende Grund besteht darin, dass literarische Texte historisch sind: Im literarhistorischen Prozess entstehen immer wieder neue Genres wie das Bürgerliche Trauerspiel des 18. Jahrhunderts oder das Libretto mit der Begründung der Oper in der Frühen Neuzeit. Die Komödie oder das Drama im Allgemeinen dagegen gibt es seit Beginn der schriftlichen Überlieferung in der griechischen Antike. Die Komödie ist daher insoweit überhistorisch. Anders gesagt gibt es diese Untergattung (der Gattung Drama) aufgrund der Bewahrung gleichbleibender Merkmale bis heute, während das Bürgerliche Trauerspiel mit Hebbel Mitte des 19. Jahrhunderts ausstirbt.

Aus diesen Überlegungen ergeben sich unterschiedliche Verwendungsweisen des Begriffs Gattung in der Literaturwissenschaft: In übergeordneter, d. h. letztlich auch überzeitlicher Bedeutung ist v. a. die Gattungstrias Epik, Lyrik, Drama grundlegend. Von Gattungen ist aber auch im Blick auf Aussageweisen bzw. Grundformen der Stoffgestaltung die Rede, so dass man eine lyrische Gestaltungsweise von der epischen und dramatischen unterscheidet (Emil Staiger). Von Gattungen spricht man schließlich noch im Blick auf ein-

Gattungsbegriffe

zelne, historisch entstandene Formen, also etwa bei der Tragikomödie, beim Roman oder bei der Novelle, noch weiter differenziert zuletzt bei den spezifisch historischen Varianten solcher Untergattungen wie etwa dem Boulevardstück.

Für diese Uneinheitlichkeit in der Verwendung des Gattungsbegriffs gibt es Gründe: Zum einen geht sie auf die Diskussionen von Platon und Aristoteles über Goethe bis zu den neueren Methoden im 20. Jahrhundert zurück: Bestehende Systematisierungen werden im Prozess dieser Auseinandersetzungen problematisiert und durch neue historische und methodische Konzepte ersetzt. Veränderte historische Kenntnisse erzwingen neue Kriterien und Unterscheidungen. Zum anderen sind literarische Texte allein aufgrund ihres Eigensinns, ihrer spezifischen Individualität unter den jeweils veränderten historischen Umständen kaum nach überzeitlichen Kriterien zu klassifizieren. So entstehen im Laufe der Literaturgeschichte zu bestimmten Zeitpunkten neue Varianten, genauer gesagt Genres wie z. B. das Rührende Lustspiel Mitte des 18. Jahrhunderts.

Gattungsdiskussion in der Antike

Trotz dieser historischen Variabilität der Formen kann man Kriterien benennen, die eine soweit überzeitliche Klassifikation nach Gattungen ermöglichen. Daraus leitet sich die sog. Gattungstrias ab, die erwähnte Unterscheidung nach Epik, Lyrik und Drama. Prominente Stationen dieser Diskussion sind die *Poetik* von Aristoteles und Goethes Überlegungen zu den ‚Naturformen der Poesie'. Aristoteles formuliert drei Ansätze zur Bestimmung von Gattungen: erstens nach den Mitteln der Darstellung (Vers/Rhythmus, z. B. die Verwendung des Hexameters für das Epos), zweitens nach den Gegenständen der Darstellung (hohe/gute, gleichstehende, niedere/schlechte Personen, z. B. gute Personen für die Tragödie), drittens schließlich nach dem Modus der Darstellung, also nach dem sog. Redekriterium. Aristoteles unterscheidet dabei zwei Formen: Die dargestellten Personen reden (Tragödie, Komödie), oder der Dichter spricht in eigener Person, gemischt mit Personenrede (Epos nach dem Vorbild Homer). Die Lyrik kommt nicht vor, denn die dritte Möglichkeit, die reine Rede des Dichters, wird von Aristoteles nicht erwähnt.

Gattungstrias

In der Gattungsdiskussion etabliert sich die Gattungstrias erst im Lauf des 18. Jahrhunderts. Noch die Diskussionen im 17. Jahrhundert haben dafür keinen Ansatz. Kanonisch wird sie durch Goethes Unterscheidung von „Dichtarten" und „Naturformen der Poesie" in den *Noten und Abhandlungen zu besserem Verständnis des West-östlichen Divans* (1819): Zu den „Dichtarten" rechnet Goethe u. a. „Allegorie, Ballade [...] Elegie, Epigramm [...], Roman", also historische Varietäten, die kaum vollständig aufzuzählen sind. Demgegenüber gibt es „nur drei echte Naturformen der Poesie: die klar erzählende, die enthusiastisch aufgeregte und die persönlich handelnde: *Epos, Lyrik* und *Drama*" (Goethe 1982, 187). Diese Unterscheidung führt dann zur Diskussion funktionaler Differenzen, so im Briefwechsel zwischen Goethe und Schiller in der gemeinsamen Arbeit *Über epische und dramatische Dichtung* (1797): Der Epiker trägt „Begebenheit als vollkommen vergangen" vor, der Dramatiker präsentiert sie dagegen als „vollkommen gegenwärtig" (Goethe/Schiller 1977, 521).

Gattung – Genre

In der langwährenden Diskussion über literarische Gattungen kristallisieren sich drei Ebenen der Beschreibung heraus. Von Gattungen ist im Sinne einer überhistorischen Klassifikation der drei Darstellungsformen Epik, Lyrik und Drama die Rede. Als Genre werden dagegen Untergattungen bzw. historische Gruppenbildungen von Texten erfasst, wobei zwischen eher systematischen (z.B. Tragikomödie) und eher historischen Aspekten unterschieden werden kann (z.B. Bürgerliches Trauerspiel). Die Bildung von Genres erfolgt durch Angabe zusätzlicher Merkmale: Stoff, Organisation der Handlung, Rolle der anderen Künste wie der Musik. Die unterste Ebene bildet der Einzeltext mit entsprechenden Hinweisen der Zugehörigkeit zu einer Gattung, so Schillers *Don Carlos* mit dem Untertitel *Ein dramatisches Gedicht*. Dabei ist stets die historische Terminologie zu beachten: Schiller signalisiert hier den Aspekt der Dichtung gegenüber den Prosadramen der Aufklärung.

Das Drama präsentiert eine Geschichte auf unmittelbare Weise. Während sich in epischen Texten der Erzähler – wie erkennbar auch immer er ist – als vermittelnde Instanz zwischen Erzählen/Erzähltem und Leser äußert, agieren und sprechen im Drama Figuren, ohne dass eine vergleichbare Instanz der Vermittlung spürbar wird. Diese Unmittelbarkeit teilt das Drama mit der Lyrik, in der sich ein Ich direkt ausspricht. Unterschiede zwischen Lyrik und Drama bestehen wiederum darin, dass im Drama die Figuren in einer bestimmten Situation, also mit Bezug auf konkrete Umstände sprechen. Dies ist in der Lyrik meist nicht der Fall, insofern sich das lyrische Ich ohne Rücksicht auf solche Hintergründe äußert. Lyrik ist demnach als Einzelrede in Verstexten zu bestimmen, die nicht episch und nicht dramatisch sind (Fricke/Stocker 2000, 498f.).

Diese Überlegungen liefern weitere Unterscheidungskriterien von lyrischen gegenüber epischen und dramatischen Texten: Die monologische Rede unterscheidet die Lyrik von der primär dialogischen Rede im Drama. (Monologe sind im Drama damit natürlich nicht ausgeschlossen.) Im Unterschied zur situationsbezogenen Rede verschiedener Figuren in wechselnden Konfigurationen wird die Einzelrede der Lyrik meist nicht von ihren Umständen geprägt. Lyrische Texte sind genau deshalb nicht primär auf Aufführbarkeit hin angelegt. Auch das Drama lässt seine Figuren nicht selten in Versen sprechen. Lyrik und Drama unterscheiden sich insgesamt darin, dass die strukturell einfache Zeilenrede des lyrischen Ich von der strukturell komplexen Rede in Epik und Drama abzugrenzen ist: In epischen und dramatischen Texten wird das Sprechen eben durch die Konstellation der Figuren perspektiviert. Den Stellenwert des Dramas im Verhältnis zur Epik veranschaulicht folgende Graphik:

<blockquote style="margin-left:1em">Konstitutive Merkmale der Gattungen</blockquote>

```
         ⎡  Erzählerrede
Epik     ⎢
         ⎣  Figurenrede      szenische Darbietung
            └─────────────────────────────────┘
                          Drama
```

(Asmuth 1990, 12)

Figurenrede gibt es demnach sowohl in dramatischen als auch in erzählerischen Texten. Im Drama ist der Dialog jedoch die „sprachliche Grundform", denn hier stellen sich die Figuren als Redende selbst dar (Pfister 1988, 23). Gibt es Figurenrede in Lyrik oder Epik nur als fakultatives Gestaltungsmittel unter anderen, ist sie im Drama „der grundlegende Darstellungsmodus" (ebd., 24) – dies auch im Sinne einer gesprochenen Handlung. Gemeint ist damit der Vollzug eines Akts durch Sprechen in einer konkreten Situation. Im Unterschied zum philosophischen Dialog, der sich der Erschließung einer grundsätzlichen Fragestellung widmet, indem er von den Umständen der Äußerung in der Regel absieht, funktioniert das sprechende Handeln im Drama als Sprechakt: als Versprechen, als Drohung oder als Überredung.

4. Das Kommunikationssystem des Dramas

Kommunikation bezeichnet ein Verhalten oder ein Handeln mit dem Ziel, bei einem Gegenüber Veränderungen herbeizuführen (Rusch 2000). Kommunikative Akte werden vollzogen, indem man Sprache, Laute, Gebärden, Gesten und Mimik einsetzt – insgesamt also durch Zeichen, die ein Akteur zeigt bzw. aufführt, um bestimmte Absichten zu verfolgen. Dies geschieht mit dem Ziel, den Zustand, das Verhalten oder Handeln einer anderen Person im Wissen, in ihren Einstellungen, Werthaltungen, Stimmungen, Fähigkeiten und Fertigkeiten zu verändern.

Kommunikationsmodelle Die elementare Form eines Kommunikationsmodells besteht darin, dass ein Sender (S) durch Gebrauch von Zeichen einem Empfänger (E) eine Botschaft übermittelt. Das Kommunikationsmodell erzählerischer Texte lässt sich dann mit Pfister (1988, 20–22) folgendermaßen beschreiben: Ein realer Autor (S3) erfindet einen Erzähler (S2), der Figuren als Sender und Empfänger (S1/E1) erfindet, um damit den fiktiven Leser (E2), der im epischen Text vom Erzähler (S2) angesprochen wird, als Stellvertreter des empirischen Lesers (E3) zu adressieren:

S3 ⟶ S2 ⟶ S1/E1 ⟶ S1/E1 ⟶ E2 ⟶ E3

In dramatischen Texten dagegen sind die Positionen S2 und E2 nicht besetzt, denn hier fällt das vermittelnde Kommunikationssystem aus:

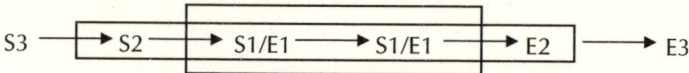

Genau dieser Wegfall erzeugt den „Eindruck unmittelbarer Gegenwärtigkeit" (ebd., 23). Der Verlust an kommunikativem Potential wird in Dramen auf unterschiedliche Weise ausgeglichen: zum einen durch die theatralischen Codes und Kanäle, die teilweise die Funktion S2 – E2 übernehmen können; zum anderen durch Verlagerung auf das innere Kommunikationssystem, indem beispielsweise S1/E1 den Zuschauer E3 anreden, wie es im Sprechen *ad spectatores* geschieht. Schließlich können narrative Verfahren die Funktionsstelle S2 im Drama übernehmen: etwa durch den Chor in der antiken Tragödie oder mittels Figuren, die wie im Prolog außerhalb der Handlung angesiedelt sind.

Insoweit im Drama das vermittelnde Kommunikationssystem S2 – E2 fehlt, spricht man von seiner Absolutheit: „Das Drama ist absolut. Um reiner Bezug, das heißt: dramatisch sein zu können, muß es von allem ihm Äußerlichen abgelöst sein. Es kennt nichts außer sich. Der Dramatiker ist im Drama abwesend. Er spricht nicht, er hat Aussprache gestiftet […]; keineswegs dürfen sie [die Worte] als vom Autor herrührend aufgenommen werden. […] Sowenig die dramatische Replik Aussage des Autors ist, sowenig ist sie Anrede an den Zuschauer" (Szondi 1963, 15; kritisch Korthals 2003, 104 ff.). Im absoluten Drama, das vom Drama des französischen Klassizismus als Norm ausgeht, erscheint das Spiel so, als laufe es ohne Bezug auf den Zuschauer ab. Dieser Eindruck schlägt sich in der Rede von der ‚vierten Wand' nieder. Spätestens in der Moderne wird diese Absolutheit durch variantenreiche Formen der Episierung irritiert oder gar aufgehoben.

Absolutheit

5. Das Drama als plurimediale Darstellungsform – Verhältnis von Text und Inszenierung

Auf der Bühne steuert das Drama als „szenisch realisierter Text" (Pfister 1988, 24) alle fünf Sinne des Menschen an, vornehmlich das Hören und Sehen: So hört der Zuschauer eine Figur sprechen, wobei der Stil, die Stimmqualität, die Art und Weise der Artikulation (Gesang, Flüstern) und die Situation diese Rede nuancieren. Daneben vernimmt er weitere akustische Zeichen: Texte aus Bühnenlautsprechern, Geräusche oder Musik, die während der Aufführung zur Untermalung oder als Bestandteil der Handlung erklingen. Zudem kann der Zuschauer mit Schrifttafeln oder Spruchbändern im Bühnenraum konfrontiert werden, dies neben anderen visuellen Zeichen, zu denen die Physiognomie, die Maske und das Kostüm einer Figur gehören, aber auch die Bühne selbst (Bühnenbild samt Beleuchtung, Requisiten, Projektionen und alle anderen sichtbaren Elemente). Der polnische Theatersemiotiker Tadeusz Kowzan hat in diesem Zusammenhang den Theatercode als ein System von 13 Zeichenkomplexen beschrieben: word, tone, mime, gesture, movement, make-up, hair-style, costume, properties, settings, lightning, music, sound effects (Krieger 2004, 80; Esslin 1989, 53–56, 106 f.).

Fünf Sinne

Als ‚szenisch realisierter Text' nutzt das Drama folglich nicht allein sprachliche Codes wie reine Lesetexte (z. B. Romane), denn es setzt vielmehr auch außersprachliche Zeichen ein. Unter dem Code versteht man ein System von Regeln, das die Deutung von Zeichen erlaubt: eine Art Dechiffrierschlüssel zur Einsicht in die Bedeutung einer Zeichenverwendung. Der Zeichenvorrat eines Senders überschneidet sich mit dem Zeichenvorrat eines Empfängers, so dass über diesen gemeinsamen Code Inhalte ausgetauscht werden können. Zeichentheoretisch formuliert ist der Code also diejenige Größe, die eine Verbindung zwischen dem Zeichen und seiner Bedeutung herstellt. Diese Verbindung entsteht, indem einem Zeichen durch einen Zeichenbenutzer Bedeutung zugeschrieben wird. Der Code ist daher kaum als feste Größe zu bestimmen, weil er auf einer kulturellen Übereinkunft basiert und damit historisch wandelbar ist. (Am Beispiel der Mode leuchtet dieser

Codes – Kanäle

Sachverhalt unmittelbar ein.) Wie die Aufführung selbst stellt der Einsatz aller außersprachlichen Codes in der theatralischen Umsetzung eine Interpretation der Textvorlage dar.

Die fünf Sinne des Menschen (Sehen, Riechen, Fühlen, Schmecken, Hören) dienen als Kanäle der Informationsübertragung (Übersicht Pfister 1988, 27). Ein ‚szenisch realisierter Text' s(t)imuliert für die Zeit der Aufführung damit die menschliche Sinneswahrnehmung. In erster Linie ist hier zwischen verbalen und nicht-verbalen Codierungen auf der Ebene des Sendersystems Figur/Bühne zu unterscheiden, so dass zusätzliche Informationen über die sprachlichen Mitteilungen hinaus durch die Statur, die Physiognomie oder die Maske einer Figur geliefert werden. Durch ihre Gestik und Mimik, ihre Position und Interaktion in einer bestimmten Situation an einem konkreten Ort, d. h. auch durch die Choreographie ihrer Bewegungen, erfährt der Zuschauer etwas über die handelnde Person auf der Ebene der optischen Codierung.

Institution Theater

Dieser Einsatz verschiedener Zeichensysteme markiert den einen Aspekt, das Drama als plurimediale Darstellungsform zu charakterisieren. Der zweite Aspekt bezieht sich auf Institutionen, Funktionen und Gruppen, die an einer Theateraufführung beteiligt sind, wobei deren Interessen wiederum institutionell, ästhetisch und sozial bedingt sind. Orientiert man sich an den Rubriken in der Textanthologie zur *Theorie des Theaters* (Lazarowicz/Balme 1991), sind folgende Gesichtspunkte relevant: die Schauspielkunst (Ausbildung, Beruf u. a.), die Regie und ihr Apparat (Dramaturgie, Maske usw.), das Theaterstück selbst, der Bühnenraum und das Bühnenbild (samt dazugehöriger Technik), schließlich die Formen der intratheatralen Kommunikation (Verhältnis zum Zuschauer) und die Frage nach dem Theater als einer moralisch-pädagogischen Anstalt, die sich auf das Volkstheater oder das politische Theater beziehen kann. Nicht zuletzt gehört die Performanz des Theaters und dabei die Frage nach dem Paratheater zu diesem Komplex: Gemeint sind damit die zusätzlichen bzw. angrenzenden Aspekte, etwa die Funktion des Theaters als Psychotherapie oder als Happening.

Die Plurimedialität des Dramas – als Differenzkriterium und als Informationsüberschuss gegenüber Epik und Lyrik – betrifft daher insgesamt folgende Aspekte: Zunächst ist der dramatische Text selbst bereits mehrschichtig, insofern er auf die Aufführung hin konzipiert ist, aber auch, insofern bereits in seiner mündlichen Aktualisierung eine Reihe nichtsprachlicher Variablen wirksam werden. Darüber hinaus erscheint seine Struktur durch den Einsatz anderer Zeichensysteme synästhetisch, weil im inszenierten Text, der immer eine konkretisierende Interpretation der Textvorlage darstellt, verschiedene Codes gleichzeitig wirken.

II. Forschungsbericht

Forschungen zum Drama gibt es seit dem 4. Jahrhundert v. Chr., v. a. in Form von textkritisch kommentierenden Auseinandersetzungen: Abschriften, fortlaufende philologische Bearbeitungen und Neueditionen dramatischer Texte garantieren die Überlieferung der griechischen und lateinischen Komödien und Tragödien (Aischylos, Sophokles, Euripides, Aristophanes – Plautus, Terenz, Seneca). Erst aber in der italienischen Renaissance werden diese Dramatiker wiederentdeckt. Im Prozess dieser Bearbeitungsgeschichte richtet man die Dramen in der heute gewohnten typographischen Gestaltung mit Sprecherbezeichnungen und Hinweisen zur Darstellung auf der Bühne ein. In griechischen und lateinischen Dramen sind Haupt- und Nebentext dagegen kaum voneinander geschieden. Nebentexte bestehen meist nur aus Personenzuordnungen, Bühnenanweisungen liegen nicht vor.

Für die terminologische Sicherung der neueren Forschung spielt die Übersetzung und Kommentierung der *Poetik* von Aristoteles seit dem 16. Jahrhundert die maßgebende Rolle. Aristoteles begründet die zentralen Kategorien in der Auseinandersetzung mit der Gattung: Redekriterium, Unterscheidung Tragödie/Komödie, Nachahmung und Ganzheit der Handlung, Organisationsprinzipien (Geschlossenheit), Bauformen und Wirkung. In der römischen Antike ist Horaz die prominenteste Stimme. Dessen *Ars Poetica* würdigt das Drama aber nur mit wenigen Versen und erfasst es im Vergleich mit Aristoteles weitaus weniger kategorial. In der Renaissance gehören Scaliger und im deutschsprachigen Bereich Martin Opitz zu den bedeutenden Stationen der Auseinandersetzung. Die Rezeption der aristotelischen *Poetik* verbindet sich in diesem Prozess mit frühneuzeitlichen Überschreibungen und Akzentverschiebungen, bis der französische Klassizismus Normen festschreibt. Hier stabilisiert sich die Lehre von den drei Einheiten im Abgleich mit der Wahrscheinlichkeit (*vraisemblance*) und Schicklichkeit (*bienséance*) der Darstellung zu einem System formaler Regeln. Die deutschsprachige Diskussion knüpft durch Gottsched und Lessing daran an, bis die an Aristoteles (und seit der Genieästhetik zunehmend an Shakespeare) orientierte Auseinandersetzung um 1800 zu einem gewissen Abschluss vor dem Einsatz der disziplinär begründeten Forschung kommt.

Poetiken von der Antike bis zum Ende der Goethezeit

Wissenschaftliche Zugänge, die sich im Laufe des 19. Jahrhunderts in den philologischen Disziplinen etablieren, entwickeln ihre Methoden, indem sie an die systematische Unterscheidung der literarischen Gattungen um 1800 anknüpfen. Noch im frühen 20. Jahrhundert orientiert sich die Erforschung des Dramas an den normativen Poetiken bis Ende des 18. Jahrhunderts. Erst mit der semiotisch und ritualtheoretisch begründeten Theaterwissenschaft (vor dem Hintergrund der primär auf Theatralität abzielenden Dramatik in der Moderne) verschiebt sich die Aufmerksamkeit weg vom dramatischen Text hin auf Aspekte der szenischen Realisierung. In wachsendem Maße fließen bei dieser Würdigung außerliterarischer Aspekte europäische und außereuropäische Theatertraditionen ein.

Literaturwissenschaftliche Forschung

Die wissenschaftliche Auseinandersetzung mit dem Drama orientiert sich zunächst – ganz aristotelisch gedacht – am Begriff der Handlung, zunehmend dann auch an der Frage nach der Rolle des Charakters im antagonistischen Widerstreit der Kräfte (Werling 1989; Krieger 2004, 74f.). Dieser Auffassung zufolge entsteht die dramatische Form aus einer durch Konflikt und Spannung erzeugten szenischen Konstellation. Diese primär inhaltliche Bestimmung prägt die Positionen in Hegels und Vischers ‚Ästhetiken' bis hin zu Freytags *Technik des Dramas* (1863), der die Fünfaktigkeit aus dem Konfliktmodell, den „Bau des Dramas" aus „Spiel und Gegenspiel" erklärt (Freytag 1992, 93 ff.). In dieser berühmtesten der zahllosen wissenschaftlichen Dramentheorien aus dem 19. Jahrhundert werden elementare Regeln des Dramenaufbaus aus der empirischen Analyse gewonnen. Die wissenschaftliche Beschreibung von Fakten beansprucht überzeitliche Gültigkeit, obwohl sie ihre Befunde zur Geschlossenheit und Strenge deutlich an klassizistischen Auffassungen orientiert. Die dramatische Praxis seit Lenz kommt damit ebenso wenig in den Blick wie etwa Büchners Absage an die idealistische Dramatik der ‚Kunstperiode'.

Die bei Freytag erkennbare Orientierung besteht noch in Robert Petschs systematischer Darstellung *Wesen und Formen des Dramas. Allgemeine Dramaturgie* (1945) und in Wolfgangs Kaysers *Das sprachliche Kunstwerk* (1948) fort, ein Buch, das die Diskussion nach 1945 prägen sollte. Im Kern trägt sie sogar noch Peter Szondis *Theorie des modernen Dramas* (1956), weil auch hier der Dialog aus dem ‚zwischenmenschlichen Bezug' abgeleitet wird (Szondi 1963, 14). Andererseits gehört Szondis Dissertation zu den einflussreichsten Arbeiten über die ‚Krise' des Dramas in der Moderne: zum einen, weil sich die allgemeine Dramentheorie an ihrer kategorialen Grundlegung des absoluten Dramas abgearbeitet hat; zum anderen, weil sie die gesellschaftlichen und medialen Umbrüche seit Ende des 19. Jahrhunderts an Veränderungen der dramatischen Form selbst plausibel macht. Bereits Szondi verbindet die Frage nach der Historizität der Gattung mit strukturanalytischen und sozialgeschichtlichen Überlegungen. Er bereitet damit neue Paradigmen in der Literaturwissenschaft der 1960er Jahre vor (Scherer 2000).

Die neu akzentuierte wirkungsästhetische Begründung durch Brecht und die literarhistorische Erschließung nicht-aristotelischer Dramenformen nach dem Vorbild Shakespeares von Lenz über Büchner und Grabbe bis zum Naturalismus ergänzen das bis dahin zugrundegelegte Modell der „in sich geschlossenen Handlung" (Aristoteles 1982, Kap. 6, 19). Volker Klotz' Buch *Geschlossene und offene Form im Drama* (1960) leitet daraus zwei gegenläufige Strukturprinzipien ab, die sich als Idealtypen historisch entfalten. In diesem Rahmen interessiert dann auch die Frage nach der dramatischen Spannung in der szenischen Organisation von Zeit (Pütz 1970).

Tendenzen seit den 1980er Jahren

Die neuere Forschung bemüht sich um eine Formalisierung des Handlungsbegriffs, insoweit die Handlung im Drama intentional begründet sei (Pikulik 1982). Zunehmend spielen semiotische Kategorien (Pfister 1988, 1. Aufl. 1977; Andreotti 1996) und soziologische Handlungstheorien u.a. in Bezug auf Parsons und Goffman eine Rolle (Schwanitz 1977). Damit verschiebt sich die Aufmerksamkeit vom ‚literarischen Textsubstrat' (Pfister 1988, 34–41) auf die ‚Performance' (Krieger 2004, 76–84). Zugleich untersucht man nun verstärkt den Dialog bzw. die Figurenrede, um Formprinzipien des dramatischen Texts im Blick auf seine Mitteilungsqualitäten über die psychische Verfasstheit von Figuren in einer Szene zu ermitteln (Schmid 1976, Zimmer 1982, Greiner 1982, Hasler 1982). Hübler (1973) beschreibt das Drama mit Bezug auf Szondi als Vermittlung von Form (Sprache), Inhalt (Handlung) und pragmatischen Aspekten der Aufführung (Szene). Kiel (1992) sieht es im Zusammenhang durch Dialog und Handlung begründet.

Aber auch in diesen Arbeiten ist noch die Folie der strukturalistischen Analyse bemerkbar (Schmid 1973). Erst in den semiotisch und ritualtheoretisch orientierten Theaterwissenschaften seit den 1980er Jahren, die auf Methoden der allgemeinen Semiotik bauen, verschiebt sich die Aufmerksamkeit weg vom dramatischen Text hin zur szenischen Realisierung (Fischer-Lichte 1983; dazu Krieger 2004, 72). Erst jetzt setzt sich die Abkehr vom bloßen Sprachkunstwerk hin zum Verhältnis von dramatischem Dialog und Alltagsdialog (Roumois-Hasler 1982) und zum ritualtheoretisch begründeten sozialen Drama (Turner 1989) durch. In diesem Rahmen entstehen Untersuchungen über die szenische Realisierung von Textvorlagen durch nichtsprachliche Zeichensysteme (Esslin 1989). In der Verbindung von Kommunikations- und Textforschung werden drameninterne Strukturen präzisiert, d. h. Aspekte der Informationsvergabe, der Kommunikation und Interaktion, indem soziologische und psychologische Erkenntnisse neue Bezugspunkte bilden. Das Rollenspiel des Menschen im Alltag dient hier als Vorgabe, um das Rollenspiel auf der Bühne nach Mustern alltäglichen Handelns zu begreifen. Das Drama ist vor diesem Horizont ein beispielhaftes, künstlerisch gestaltetes und ästhetisch produziertes Modell menschlichen Verhaltens, das im Theater genauso funktioniert wie im alltäglichen Leben. Zunehmend kommen dabei Perspektiven der Gendertheorie, etwa im Spiel mit Geschlechterrollen durch den Einsatz geschlechtsspezifischer Körperzeichen, in den Blick.

Diese Verlagerung reagiert auf Tendenzen der Theatralisierung in der dramatischen Praxis der Moderne, insofern sich seit Brecht und dem Absurden Theater die Aufmerksamkeit auf nichtsprachliche Darstellungsformen verstärkt. Die Entliterarisierung des Dramas setzt sich seit den 1980er Jahren in den Befunden zum ‚postdramatischen' Theater fort (Poschmann 1997, Lehmann 1999; resümierend Birkenhauer 2007). Lehmann unterscheidet das traditionelle Drama, das sich nach Aristoteles durch den Primat der Handlung auszeichnet, von prädramatischen und postdramatischen Formen, um so nicht zuletzt auch die Unabhängigkeit aktueller Theorieansätze von den bisher wirksamen Traditionsvorgaben zu demonstrieren. Neben den semiotischen Orientierungen begründet Lehmann eine Dramentheorie, in der die Rolle und Relevanz des Theaters im Rahmen konkurrierender Medien herausgehoben wird. Bereits zuvor hat Pfister erstmals systematisch das Drama als plurimediale Darstellungsform beschrieben. In jüngster Zeit häufen sich aber wieder die Befunde, die eine Rückkehr zum Handwerklichen und zum konventionell Dramatischen in der Abweisung des postdramatischen Theaters feststellen, weil man darin zunehmend Beliebigkeit und Dilettantismus identifiziert (Brincken/Englhart 2008, 104–106). Auch die Abwendung vom dramatischen Text wird mittlerweile wieder relativiert (Korthals 2003).

Im Bereich der systematischen Forschung gibt es Untersuchungen und Anthologien zum Wechselverhältnis zwischen Drama und Theater (Platz-Waury 1978, Turk 1992, Balme 2008, Brincken/Englhart 2008), daneben zur

Systematische Forschung

Dramentheorie bzw. ‚Poetik des Dramas' (Grimm 1971, Keller 1976, Profitlich 1998/1999) und zur Rolle der Nebentexte (Detken 2009). In jüngster Zeit verstärken sich im Zeichen der Wiederkehr begrifflicher Arbeit in der analytischen Literaturwissenschaft Reflexionen über die literarischen Gattungen und deren Organisationslogik, etwa in der gattungstheoretischen Untersuchung von Ähnlichkeiten ‚zwischen Drama und Erzählung': „Das Drama ist eine Form der *gegenwartsillusionistischen Geschehensdarstellung*, die maßgeblich aus *geschehenskonstituierender Rede von Geschehensteilnehmern* und *teichoskopischer Rede eines Geschehensvermittlers* besteht, sich allerdings auch erzählender oder erzähl-analoger Mittel zu bedienen vermag" (Korthals 2003, 470). Neuere Fragestellungen zur informationslenkenden Rolle und Logik der ästhetischen Figur in narrativen Texten (Jannidis 2004) und im Film (Eder 2008) sind von der Dramenforschung im Unterschied zur Applikation der narratologischen Kategorie des Sujets (Andronikashvili 2009) noch nicht aufgegriffen worden.

Vollständig wäre die Forschung zum Drama erst aufgeführt, wenn auch die internationale Forschung aus verschiedenen Disziplinen – von der klassischen Philologie über die Anglistik, Romanistik bis hin etwa zur Slawistik – beachtet würde. Die ausführlichste Bibliographie der älteren Forschung zum Drama in internationaler Perspektive liefert Pfister (1988, 426–449), auf einem neueren Stand Korthals (2003, 476–491) und Detken (2009, 402–434).

Grundbegriffe der Interpretation von Dramen

Pütz (1980) unterscheidet zwei Weisen der Interpretation von Dramen: die Theateraufführung selbst und die theorie- und methodengeleitete Explikation der Texte. Übersetzt diese die Fiktion des dramatischen Texts in einen Diskurs, repräsentiert jene die Fiktion in konkreter Anschauung. Die Aufführung wird dabei auch zur Korrektur des Textes, sei es als Erweiterung oder gar Ersetzung.

Trotz des historischen Formenwandels zeigt das Drama im Vergleich zu den anderen Gattungen Lyrik und Epik eine relative Festigkeit. Geschuldet ist diese „bestürzend starre Systematizität des Theaters" (Pütz 1980, 12) der Abhängigkeit des Dramas von den Bedingungen seiner Aufführbarkeit. Diese Vorgabe prägt die Gattung bis in die innerste Struktur hinein. Letztlich bleiben die drei Einheiten auch in der Moderne aus dem Zwang zur Konzentration heraus bestehen, soweit man die Aufnahmekapazität des Publikums würdigt. In lyrischen und epischen Texten spielt dieser Aspekt keine Rolle, denn hier kann die stille Lektüre jederzeit unterbrochen werden. Für das Drama hingegen diktiert das Theater „Ort und Stunde seiner Aktualisierung" (ebd., 12), damit eben auch die Einheit von Raum und Zeit. Diese Vorgabe wirkt als Systemzwang auf den dramatischen Text zurück. Umgekehrt prägt auch die Intention auf den Zuschauer dessen Struktur: Dunkle Stellen sind für das akute Verständnis zugunsten von Transparenz, Rationalität, tektonischer und sprachlicher Kalkulation und Konzentration genauso zu vermeiden wie ausufernde Umfänge. Auf der Ebene der sprachlichen Gestaltung äußert sich dieser Systemzwang in der Pointierung, daneben in der auch metrisch organisierten Bildung von Sentenzen: Mit Ausnahme von Stücken des Naturalismus und der Neuen Sachlichkeit spricht kaum eine Figur im Drama so wie im richtigen Leben. Sentenzen aus Dramen gehen deshalb als *Geflügelte Worte* gern in Büchmanns *Citatenschatz des deutschen Volkes* ein (1864, 43. Aufl. 2007).

Vor dem Hintergrund dieser Befunde unterscheidet Pütz vier Zugangsweisen der Interpretation von Dramen: (1) Die *strukturanalytischen* Begriffe leiten sich von Aristoteles her: Die Geschlossenheit der Handlung verweist auf die Konzentration und auf Bauprinzipien (als Wie der Darstellung und als Aktion der Figuren). Dramaturgische Grundbegriffe sind in diesem Zusammenhang Figur, Raum, Handlung und Zeit. Je nach Beobachterperspektive lassen sich daraus unterschiedliche Typologien ableiten. (2) Zu den *anthropologischen* Begriffen gehört die menschliche Qualifizierung der Figuren, ihre Beschaffenheit als Typus oder Charakter (gut, schlecht, ‚mittlerer' Charakter), ihr soziales Ansehen und ihr Pathos als stellvertretendes Leid oder ihre Komik durch Typisierung eines Fehlers; schließlich gehört dazu die Frage, in welcher Weise dramatische Figuren allgemeine Verhaltens- und Lebensweisen des Menschen repräsentieren. An diese Aspekte knüpfen Überlegungen zu Freiheit und Notwendigkeit, Schicksal, Schuld und Zufall an, die im Gegeneinander von subjektivem Ich und Welt, im Konflikt des Besonderen mit dem Allgemeinen auf szenische Weise ausgetragen werden. (3) Die *wirkungsästhetischen* Begriffe leiten sich von der aristotelischen Katharsis her. Sie werden von Lessing über Lenz bis Brecht und dessen Polemik gegen Aristoteles als Abkehr von der Was-Spannung zur Wie-Spannung diskutiert. (4) Schließlich untersucht die Dramenforschung mit *historisch abgrenzenden* Begriffen Spezifikationen im Gattungssystem wie etwa das Bürgerliche Trauerspiel, mit anderen Worten historische Neuerungen, die auf der normativen Folie einer klassizistischen Dramaturgie im Prozess der wachsenden Aufmerksamkeit gegenüber den Dramen Shakespeares im 18. Jahrhundert entstehen.

III. Grundbegriffe der Dramen-Analyse

1. Bauelemente der dramatischen Rede

Haupttext
: Die Äußerung einer Figur im Drama, d. h. die „Bühnenrede" nennt man den Haupttext (Keiper 1997). Im Unterschied zu epischen und lyrischen Texten ist sie im Drama die sprachliche Hauptform, auch weil sie als „gesprochene Handlung" wirkt (Pfister 1988, 23f.). Darüber hinaus ist die Figurenrede im Drama polyfunktional ausgerichtet, denn sie ist hier eingebettet in den szenischen wie in den theatralischen Kontext (ebd., 282). Dieser doppelte Aspekt betrifft die interne Kommunikation zwischen den Figuren auf der einen, die äußere Kommunikation mit dem Zuschauer auf der anderen Seite: Einerseits sprechen Figuren, indem sie sich auf andere Figuren des Stücks beziehen; andererseits sprechen sie den Zuschauer als nichtfiktionalen Adressaten an. Der Rezipient des Dramas hat es folglich mit einer doppelten Kommunikation zu tun.

Nebentext
: Gegenüber dem Haupttext versteht man unter dem Nebentext (ohne abwertende Bedeutung) sämtliche Textelemente außerhalb der Figurenrede: diejenigen Texte in einem Drama, die in der Aufführung üblicherweise nicht in Erscheinung treten (Platz-Waury 2000). Dazu gehören alle Paratexte wie der Titel des Stücks, der Untertitel mit Angaben zum Genre, möglicherweise auch eine Widmung oder ein Motto, daneben das Verzeichnis der *dramatis personae* samt Orts- und Zeitangaben, nicht zuletzt eventuelle Vorreden oder ein Nachwort des Autors. Die zuletzt genannten Elemente sind wiederum vom Prolog und Epilog bzw. vom Vor- und Nachspiel zu unterscheiden, weil diese als szenische Einheiten die Handlung umgeben. Zu den Nebentexten zählen weitere Textelemente im Fortgang des Stücks: Angaben zu Akt und Szene, zum Auftritt und Abgang der Figuren, schließlich Hinweise zu den Figuren selbst. Nebentexte sind in diesem Fall die Bemerkungen vor, in, zwischen oder nach den direkten Reden und umfassen damit alle Szenen- bzw. Regieanweisungen (Weimar 2003). Sie beziehen sich entweder auf die Theatersituation oder auf die Umstände der Handlung, indem Angaben über Requisiten, das Bühnenbild, das Licht, die Kostüme oder Masken gemacht werden. Auf die Schauspieler bezogen sind schließlich die Hinweise zur Aktion, Gestik oder zur Mimik einer Figur.

Wortkulisse
: Regie-, Szenen- und Inszenierungshinweise gibt es allerdings auch im Haupttext, u. a. dergestalt, dass der umgebende Raum besprochen wird (Hasler 1982, 75–78). Aber auch Verhalten, Aussehen und Körperregungen einer Figur, daneben die Eigenheiten in der Art und Weise ihres Sprechens in wechselnden Situationen liefern Signale für die Inszenierung. Dies ist der Fall, wenn in einer erregten Situation die syntaktische Ordnung zerrüttet wird, angezeigt durch unvollständige Sätze oder durch Abtönungspartikel bzw. Interjektionen, die etwa die Monologe Odoardos in Lessings *Emilia Galotti* in ein affektgetriebenes Stammeln auflösen („ha! ha! Ha!"; „Ah!", V/7; Lessing 2000, 367). Besonders Shakespeare arbeitet mit der sog. Wortkulis-

se. Darunter versteht man diejenige Technik, mit der ein Schauplatz rein sprachlich ‚vor Augen gestellt' wird (Pfister 1988, 37f., 351–353). Die elisabethanische Bühne kommt ohne Kulissen aus (vgl. Abb. Schabert 1992, 82). Sie ist also noch keine Illusions- bzw. Guckkastenbühne, die den Zuschauer vom Geschehen durch die ‚vierte Wand' trennt und sich erst im 17. Jahrhundert durchsetzt (Pfister 1988, 41–44; Lösch 1997).

Wenn mindestens zwei Figuren miteinander sprechen, hat man es mit einem Dialog zu tun: sei es in Form einer Unterredung oder eines sprachlichen Kampfes, sei es in Form einer Konversation. Eine gesteigerte Form ist die Stichomythie im griechischen und später im klassizistischen Drama. Im Drama der Klassik und im 19. Jahrhundert kehrt sie als Formzitat auf die griechische Tragödie wieder (und muss entsprechend als spezifisches Traditionsverhalten interpretiert werden). Gemeint ist damit eine antagonistische Wechselrede, organisiert nach Sentenzen, die jeweils nur eine Verszeile in Anspruch nehmen. In der schnellen Abfolge von Rede- und Gegenrede steigert diese Zeilenrede die Dynamik der Ereignisse und bildet entsprechende Erregungszustände der Figuren ab (z.B. in Goethes *Tasso* II/4, V. 1394 ff.).

Formen und Funktionen der Figurenrede

Beim Monolog dagegen spricht die Figur allein. Ihre Rede ist weder an das Publikum noch an andere Dramenfiguren gerichtet, für den Zuschauer aber vernehmbar, so dass der Monolog v.a. der Selbstaussprache dient. Auch daran lässt sich die doppelte Kommunikation des Dramas vor Augen führen: Als Selbstgespräch in der fiktiven Handlung angesiedelt, bleibt der Monolog dem Publikum zugänglich. Er wird daher zur Darstellung psychischer Verfasstheiten und individueller Besonderheiten einer Figur genutzt, so etwa für Odoardos Erregung am Ende von *Emilia Galotti*.

Im Drama blieb der Haupttext lange Zeit meist metrisch gebunden. Erst im 18. Jahrhundert dringt die Prosa vor. Diese Unterscheidung stellt ein zentrales Kriterium für die Beurteilung einer Figurenrede und damit für die Konzeption einer Figur bereit: einerseits im Blick auf ihren sozialen Stand, andererseits im Blick auf die Art und Weise ihres Sprechens. Metrische Bindung und Nuancierung einer Figurenrede in Prosa durch Soziolekt, Dialekt oder durch Hochsprache sind an der Stilhöhe der Rede orientiert. Gemeint sind damit die *genera dicendi*, d. h. die Stillagen nach Maßgabe der Regelpoetik, die bis Mitte des 18. Jahrhunderts für alle Gattungen gelten. Unterschieden werden drei Stillagen: (1) Der *stilus sublimis/gravis* ist der hohe Stil; er kommt hohen Gegenständen und hohen Personen zu und wird im Epos, in der Tragödie oder im Sonett verwendet. (2) *Stilus mediocris* nennt man den mittleren Stil; er wird ständisch gesehen in der weltläufig-eleganten Prosa oder im Volkslied eingesetzt und zeigt sich im Bürgerlichen Trauerspiel in der Figurenrede in Prosa. (3) Der *stilus humilis* schließlich, der niedere Stil, ist unteren Gesellschaftsschichten zugewiesen und kommt in der Komödie und in der derb-komischen Epik (z.B. im Schelmenroman) zum Einsatz.

genera dicendi

Der Gebrauch der jeweiligen Formen nach diesen Vorgaben ist zweckgebunden, denn er basiert auf der Rhetorik, einer Technik der öffentlichen Rede, die in die Kunst der Überredung einüben will. Der primäre Zweck rhetorischer Mittel besteht auch in literarischen Texten im Überreden (*persuadere*). Bis ins 18. Jahrhundert hinein wird Poesie grundsätzlich für lehrbar und erlernbar gehalten, weil sie festen Regeln folgt. Diese Regeln sind schriftlich niedergelegt und normiert in Poetiken, die ein Anweisungssystem erstellen, das sich an der Rhetorik orientiert. Der Dichter des 17. Jahrhunderts versteht sich als *poeta doctus* (Handwerker, gelehrter Dichter), der Dichtung mit präzise benennbaren Absichten verbindet: *prodesse/docere* (nützen/belehren), *delectare* (unterhalten) und *movere* (berühren/bewegen) (Lausberg 1960, § 257, 140–143).

Formen der metrischen Bindung

Zur Beurteilung der Figurenrede ist die Gestaltung der metrischen Bindung (dazu Burdorf 1997) gegenüber der Prosa zu beachten. In Dramen der griechischen Antike sprechen die Figuren im jambischen Trimeter, unterbrochen von den metrisch variablen, weil musikalisch begründeten Chorpassagen. Der jambische Trimeter, organisiert in sechs Jamben mit freier Füllung und Zäsur (Paulsen 2004, 14), wirkt stilisierend und pathetisch. Er steigert die expressive Qualität der Rede. Daran knüpft das deutschsprachige Trauerspiel vom Barock bis zur frühen Aufklärung an, das die Figuren in Alexandrinern sprechen lässt: Der sechshebige Jambus mit Paar- und Kreuzreim erscheint seit Opitz für majestätisch-gravitätisches Sprechen geeignet, weil die Mittelzäsur das antithetische Sprechen (im Für und Wider der Argumente) befördert. Vorher, im neulateinischen Theater nach den Vorbildern Plautus und Terenz, herrscht der jambische Senar im Gefolge des Trimeters vor, so in Reuchlins *Henno* (1496). Das volkssprachliche Drama verwendet dagegen den Knittelvers (Zymner 2003, 763f.).

Prosa

Mit der Absenkung der Stillage zum ‚mittleren Stil', die der Aufmerksamkeit auf den gemischten Charakter einhergeht, dringt seit Mitte des 18. Jahrhunderts im Bürgerlichen Trauerspiel die Prosa vor. Prosa wird bereits im Barock für die Komödie verwendet, im Trauerspiel aber nur in Ausnahmen wie im protestantischen Schuldrama *Masaniello* (1683) von Christian Weise. Im Bürgerlichen Trauerspiel ermöglicht das natürliche Sprechen dem Zuschauer, sich mit den Figuren zu identifizieren.

Blankvers

Zunächst schreiben auch Schiller und Goethe vor diesem Horizont noch Dramen in Prosa. Die Weimarer Klassik, die mit Goethes Umschrift der *Iphigenie auf Tauris* (1787) von der Prosafassung in Jamben einsetzt, baut auf den Blankvers in der Nachfolge Shakespeares (Schabert 1992, 330). Im deutschsprachigen Drama wird diese Entwicklung, an die auch Schiller im *Don Carlos* (1787) anknüpft, durch Wielands *Lady Johanna Gray* (1758) und Lessings *Nathan der Weise* (1779) vorbereitet. Der ungereimte fünfhebige Jambus ermöglicht einerseits ein natürliches, im Vergleich zum Alexandriner weniger gravitätisches Sprechen. Er repräsentiert andererseits als Verskunst die autonome, d.h. zweckfreie schöne Poesie. Mit dieser ideellen Grundlegung zielt Schiller auf ein ausbalanciertes Verhältnis von Freiheit und Notwendigkeit, ermöglicht durch den schönen und ‚aufrichtigen' Schein der Kunst.

Mischung Vers/Prosa

Romantische Dramen dagegen mischen im Anschluss an diese Poetisierung der dramatischen Rede Vers und Prosa auf höchst variable Weise – je nachdem, ob hohe oder niedere bzw. komische Personen sprechen. Auch hier gibt Shakespeare das Vorbild ab, denkt man an die Königstragödie *Hamlet* (1603) und die komische Szene mit den Totengräbern in Prosa (Schabert 1992, 330f.). Allerdings steigert die romantische Dramatik diese Mischung im Gefolge der frühromantischen Poetologie Friedrich Schlegels zu einer Kombination aller bekannten Versmaße und Gedichtformen, nun auch aus dem Bereich der Romania. In romantischen Universaldramen wie Tiecks *Le-*

ben und Tod der heiligen Genoveva (1799) begegnet man komplizierten romanischen Gedichtformen ebenso wie streng gebauten Sonetten oder erhabenen Stanzen. Verse im Drama des 19. Jahrhunderts und noch in der Moderne geben dann als solche Hinweise auf die Verfasstheit des jeweiligen Stücks, sind also im Zeichen eines spezifischen Traditionsverhaltens zu interpretieren. Dies gilt auch für Komödien in Blankversen wie Grillparzers *Weh dem, der lügt!* (1840) oder Kleists *Der zerbrochne Krug* (1811) und *Amphitryon* (1807), die sich kraft ihrer metrischen Bindung am klassischen Drama orientieren.

Der Redestil einer Figur ist von fünf Faktoren abhängig: Redeziel, Wahrnehmungssituation, Umstände der Verständigung, Partnerbezug und Personalstil (Asmuth 1990, 75). Der Kontext einer Äußerung begründet Verhalten und Sprechen einer Figur, so dass der Figurenstil Rückschlüsse auf ihre psychische Verfasstheit, auf seelische Zustände und ihre soziale Stellung erlaubt. Nicht zuletzt geht der Redestil aus der spezifischen Dialoggestaltung hervor. Diese wird durch drei Perspektiven bestimmt: durch den Bezug auf die Äußerung selbst, auf die vorangegangene Äußerung derselben Figur und schließlich auf die vorangehende Äußerung einer anderen Figur (Pfister 1988, 204–212). — Figurenstil

In romantischen Dramen findet durch die Mischung von Prosa und Vers und durch Einlagerung von Liedern eine Entgrenzung hin zu einer Art ‚Wortoper' statt (Scherer 2003, 69, 356). Dagegen bleibt die Liedeinlage im Drama seit dem Sturm und Drang formal isoliert, wie auch immer sich darin Aspekte der Handlung spiegeln. Auch für die Technik der Liedeinlage im Drama ist Shakespeare das große Vorbild (Schabert 1992, 334f.). Das Lied unterbricht die Handlung, so dass das spezifische Verhältnis dieser Unterbrechung zur Handlung für die Interpretation relevant ist (Klotz, 1985, 194–203). Im Drama der offenen Form geschieht dies meist anders motiviert als im Drama der geschlossenen Form, denkt man etwa an das Parzenlied in Goethes *Iphigenie auf Tauris*. Insgesamt ist auch hierbei zu beachten, dass die metrische Gestaltung stets wichtige Hinweise für die Organisationslogik des Stücks gibt. — Liedeinlage im Drama

Lessings *Emilia Galotti* (1772) ist zu großen Teilen dialogisch organisiert: „Die im Drama gesprochenen Worte sind allesamt Entschlüsse, sie werden aus der Situation heraus gesprochen" (Szondi 1963, 15). Darüber hinaus gibt es in diesem Trauerspiel sieben Monologe, die jeweils für sich eine Szene einnehmen. Bezeichnenderweise kommt der titelgebenden Hauptfigur Emilia kein Monolog zu. Auffällig ist die Verteilung in den Akten: Auf den Prinzen fallen Monologe in I/3 (ohne Nebentext), I/5 und I/7, auf Emilias Vater Odoardo in V/2, V/4 (beide ohne Nebentext) und in V/6 (mit Nebentexten: „blickt wild umher", „Pause"/„Pause"), schließlich auf Emilias Mutter Claudia in II/5 (ohne Nebentext). Auf diese Weise wird allein durch die Anordnung der Monologe die rahmenbildende Funktion der Akte I und V akzentuiert. Zudem wird mit dieser Verteilung auf die beiden zentralen Konfliktfiguren, in deren Kraftfeld sich Emilia eingespannt sieht, eine spiegelsymmetrische Anordnung deutlich: Akt I und V unterscheiden sich dabei aber in der Alternationsstruktur, indem die Monologe einmal auf ungerade, das andere Mal auf gerade Szenennummern fallen. Allein daran ist die höchst kalkulierte Tektonik einer „dramatischen Algebra" (F. Schlegel 1988, 218) zu erken- — Figurenrede in Lessings *Emilia Galotti* nen. Besonders Odoardos Monologe im fünften Akt artikulieren sich in einer affektiv gestauten Prosa, die im Blick auf ihre typographische Darbietung bereits Verfahrensähnlichkeiten mit dem Inneren Monolog aufweist. Die Sprache wird hier zum Spiegel der seelischen Verfasstheit. Die teils unkontrollierten Ausbrüche äußern sich in Partikeln, Interjektionen, Satzabbrüchen, Versprechern und Gedankensprüngen, in einer auch durch Gedankenstriche assoziativ wie emotional interpunktierten Rede. Darin unterscheidet sich Odoardos Rede von der teils wohlgesetzten Prosa anderer Figuren. Dennoch setzt Lessing die Prosa der Figurenreden insgesamt noch weitgehend homogen, v. a. ohne soziale Differenzierung ein. Im Unterschied zum gravitätischen Gang des Alexandriners ermöglicht diese natürliche Sprache die Identifikation des Zuschauers gegenüber der distanzierten Betrachtung hoher Personen, die in der Heroischen Bewunderungstragödie der Frühaufklärung bezweckt wird.

Figurenrede in Lenz' Die Soldaten

In den *Soldaten* (1776) von Lenz ist im Vergleich zu Lessing bereits die Dialogstruktur abgewandelt. Die Rede der Figuren bezieht sich weniger auf die „zwischenmenschliche Aktualität" (Szondi 1963, 75) als auf ihre soziale Situation bzw. gesellschaftliche Position, in der sie sprechen. Die Figurenrede wird bei Lenz damit sehr viel stärker auf konkrete Umstände bezogen. Im Unterschied zu Lessing handelt es sich z. T. sogar eher um Statements oder gar Konversationen über bestimmte sozialpolitische Fragen (wie über die Erziehung in V/5, III/3). Auch aus diesem Befund lässt sich ableiten, dass es in diesem Stück weniger um eine Handlungsdramatik als um eine zeitkritische Sozialdramatik geht. Am deutlichsten tritt die dialogische Entfaltung in den sog. Fetzenszenen zurück, insofern der vorletzte Akt oft nur noch eine Reihe kurzer Momentaufnahmen präsentiert (IV/4–8, 10–11). Im Unterschied zu Lessing gibt es bei Lenz auch kaum Monologe (III/7, V/1), weil sich diese Dramatik eben sehr viel weniger der Selbstaussprache als der Darstellung von Verhaltensdispositionen in sozialen Situationen verschreibt. Entsprechend differenziert äußern sich diese Figuren, abhängig vom Kontext bzw. von der jeweiligen Figurenkonfiguration: „Willstu's Maul halten?" herrscht etwa Wesener seine Tochter Mariane an, während er gegenüber dem Adligen Desportes eine charmierende Anbiederung pflegt, auch weil er ihm Zitternadeln verkaufen will: „Werden *pardonnieren* Herr Baron! so gern als Ihnen den Gefallen tun wollte, in allen anderen Stücken haben zu befehlen" (I/3; Lenz 1987a, 196). So demonstriert der Figurenstil einerseits die familiäre Gewalt des Vaters gegenüber der Tochter, andererseits seine höfische Subordination bzw. den Opportunismus des aufstiegswilligen Händlers von Zitternadeln gegenüber dem Adel. Erste Ansätze zum Soziolekt äußeren sich in der Szenen mit dem Juden Aaron (III/1) oder in der derben Sprache der Soldaten („so ist alles verschissen", II/2; Lenz 1987a, 207). Schließlich sticht die Liedeinlage der alten Mutter Wesener am Ende von II/3 allein typographisch ins Auge: In diesem Volkslied spiegelt sich die leitende Thematik des Stücks vom weiblichen Opfer männlicher Sexualität. Entsprechend hört man während des Lieds aus dem Nebenzimmer das „Geschrei", „Gejauchz" und „Geschöcker" zwischen Desportes und Mariane (Lenz 1987a, 214). Das Lied dient folglich nicht dazu, atmosphärisch eine ‚Stimmung' zu erzeugen. Vielmehr reflektiert das Stück darin seine sozialpolitische Problemstellung. Durch Diminutive volksliedhaft getönt, wird hier die sexuelle Gewalt der

Männer, die Frauen als zufällige Opfer nehmen, im Bild des Würfels gespiegelt: „Ein Mädele jung ein Würfel ist" (ebd., 214). Insgesamt ist die Sprachgebung des Stücks darauf angelegt, Alltäglichkeit zu inszenieren. Entsprechend wird die teils derbe Sprache sozial und situationsbedingt differenziert. Sie dient damit einer realistischen Ausdrucksweise, denn Lenz will die Stände darstellen, „wie sie sind; nicht, wie sie Personen aus einer höheren Sphäre sich vorstellen" (Brief an Sophie von La Roche, Juli 1775; Lenz 1987dc, 326).

Nebentexte eines Dramas können einerseits bloße Regieanweisungen sein, andererseits episierend ausgreifen. Reine Regieanweisungen liefern Informationen über Requisiten und das Bühnenbild, über Kostüm, Maske, Aussehen, Aktion, Redeweise, Gestik und Mimik der Figuren. Ihre Funktion besteht zudem darin, dass sie bereits in der Lektüre eine gewisse Anschaulichkeit erzeugen. In episierenden Nebentexten, die seit dem Drama des Naturalismus bei Hauptmann zu ganzseitigen Beschreibungen anwachsen können, kommt der Dramatiker selbst zu Wort, indem er Elemente der Szenerie kommentiert oder ganze Handlungssequenzen interpretiert. Er wird dadurch gewissermaßen zum Erzähler von Aspekten, die im Haupttext nicht mitgeteilt werden können – u. a. deshalb, weil eine von den sozialen Umständen determinierte Figur wie Helene in *Vor Sonnenaufgang* (1889) keine eigene Sprache mehr hat. Verschiebungen dieser Art führen zu expandierenden Nebentexten, die nun auch die Dialoge unterbrechen können, ja sie verselbständigen sich bei Hauptmann zum Schluss während Helenes Selbstmord fast zu einer Art Regiebuch für eine Pantomime.

Formen und Funktionen des Nebentexts

Lessings Trauerspiel ist gegliedert in fünf ‚Aufzüge', die wiederum in ‚Auftritte' unterteilt sind. Im Vergleich mit dem nachfolgenden Drama der Weimarer Klassik, etwa mit Goethes *Iphigenie auf Tauris*, gibt es in *Emilia Galotti* relativ ausführliche Szenenanweisungen, ja sie fallen gelegentlich sogar bereits wertend aus („bitter, indem er den Brief in die Hand nimmt", I/1; Lessing 2000, 294). Im Vergleich mit Lessing fallen die Szenenanweisungen bei Lenz noch ausführlicher aus: Sie beziehen sich nun auch auf die Kleidung („ganz geputzt", I/5; Lenz 1987a, 201) und auf das Verhalten („mit vollem Munde", ebd.), auch bei Lenz bewertend („etwas furchtsam", ebd.). Auf jeden Fall aber gibt es in dieser sozialen Dramatik noch stärker ausgreifende, in Ansätzen bereits episierende Nebentexte, so in II/3 bei der Begegnung zwischen Mariane und Desportes, die sich dem Regiebuch für eine Pantomime annähert. Besonders markant fällt in dieser Hinsicht der Nebentext zum Schluss des Stücks aus, als sich Vater und Tochter – fast schon in einer Parodie auf die *anagnórisis* in der griechischen Tragödie – wiedererkennen: „Beide wälzen sich halb tot auf der Erde. Eine Menge Leute versammeln sich um sie und tragen sie fort" (V/4, ebd., 245). Die Charakterisierung „halb tot" verweist dabei auch auf die neuartigen Mischungsverhältnisse im Zeichen der Tragikomödie, zu deren Begründern Lenz im deutschen Drama zählt. Kaum mehr ist nämlich zu entscheiden, ob die Wiedererkennung zwischen Vater und Tochter aus Freude und/oder aus Verzweiflung geschieht.

Emilia Galotti – Die Soldaten

Vergleicht man die Szenen- bzw. Regieanweisungen beider Stücke miteinander, so gibt es bei Lessing keine Hinweise auf die theatralische Umsetzung, sondern nur auf Gestik, Mimik und Verhalten der Figuren zur Präzisierung ihrer Verfasstheit. Auch bei Lenz sind explizite Hinweise auf die theatralische Umsetzung nicht festzustellen, auch bei ihm markieren die Nebentexte Verhaltensweisen der Figuren zur Präzisierung ihrer Situation, hier aber stärker bezogen auf ihre konkrete soziale Lage. Dabei ist die Gegenüberstellung von privaten bzw. familiären und öffentlichen Räumen bedeutsam. Auch daran lässt sich ermessen, inwieweit in dieser Dramatik sehr viel stärker als bei Lessing die gesellschaftlichen Umstände das Handeln der Figuren determinieren. In den *Soldaten* hat man es daher mit einem Sozial- und Gesellschaftsdrama zu tun, während Lessings Darstellung auf die allgemein menschliche Frage nach Tugend und Laster im Bürgerlichen Trauerspiel abzielt.

Formen und Funktionen der Paratexte

Paratexte gibt es in allen literarischen Gattungen. Darunter versteht man all diejenigen Elemente, die einen literarischen Text gewissermaßen ‚umgeben' (von griech. *para*: neben, zusätzlich; lat. *textus*: Geflecht, Gewebe, Text). Im Drama gehören dazu Titel, Untertitel, das Verzeichnis der *dramatis personae*, Ortsangaben, Anmerkungen, Vorworte, Nachworte, Fußnoten, Widmungen oder Mottos und Abbildungen – kurzum alle Textformen, die als Bei- oder als Rahmenwerk eines Stücks mitgeteilt werden. Diese Elemente gehören nicht zum Drama selbst, geht man im engeren Verständnis davon aus, was darin für die Aufführung formuliert wird. Dennoch sind auch Paratexte für die Interpretation eines Stücks relevant: Allein der Form des Titels sind Hinweise zur Entstehungszeit und zur Art des Stücks zu entnehmen (Asmuth 1990, 20–22); und aus der Darstellungslogik der Angaben im Personenverzeichnis können Ansätze zur Interpretation gewonnen werden, allein was die Anordnung und Kennzeichnung der Figuren betrifft.

Emilia Galotti – Die Soldaten

Lessings Paratext *Ein Trauerspiel in fünf Aufzügen* indiziert die Zuordnung zum ernsten Genre. Es fehlt aber das Attribut bürgerlich, das Schiller in *Kabale und Liebe* (1784) mit deutlichen Bezugnahmen auf *Emilia Galotti* hinzufügt. Tatsächlich entspricht Lessings Untertitel der durchaus unbestimmten sozialen Zugehörigkeit der Galottis: Statt um einen Ständekonflikt wie bei Schiller geht es Lessing noch eher um allgemein menschliche Probleme. Die Anordnung der *dramatis personae* erfolgt nach der Bedeutung der Figuren für die Handlung: Die zentrale Konflikt- und daher titelgebende Hauptfigur Emilia Galotti steht an oberster Stelle. Die Anordnung der Figuren im Personenverzeichnis erfolgt nicht nach der (ebenso möglichen und gebräuchlichen) ständischen Hierarchie. Episodische Figuren werden weiter unten platziert. Bemerkenswert ist die fehlende Qualifizierung der Titelfigur. Im Unterschied zu adeligen Figuren wie Gräfin Orsina wird sie mit vollem Namen vorgestellt. Dies gilt ebenso für ihre Eltern wie für den Prinzen, was für die Beurteilung dieser Figur überaus signifikant ist. Lessing macht hier zudem Angaben zu den Funktionen („Eltern der Emilia", „Prinz von Guastalla"). Zum Schluss gibt es keine Hinweise auf Ort und Zeit der Handlung: Mit Ortsangaben beginnt stattdessen jeweils der erste Nebentext eines Aufzugs („Die Scene, ein Kabinett des Prinzen"). Die Zeitverhältnisse sind dagegen ausschließlich aus der Figurenrede zu ermitteln.

Lenz qualifiziert sein Gesellschaftsdrama *Die Soldaten* im Untertitel als *Komödie*, was angesichts der durchaus ernsten Thematik zunächst überrascht, selbst wenn die komischen Elemente (z. B. karikierende Figurennamen) nicht zu verkennen sind. Bei Lenz kommt ein spezifischer Gebrauch des Komödienbegriffs ins Spiel, der philologisch gesehen in Richtung Tragikomödie weist. Die Anordnung der *dramatis personae* erfolgt auch in den

Soldaten nicht ständisch, sondern nach dem Darstellungsinteresse. Dabei werden die Figuren nach den sozialen Konflikten in der Familie Weseners an erster Stelle gruppiert: einerseits innerhalb der Familie, wobei diese intern wiederum nach der Familienhierarchie gegliedert ist, so dass mit dem *pater familias* die höchste Autoritätsinstanz an oberster Stelle steht. Andererseits steht die Familie Weseners wiederum in einem Außenverhältnis zu anderen sozialen Gruppen, die auf die familieninternen Zustände einwirken: Dazu gehören die Vertreter des Adels und des Soldatenstands, wobei eine männliche der weiblichen Gruppe vorangestellt und deren Repräsentanten wiederum ständisch angeordnet werden. Bemerkenswert sind differenzierte soziale und lokale Angaben, also Mitteilungen zu den Tätigkeiten und Funktionen an konkreten Orten: „Galanteriehändler in Lille"; „ein Edelmann aus dem französischen Hennegau, in französischen Diensten" (Lenz 1987a, 191). Im Unterschied zu Lessing wird die Handlung bei Lenz genau lokalisiert („Schauplatz ist im französischen Flandern", ebd.). In den *Soldaten* gibt es, wie bereits der Titel signalisiert, keine zentrale Haupt- bzw. Mittelpunktsfigur mehr, denn das Thema des Stücks ist die soziale Problematik des Soldatenstandes im Umgang mit ihren sexuellen Trieben.

Im Trauerspiel des Barock, so bei Gryphius und Lohenstein, gehören ausführliche Anmerkungsapparate zu den auffälligen Paratexten. Sie dienen der Erläuterung von Textstellen und dem Nachweis historischer Belege. Karl Kraus stellt seinem Weltkriegsdrama *Die letzten Tage der Menschheit* (1919) eine ‚Vorrede' voran, um das Zitatverfahren des Stücks und damit die szenische Dokumentation der Phrase durch dramatische Figuren als Pressezitate zu erläutern. Rolf Hochhuth kommentiert sein Dokumentarstück *Der Stellvertreter* (1963) in einem ‚historischen' Anhang in Form eines Essays. Nachworte, Fußnoten, Widmungen und Mottos bilden darüber hinaus weitere Möglichkeiten aus dem Arsenal paratextueller Elemente, die den Dramentext begleiten können. Im Fall seines naturalistischen Erstlings *Vor Sonnenaufgang* (1889) fügt Hauptmann sogar Skizzen des Bühnenbilds hinzu.

| | Weitere Beispiele für Paratexte im Drama |

Prologe und Epiloge bilden einen eigenen szenischen Teil in einem Drama: zu Beginn etwa als Vorspiel, das nicht notwendig zur Dramenhandlung gehört, oder zum Abschluss eines Dramas in Form eines Nachspiels. Diese Einheiten dienen nicht selten der Rahmung, indem sie den Zuschauer in die Szenerie ein- bzw. wieder herausführen, oder auch, indem sie die Theatersphäre etablieren. Szenische Elemente dieser Art sind zu unterscheiden von der Exposition, also den zu Beginn eines Stücks nachgetragenen Vorkenntnissen, die zum Verständnis der Handlung nötig sind und entsprechend von einer Figur mitgeteilt werden. Epiloge artikulieren nicht selten die Moral eines Stücks etwa in Form einer direkten Zuschaueranrede. Sie kommen in dieser Form bei Shakespeare, in der Romantik und im Epischen Theater Brechts vor.

| | Prolog/Epilog |

Der Chor ist ein zentrales Bauelement der griechischen Tragödie. In ihm treten Gruppen von Figuren auf, die nicht individualisiert sind. Der Chor spricht kollektiv als eine Person und reagiert in dieser Weise auf die Handlung: indem er die Handlung kommentiert oder sich an ihr, auch als Einzelrede des Chorführers, beteiligt. Der Chor ist daher mitspielender Zuschauer bzw. zuschauender Mitspieler. Während der Chor in der antiken Tragödie – v. a. im Blick auf seine ursprünglich zentrale Rolle – von Aischylos bis Euripi-

| | Chor |

des sukzessive an Bedeutung verliert und später ganz verschwindet, treten im barocken Trauerspiel (so bei Gryphius und Lohenstein) entsprechende Passagen wieder als ‚Reyen' zur Artikulation der religiösen bzw. neostoizistischen Lehre in Erscheinung. Schließlich unternimmt es Schiller in seiner Tragödie *Die Braut von Messina* (1803), den Chor zu revitalisieren, was als spezifisches Traditionsverhalten im Rückbezug auf die griechische Tragödie zu bewerten ist. Im Drama des 19. Jahrhunderts spielt der Chor keine Rolle. Erst in der Moderne gibt es wieder häufiger Chöre im Gefolge des Epischen Theaters von Brecht, dies aber meist in parodistischer Absicht wie in Max Frischs *Biedermann und die Brandstifter* (1958) oder in Dürrenmatts Tragikomödie *Der Besuch der alten Dame* (1956).

Parabase Die Parabase ist ein Bauelement der griechischen Komödie, insbesondere in der alten (attischen) Komödie, die von Aristophanes repräsentiert wird: Chor und Chorführer wenden sich hier, meist in der Mitte des Stücks, mit abgenommener Maske an das Publikum. Der Chor tritt damit aus seiner fiktionsinternen Rolle, um zu aktuellen politischen, sozialen oder auch kulturellen Ereignissen Stellung zu beziehen oder um die Absichten des Dichters zu interpretieren. Diese Form der Selbstreflexion wird in der romantischen Komödie in zahllosen Varianten des ‚Aus-der-Rollen-Fallens' potenziert, hier v. a. in der sog. parabatischen Komödie (Japp 1999).

Weitere Varianten der Bühnenrede Weitere Formen der Bühnenrede sind das *A-parte-* bzw. Beiseitesprechen in der Komödie (oft durch komische Dienerfiguren), daneben das *Ad-spectatores*-Sprechen, bei dem nach dem Vorbild der Parabase die Bühnenrede direkt an den Zuschauer gerichtet wird. Der Botenbericht ist die nachträgliche Erzählung durch eine Person im Drama (die Botenfigur) von einem vergangenen Geschehen, das für die Handlung relevant ist, aber nicht gezeigt wird bzw. aus theatertechnischen Gründen nicht gezeigt werden kann. Man spricht deshalb von der nachgeholten Handlung. Bei der Teichoskopie bzw. Mauerschau dagegen handelt es sich um den Bericht einer Person von einem gleichzeitig ablaufenden Geschehen, das ebenfalls für die Handlung relevant ist, aber wie eine Schlacht oder ein besonders grausames Ereignis nicht auf die Bühne gebracht werden kann oder sogar nicht gezeigt werden darf. Teichoskopie und Botenbericht bilden zusammen die sog. verdeckte Handlung. Ihr dramaturgischer Zweck besteht u. a. auch darin, Reaktionen von Figuren auf das Berichtete zu zeigen (Keiper 1997, 283).

Solche Formen der Bühnenrede, die ein Geschehen ‚vor Augen stellen', unterscheiden sich vom Erzählen, insofern die Berichterstatter als Figuren Handelnde des Dramas sind: Sie gehören zum Stück, denn ihr Bericht richtet sich auf andere Figuren der Handlung. Epische Figuren wie Gower in Shakespeares *Pericles* (1609) oder Bonifacius in Tiecks *Leben und Tod der heiligen Genoveva* (1799), der damit Shakespeare zitiert, stehen dagegen außerhalb dieser Handlung, um einzelne Aspekte zu kommentieren oder um ausgesparte Ereignisse auf erzählerische Weise zu ersetzen.

2. Bauformen des Dramas

Gliederungsprinzip Akt Akte bilden – nicht aber seit jeher – die Hauptabschnitte eines Dramas. Sie markieren eine Dialog- bzw. Handlungssequenz, die von benachbarten Sequenzen in Form eines Ortswechsels oder Zeitsprungs getrennt sind. Der ältere Begriff Aufzug ist vom heute üblichen Akt abgelöst worden. Er verweist noch auf die ursprüngliche Funktion des Kulissenwechsels durch das Öffnen und Schließen des Bühnenvorhangs zwischen den Akten. Im späten 18. Jahrhundert werden Kulissenwechsel im Akt durch Zwischenvorhänge möglich.

Im griechischen Drama gibt es noch keine Akte. Diese Einteilung wird erst von Horaz postuliert (Horaz 1972, V. 189f.) und von den römischen Tragödien Senecas und den Komödien Menanders praktiziert. Die griechische Tragödie ist dagegen anders, genauer nach dem Prinzip der Reihung von Auf- und Abtritten gebaut: Nach dem Prolog und Einzug des Chors erfolgt das erste Epeisodion, d.h. etwas ‚Hinzukommendes', weil es als Handlungsabschnitt zwischen den Chorliedern mit dem Auftritt eines Schauspielers ‚eingeschoben' wird. Das Stück endet mit dem Exodus nach dem letzten Chorlied, dem Auszug des Chors. Zum Chorteil gehören die Parodos (von griech. ‚Eingang', ‚Zugang' des griechischen Theaters), d.h. das Einzugslied des Chors neben dem Stasimon, dem von Tanz begleiteten Standlied, das wie alle chorischen Partien metrisch variabel gestaltet wird (Aristoteles 1982, Kap. 12, 37). Aischylos setzt in seinem Tragödien meist drei Epeisodien zwischen Prolog und Exodus ein, Sophokles und Euripides dagegen benutzen vier und gelegentlich auch fünf oder gar sechs Epeisodien (so Sophokles im *Ödipus auf Kolonos*). In dem Maße, in dem der Chor zurücktritt, setzt sich seit dem Hellenismus die Zählung der Teile durch, für die dann der lat. Ausdruck *actus* gebraucht wurde. Im Deutschen kommen seit dem 17. Jahrhundert die Begriffe Abhandlung oder Handlung zum Einsatz, seit dem 18. Jahrhundert ist verstärkt von Aufzug die Rede.

Der formalen Einteilung entspricht eine inhaltliche Gliederung. Aristoteles (1982, Kap. 18, 57) stellt die Handlung der Tragödie als Knüpfung (*désis*) und Lösung (*lýsis*) eines Knotens dar: „Spannung/Entscheidung/Reaktion, im Prinzip beruht jede Tragödie auf dieser Struktur, sowohl im ganzen als auch bei untergeordneten Episoden" (Seeck 2000, 195). Der Terenz-Kommentar von Donatus (4. Jahrhundert) unterscheidet *prótasis* (Einleitung, Exposition), *epítasis* (Verwicklung, Verwirrung, Intrige) und *catastrophe* (Lösung). Diese inhaltliche Dreiteilung wurde von der Dramentheorie bis ins 18. Jahrhundert akzeptiert. Seit der Renaissance sieht man sie am besten in fünf Akten erfüllt: Scaliger ergänzt die *epitasis* durch die *catastasis*, mittels derer der unaufgelöste Zustand anhält (Scaliger 1994, 155). Diese Verteilung von vier Entwicklungsstufen auf fünf Akte bleibt allerdings nicht einheitlich (Lausberg 1960, §1197, 570). Zunehmend werden Überlegungen zur Symmetrie wichtiger, so dass für Schiller der dritte Akt zum Höhepunkt eines Konflikts wird (z.B. in *Maria Stuart*).

Die Szene (von griech. *skené*, lat. *scaena*: Bühnenhaus) markiert einen Handlungsabschnitt innerhalb des Aktes. Sie unterteilt den Akt, indem sie das Geschehen zwischen dem Wechsel von Personen abgrenzt. Von der Herkunft des Wortes hat sich die Benennung für eine Handlungssequenz zwischen zwei Wechseln (Kulisse bzw. Ort, Personen) eingebürgert. Zuweilen wird das Wort auch synonym für Auftritt verwendet, auch wenn eine Szene mehrere Auftritte beinhalten kann, wie man im Drama der offenen Form in der Tradition Shakespeares sieht. Hier gibt es nicht selten den Wech-

Szene/Auftritt

sel von Schauplatz und Personen auch innerhalb einer Szene, so dass das Verhältnis von Szene und Auftritt historisch variabel ist. Mischformen, also Auftritte einer neuen Person innerhalb der Szene, sind offenbar bereits für Horaz möglich (1972, 12, V. 125–127). Für Shakespeare ist die Szene, entsprechend der Etymologie des Worts, ein Handlungsabschnitt mit gleichbleibendem Schauplatz. Folgt man Scaliger und daran anschließend dem französischen Klassizismus, beginnt eine neue Szene mit dem Auf- oder Abtreten einer Person, so dass sie dem Auftritt entspricht. Seit Corneille werden Szenen durch die auf der Bühne bleibende Person verknüpft.

Im deutschen Drama sind beide Auffassungen zu beobachten: Bei Schiller kann man Stücke mit häufigem Schauplatzwechsel (*Die Räuber*, 1782; *Wilhelm Tell*, 1804) von den geschlossenen Dramen um 1800 unterscheiden. Orientiert sich Schiller im ersten Fall an Shakespeare, wird in den späteren klassischen Dramen die Szenenordnung der Franzosen zum Vorbild. Wie bei den Akten ist auch die Anzahl der Szenen und die Logik der Szenenordnung für die Interpretation eines Dramas relevant. Dabei gibt es Dramen, die sich als reine Szenenfolge präsentieren, so Büchners *Woyzeck*. Dieses Modell häuft sich im 20. Jahrhundert, etwa bei Horváth und Fleißer, die ihre Stücke nach ‚Bildern' gliedern und damit noch deutlich den Charakter einer Szene als Momentaufnahme akzentuieren.

Offene und geschlossene Form

Die Unterscheidung des Dramas der geschlossenen von der offenen Form geht auf das gleichnamige Buch von Volker Klotz zurück. Sie wird plausibel vor dem Hintergrund der Debatte über die drei Einheiten, die von Aristoteles bis zum französischen Klassizismus reicht. Vergleicht man Lessings Bürgerliches Trauerspiel *Emilia Galotti* mit dem sozialen Gesellschaftsdrama *Die Soldaten* von Lenz nach diesem Gesichtspunkt, so stellt man schnell fest, dass beide Stücke neben der gemeinsamen Fünfaktigkeit (mit interner Szenengliederung) deutliche Unterschiede hinsichtlich ihrer Organisationslogik aufweisen. Im Unterschied zu Lessing variiert Lenz die Länge der Szenen, und er differenziert die Figurenrede. Ähnliches gilt für die Präsenz und den Umfang der Nebentexte. Auf diese Weise entsteht bei Lenz allein durch die variable Szenenfolge ein anders gelagerter Rhythmus: Lange und kurze Szenen wechseln sich variantenreich ab, während Lessing die Szenen mit Ausnahme des zweiten Akts mehr oder weniger gleichartig baut, so dass sie homogener wirken. Zeigt sich bei Lessing die kausal-lineare Handlung mehr oder weniger lückenlos geschlossen, weil jede Szene funktional in die Ereignisfolge eingespannt erscheint, wirkt die Szenenfolge bei Lenz im Vergleich dazu erkennbar gelockert.

Lessings Stück repräsentiert demnach das Drama der geschlossenen Form, das soziale Drama von Lenz dagegen das Drama der offenen Form. In beiden Fällen handelt es sich um Idealtypen (Pfister 1988, 320, 322), d.h. die dramentechnische Umsetzung nähert sich an diese verallgemeinerbaren Formen an, ohne dass sie jemals vollständig umgesetzt wird. Zu beachten ist bei dieser typologischen Unterscheidung ein historischer Aspekt: Das Drama der geschlossenen Form geht auf Aristoteles zurück, ist also insofern überzeitlich, als es seit Beginn einer überlieferten Dramatik besteht. Das Drama der offenen Form, das die aristotelischen Einheiten nicht einhält, ist hingegen historisch, genauer mit Shakespeare entstanden und prägt die deutsche Dramengeschichte erst seit dem Sturm und Drang um 1770 mit

Vorläufern wie Christian Weises *Masaniello* (1683). Aus dieser Differenz ergeben sich Asymmetrien in der Unterscheidung nach den beiden Idealtypen, insofern die offene Form meist in Abgrenzung zur positiv beschreibbaren geschlossenen Form diskutiert wird. Betont die geschlossene Form den Akt, neigt die offene Form zur Autonomie der Szene.

Im Drama der geschlossenen Form repräsentiert die dramatische Handlung das harmonisch geordnete Ganze: die Ordnung der Welt bzw. das Allgemeine, indem sie einen „Ausschnitt als Ganzes" darstellt (Klotz 1985, 216–218). Begründet wird dieser Idealtypus durch die *Poetik* von Aristoteles. Zwei grundlegende Merkmale kennzeichnen die geschlossene Form: Erstens hält sie die Einheit von Ort, Zeit und Handlung ein, d.h. es finden keine Ortswechsel statt, die Zeit der Handlung beträgt nicht mehr als 24 Stunden, die einsträngige Handlung weist Anfang, Mitte und Schluss auf: „Ein Ganzes ist, was Anfang, Mitte und Ende hat" (Aristoteles 1982, Kap. 7, 25). Zweitens wahrt dieser Idealtyp eine bestimmte Stillage, die nach dem Gesichtspunkt der Angemessenheit (*aptum*) Figuren (soziale Stellung), Handlung und Rede aufeinander abstimmt (*genera dicendi*): In der Tragödie handeln hohe Personen (Fürsten, Könige) über Gegenstände von allgemeinem Interesse (u. a. in staatspolitischer Hinsicht). Die Stoffe stammen aus dem Bereich der Mythologie oder Historie und werden im hohen Stil (Alexandriner/Blankvers) abgehandelt.

Drama der geschlossenen Form

Gustav Freytag (1992, 102) hat die „Technik" der geschlossenen Form nach dem Schema einer Pyramide visualisiert, das den fünfaktigen Ablauf der Tragödie abbildet:

Pyramidenschema von Freytag

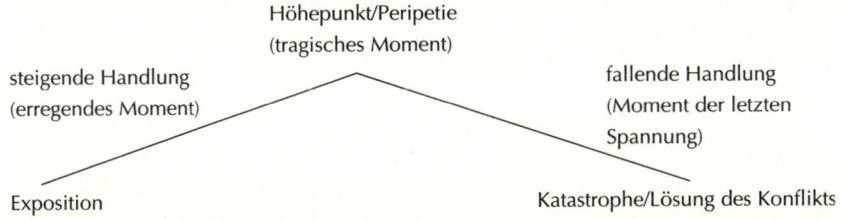

Die Exposition liefert zu Beginn des Dramas, genauer vor dem ersten Impuls einer Veränderung, dasjenige Wissen nach, das zum Verständnis der Handlung nötig ist: v. a. was die Voraussetzungen betrifft, die zur Beurteilung der aktuellen Situation relevant sind und so den daraus entstehenden Konflikt begründen. Die Exposition informiert zudem über die Konstellationen des Konflikts, u. a. dergestalt, dass Figuren in der Ausgangssituation darüber reden. Nach Begründung der Ausgangslage setzt die steigende Handlung die entscheidenden Aktivitäten der Hauptfiguren, des Protagonisten und des Antagonisten als Gegenspieler, in Gang. Dadurch tritt das ‚erregende Moment' in Kraft, indem sich im Für und Wider von Impulsen der dramatische Konflikt aufbaut – etwa durch die Intrige, also durch ein die Handlung begründendes Komplott, das deren Fortgang organisieren wird. In diesem Abschnitt wirkt damit ein erstes, handlungsveränderndes Moment. Es erregt beim Zuschauer gespanntes Interesse und kulminiert in der Peripetie als Höhepunkt der Spannungskurve im dritten Akt. An dieser Stelle scheint der Konflikt entschieden, weil die Handlung die entscheidende Wendung, die auf das katastrophale Ende hinführt, erfährt. Das retardierende Moment bezeichnet dann eine Verzögerung dieser Katastrophe, die nach den Regeln des französischen Klassizismus in den Tod des Protagonisten mündet: Kurzfristig scheint eine Lösung in Sicht, die aber tatsächlich nicht besteht. Das retardierende Moment verheißt damit noch einmal, dass dem bereits entschiedenen Ausgang zu entkommen sei, weil ein Ausweg aufscheint. Es bewirkt einen Spannungsabfall, der dennoch auf die Katastrophe hin zustrebt. Freytags Schema erscheint v. a. mit der Metapher der fallenden Handlung problematisch, zumal die Katastrophe „Teil des Falles ist, und zwar der gewichtigste" (Pikulik 1982, 164). Die Komödie ist im Unterschied zur Tragödie weniger streng organisiert, und zwar allein aufgrund des stärkeren Situationsbezugs ihrer komischen Episoden, so dass sich hier der Ablauf der Handlung offener gestalten kann.

Auf die Formel gebracht, basiert die Organisationslogik des Dramas der geschlossenen Form auf der Funktionalität aller Teile: Sämtliche Elemente sind unselbständig, mit anderen Worten eingespannt zwischen einem Vorangehenden und Nachfolgenden. Die Handlung ist daher final (zielgerichtet), kausal-linear und vollständig durch die Ganzheit von Anfang, Mitte und Schluss (Aristoteles). Sie ist zudem einsträngig, d.h. es gibt keine Episoden und möglichst keine Nebenhandlungen. Die Geschlossenheit zeigt sich insgesamt in einer stringenten Abfolge der Sequenzen, bestehend aus einer voraussetzungslosen Exposition, einem Konflikt und dem Finale, das die endgültige Lösung des Konflikts herbeiführt. In der Exposition wird die Handlung kunstförmig aus einer Ausgangssituation heraus entwickelt. Sie muss nicht notwendig sogleich die gesamte Vorgeschichte liefern, denn die sukzessive Enthüllung wichtiger Elemente zum Verständnis der Handlung erweist sich als dramaturgisch geschickter, weil sie den Zuschauer durch gezielte Informationslenkung bei der Stange hält.

Lessing: Emilia Galotti

Das Personenverzeichnis präsentiert ‚mittlere' Personen in überschaubarer Anzahl, die darum nicht näher charakterisiert werden müssen, weil sich ihr Verhalten aus ihrer sozialen Funktion erklärt (Prinz, Vater, Mutter, Tochter). Ihre Anordnung erfolgt nach der Bedeutung für die Handlung: Die beiden zentralen Konfliktträger, die erst ganz zum Schluss in V/7 aneinander geraten, stehen an erster Stelle, wobei der Konflikt zwischen Vater und Tochter für das Bürgerliche Trauerspiel ohnedies zentral ist. Blickt man auf die Nebentexte und die Rolle der drei Einheiten, so wird deutlich, dass es auf die Beschreibung äußerer Umstände weniger ankommt, weil dieses Drama psychische Zustände darstellen will. Es gibt explizite Hinweise auf den Ort, nicht aber auf die Zeit der Handlung; diese kann nur aus der Figurenrede erschlossen werden: Die gedrängte Ereignisfolge, in der jede Situation aus vorangehenden Ereignissen hervorgeht, lässt zeitliche Abstände nicht zu. Dementsprechend gibt es zahlreiche Hinweise auf die Zeitnot: „heute – soll es geschehen" (I/6; Lessing 2000, 305), „dringendes Geschäft" (II/9; eda., 321), „noch heute", „von der äußersten Eil" (II/10; ebd., 323). Zu beachten sind auch folgende Zeitangaben: „Guten Morgen" (II/2; ebd., 308), Hochzeit „heut' Abend" (II/3; ebd., 310), Fahrt „[g]egen Mittag" (ebd.). Am Morgen befindet sich Emilia in der Kirche, nachmittags auf dem Lustschloss des Prinzen (IV/7; ebd., 354). Der äußere Zwang zum Handeln korrespondiert der Sprachgebung, so v. a. in Odoardos Monologen in deutlicher Nähe zur Affektsprache des Sturm und Drang, wenn die parataktische Zerrüttung der Sätze und die Vielzahl an Ausrufungszeichen seine innere Erregung anzeigen: „Zu spät! Ah! er will meine Hand; er will sie!" (V/7, ebd., 367).

Die strenge Komposition zeigt sich in der Szenenstruktur: Wenige, d. h. zwei bis drei Personen treten auf, eine Ausnahme bildet nur die Schlussszene V/8. Es findet kein Personenwechsel innerhalb des Auftritts statt; die drei Einheiten werden v. a. in den Akten III–V eingehalten, während vorher die beiden Sphären – des Prinzen in Akt I gegenüber dem „Hause der Galotti" in Akt II – getrennt exponiert bleiben. Aber auch hier ist die räumliche Nähe gegeben, beachtet man den Hinweis des Prinzen, dass es nur „ein Gang" zur Kirche sei (I/7; ebd., 306). Die relative Einheit des Orts wird schließlich dadurch bewahrt, dass die Akte III, IV und V im Lustschloss des Prinzen (genauer in einem „Vorsaal") spielen, das nicht weit von der Residenz entfernt liegt.

Nach der Bauform beurteilt, ist *Emilia Galotti* in fünf Aufzüge mit Auftritten gegliedert, auf die der pyramidale Spannungsbogen Gustav Freytags angewendet werden kann:

1. Aufzug – Exposition: Einführung des Prinzen, seine Aufmerksamkeit auf Emilia, seine Unmenschlichkeit (Todesurteil), sein Sinn für die Kunst (Episode mit dem Maler Conti) und seine Empfindsamkeit: „ich bin so besser" (I/3; ebd., 295).
2. Aufzug – ‚Schürzung des Knotens'/steigende Handlung/erregendes Moment: Einführung der Galottis, Hochzeit mit Appiani, Odoardo erfährt vom Kontakt seiner Tochter mit dem Prinzen, Emilias Irritation durch dessen Nachstellung, Claudias Warnung von höfischer Galanterie, Aufschubversuch der Hochzeit durch Marinelli.
3. Aufzug – Höhepunkt/Peripetie: Zusammenführung der beiden Sphären, Ermordung Appianis, einmalige Begegnung zwischen Prinz und Emilia (Erschrecken in III/4, Begegnung in III/5 „nicht ohne Sträuben"; ebd. 335); Claudia erkennt den Mörder am „Ton" der letzten Worte des sterbenden Appiani (III/8, ebd., 357 f.).
4. Aufzug – Anagnorisis: „Umschlag von Unkenntnis in Kenntnis" (Aristoteles 1982, Kap. 11, 35); Orsina erfährt den Mörder und überlässt Odoardo den Dolch für ihre Rache am Prinzen (IV/7).
5. Aufzug – Lösung: Tod Emilias durch die Hand des Vaters.

Innerhalb der Aufzüge gibt auch die jeweilige Anzahl der Szenen Hinweise auf die Bauform: Mit Ausnahme des zweiten Akts mit elf Szenen haben alle Aufzüge acht Szenen. Bis auf diese Ausweitung, begründbar durch die Aufmerksamkeit auf die Außenpolitik der Familie Galotti (Appiani, Marinelli), ist das Stück völlig gleichmäßig gebaut, indem es gleiche Aktlängen mit einer gleichen Anzahl an Auftritten homogenisiert.

Zusammengefasst: Die Handlung ereignet sich an einem Tag in einer homogenen, genau kalkulierten Szenenfolge, die u. a. an der achsensymmetrischen und damit rahmenbildenden Anordnung der Monologe bemerkbar wird. Der Prinz und Emilia begegnen sich genau in der Mitte des Stücks nur einmal (III/5), bezeichnenderweise zusammen mit dem Intriganten Marinelli. Auch Emilia und ihr Vater treffen nur einmal zum Schluss in den Sterbeszenen V/7/8 aufeinander. Damit bestätigt sich der Befund Friedrich Schlegels von einer ebenso mathematisch wie ökonomisch genau kalkulierten

Bauform, die in der lückenlosen, kausal-linearen Funktionalität aller Elemente transparent wird: Jede Szene ist für die Handlung wichtig, keine einzige kann weggelassen werden, ohne deren Motivation zu gefährden. Im Kleinen spiegelt sich die Einheit des Ganzen. Stets wird die Handlung aus der je gegenwärtigen Situation heraus motiviert: Jede Sequenz ist aus den in den Szenen eintretenden Ursachen abzuleiten, woraus notwendig die nachfolgende Ereigniskette bis zur Katastrophe resultiert. Dem Zuschauer wird die Motivation des Handelns von der ersten Szene an einsichtig gemacht. Er hat damit an jeder Stelle Einblick in die Entscheidungsvorgänge der Figuren, die Lessing psychologisch motiviert. Sowohl die Konfliktstruktur als auch die psychischen Reaktionen auf Situationen, die sich durch die Handlung selbst ergeben, machen die Notwendigkeit des Handlungsablaufs bis in die Sprach- und Dialogstruktur hinein nachvollziehbar: Nichts erscheint hier unnötig, auch nicht die scheinbar episodische Szene mit dem Maler Conti, weil eben dessen Bild die Liebe des Prinzen zu Emilia weiter entfacht.

Drama der offenen Form

Der zweite Idealtyp begründet sich durch Abgrenzung vom geschlossenen Drama in der aristotelischen Tradition (Pfister 1988, 322–326; Meier 2000). Es handelt sich demnach um Dramen, deren Bauprinzip nicht dem klassizistischen Ordnungssystem entspricht. Literarhistorisch spielt hier die Rezeption der Dramen Shakespeares die entscheidende Rolle (Schabert 1992, 252–336). Die Normen der aristotelischen Tradition müssen nicht mehr eingehalten werden, Übernahmen sind aber durchaus denkbar und üblich. Will man die Strukturmerkmale positiv bestimmen, so ist als zentrales Prinzip die relative Selbständigkeit der Teile zu nennen. Nicht der Akt, sondern die Szene ist daher die entscheidende Gliederungseinheit in einer tendenziell episodischen Organisation des Geschehens. Die Sequenzen sind deshalb eher parataktisch nebeneinander gestellt, also sehr viel weniger aufeinander bezogen als im Drama der geschlossenen Form. Daraus ergibt sich ein panoramaartig präsentierter Geschehenszusammenhang, d.h. ein Problem, eine Figur oder eine Idee werden aus unterschiedlichen Perspektiven beleuchtet. Die Einheit von Ort, Zeit und Handlung spielt keine verpflichtende Rolle mehr, eben sowenig die Frage nach der Drei- oder Fünfaktigkeit, auch wenn eine bestimmte Einheit der Handlung – Pfister spricht in diesem Fall vom „Geschehen, das den Figuren widerfährt" (Pfister 1988, 322) – gewahrt bleibt. Klotz charakterisiert den Idealtyp als das „Ganze in Ausschnitten" (Klotz 1985, 218–223) im Unterschied zum „Ausschnitt als Ganzes" in der geschlossenen Form (ebd., 216). Komplementär zur Heterogenität der Elemente wechselt die Figurenrede auch zwischen Vers- und Prosapassagen. Zudem sind Liedeinlagen möglich. Dialektale Eigenheiten oder Soziolekte dienen dazu, die Figuren zu charakterisieren, so dass in der Sprachgebung ihre individuellen Eigenschaften deutlich werden.

Insgesamt entsteht auf diese Weise eine neue bzw. andere Form von Ganzheit, die mit verschiedenen Mitteln erzielt wird: Dem Drama liegt zum einen eine bestimmte Idee der Darstellung zugrunde, d.h. das Drama der offenen Form unterscheidet sich vom Drama der geschlossenen Form nicht in der Idee, sondern in der Form der Darstellung einer Idee. Zum zweiten wird eine spezifische Geschlossenheit durch formale Äquivalenzen hergestellt, indem Elemente auf unterschiedlichen Ebenen mit bestimmten (sprachlichen) Mitteln und Verweisformen vernetzt werden: auf der Handlungsebene etwa durch Parallelhandlungen, die das Thema aus verschiedenen Perspektiven, möglicherweise auch kontrastiv beleuchten; auf der Ebene der Bildlichkeit u. a. durch den Einsatz von Leitmotiven oder durch Bildfelder bzw. Metaphernkomplexe, die an zentralen Stellen wiederholt werden und damit den Text durch semantische Gemeinsamkeiten verknüpfen. Lenz setzt auf diese Weise etwa das Wort Zitternadel mit seinen symbolischen Bedeutungen und teils sexuellen Konnotation ein (I/3, I/6; Lenz 1987a, 196f., 203). Darüber hinaus können bereits das Personenverzeichnis und die Nebentexte deutende und damit einheitsstiftende Funktionen übernehmen. Der Nebentext ist bei Lenz deshalb relativ ausführlich. Er konkretisiert die Szene im Sinne einer realistischen Darstellung und verbindet die Episoden durch seinen interpretierenden Charakter, so etwa bei der Liedeinlage zum Schluss von II/3.

Aufgrund des ausführlichen Nebentexts ist eine theatralische Umsetzung des Dramas der offenen Form nicht mehr erforderlich (aber natürlich möglich), denn bereits der Leser kann sich die Aufführung vorstellen. Das Drama der offenen Form definiert sich damit im Gegensatz zur geschlossenen Form nicht mehr ausschließlich über die Inszenierung. Die Darstellung von Massenszenen (oder von Schlachten bei Grabbe) und ganzer Lebensverläufe im Gefolge der ‚Historien' Shakespeares ist darum nicht mehr ausgeschlossen. In der Forschung ist in diesem Zusammenhang von Lesedramatik die Rede (Ottmers 2000). Diskutiert wird der Begriff für ‚shakespearisierende' Dramen des Sturm und Drang wie Goethes *Götz von Berlichingen* (1773). Seit dem 19. Jahrhundert wird er in Opposition zum Bühnendrama verwendet. Die Ablehnung bühnenbezogener Normen nach Aristoteles ermöglicht experimentelle Dramenformen: besonders in der Romantik durch metrische Vielfalt in der Figurenrede oder durch gesteigerte Formen der Selbstreflexion, im Vormärz durch panoramatische Darstellungen historischer Ereignisse in Geschichtsdramen wie Grabbes *Napoleon oder die hundert Tage* (1831).

Exkurs Lesedrama

In seinen dramenpoetologischen Schriften, v. a. in den *Anmerkungen übers Theater* (1774), schreibt Lenz gegen die *Poetik* des Aristoteles an, indem er das Charakterdrama gegen das Handlungsdrama ausspielt. In den *Soldaten* ist diese Verschiebung bereits an der im Vergleich zu Lessing sehr viel höheren Personenanzahl zu erkennen. Die ausführlichen Nebentexte sind notwendig, um das Verhalten der Figuren in der konkreten Situation plausibel zu machen, weil die teils elliptische bzw. nur noch knapp andeutende Figurenrede dazu allein nicht mehr ausreicht. Zudem leitet bei Lenz der Nebentext nicht mehr nur in die Figurenrede ein, sondern er unterbricht diese auch und übernimmt damit die Funktion, den Haupttext zu ergänzen: Nebentext und Figurenrede werden an diesen Stellen simultan eingesetzt (II/3; Lenz 1987a, 214). Die spezifisch neuartige Geschlossenheit durch formale Äquivalenzen erkennt man daran, dass getrennte Elemente auf unterschiedlichen Ebenen mit ästhetischen Mitteln vernetzt werden. Im Bereich der Motive kehrt etwa die Zitternadel in ihrer sozialen Funktion als Zier- und Schmuckstück, als Handelsware Weseners und als Geschenk von Desportes (I/3, I/6) neben ihrer symbolischen Bedeutung im Verweis auf die Sexualität wieder. Lenz spielt dabei auch mit der entsprechenden Sprachgestalt, indem er das Zittern ins Verhältnis zum „Trieb" setzt (I/4; ebd., 200), wenn Wesener

Lenz: Die Soldaten

seiner Tochter erklärt: „Zitternadel du selber, sollst in deinem Leben keine auf den Kopf bekommen" (I/3; ebd., 197). Andere formale Äquivalenzen erzeugt Lenz, indem sich die Szenen wechselseitig bespiegeln: Genauer entstehen Relationen durch eine Parallelisierungstechnik, die zwei Handlungen kontrastiv miteinander verbindet. Dies ist in der doppelten Mutter-Sohn-Konstellation der Fall, insofern das Verhältnis zwischen der Gräfin und ihrem Sohn dem Verhältnis der Mutter zu Stolzius gegenübersteht, wobei ergänzend noch das Verhältnis zwischen Frau Wesener zu ihren Töchtern Mariane und Charlotte (III/6) zu beachten ist.

Zwar besteht auch Lenz' Tragikomödie aus fünf Akten mit Szenengliederung. Im Unterschied zu Lessing aber verselbständigen sich die Szenen erkennbar zu fragmentarischen Ausschnitten. Allein ihre Anzahl ist höchst variabel (I: 6, II: 3, III: 10, IV: 11, V: 4 plus 1); die Akte und Szenen sind zudem unterschiedlich lang: So kontrastieren die ‚Fetzenszenen' in Akt IV der langen Kaffeehaus-Szene in II/2, wohingegen der ganze fünfte Akt wiederum sehr kurz ausfällt. Kurze Szenen vermitteln eine Dynamik der Ereignisse, herbeigeführt auch durch die Technik der Aussparung, insofern Handlungssequenzen, die zwischen den Lücken liegen, vom Zuschauer selbständig zu ergänzen sind. Die „fünfte und letzte Szene" (ebd., 245) schließlich steht außerhalb der Handlung, weil sie am Beispiel der vorherigen Ereignisse das sozialpolitische Problem diskutiert, wie der sexuelle „Trieb" der Soldaten (ebd., 246) in einer „Pflanzschule von Soldatenweibern" (2. Fassung, ebd., 734) zu kanalisieren sei. Von Szene zu Szene wechselt das ganze Stück permanent seinen Ort. Die alternierende Struktur resultiert aus der Abfolge von Innen- und Außenräumen, von privaten und öffentlichen Orten in verschiedenen Städten. Auch die Struktur der Szenen unterscheidet sich von Lessing, weil es in den *Soldaten* Figuren- und Schauplatzwechsel innerhalb einer Szene gibt (III/1). Insgesamt ergibt sich ein anderer Rhythmus des Geschehens, der durch die Abfolge selbst bewirkt wird: zwischen panoramaartigen Szenen und dem gedrängten Wechsel extrem kurzer Szenen besonders im vierten Akt. Öffentliche Räume werden geschlossenen Privaträumen kontrastiert. Im öffentlichen Bereich ist wiederum zu unterscheiden zwischen gesellschaftlichen Räumen und Naturräumen (V/1/2/4). Daraus ergibt sich die zentrale Spannung des Stücks: zwischen der Intimität im Innenraum der Familie gegenüber der öffentlichen Sphäre der Soldaten, die selbst wiederum in komplexen Gruppenszenen (II/2) differenziert wird.

Insgesamt ist mit Blick auf die Architektur des Stücks eine Art Ein- und Ausblendtechnik wie in einem Film zu beobachten: In harten Schnitten liefern die *Soldaten* ein Gesellschaftstableau aus perspektivischen Momentaufnahmen, zusammengehalten durch das gemeinsame Thema, den „Trieb [...] in allen Menschen" und seine sozialen Folgen (I/4; ebd., 200). In einem solchen „Gemälde der menschlichen Gesellschaft" (Lenz 1987b, 703) gibt es keine zentrale Figur mehr, was sich bereits im Titel des Stücks ankündigt. Im Zentrum steht vielmehr das sozialpolitische Problem eines Standes, das an exemplarisch gewählten Episoden gezeigt wird. Bei den *Soldaten* handelt es sich daher um ein zeitkritisches Sozialdrama. Gesellschaftliche Lagen begrenzen hier das Verhalten der Figuren, die deshalb auch nicht mehr so handlungsmächtig erscheinen wie noch bei Lessing. Als Gesellschaftsdrama zeigt das Stück widersprüchliche Interessenlagen und partikulare Konflikte an verschiedenen Konfigurationen, ohne dass einzelne Figuren auf selbstbestimmte Weise eine Position bzw. Gegenposition aufbauen können. Im Kern geht es daher weniger um zwischenmenschliche Konflikte als um soziale Problemlagen.

Auch wenn Lessing die aristotelischen Vorgaben einlöst, wurde *Emilia Galotti* in der zeitgenössischen Rezeption als ‚shakespearisierendes' Drama diskutiert. Tatsächlich weist das Stück trotz der Geschlossenheit seiner ‚dramatischen Algebra' durchaus Affinitäten zum offenen Drama auf: Im Vergleich etwa zu Goethes *Iphigenie* fallen die Nebentexte durchaus ausführlich auf; daneben wird die Motivation der Handlung auf die Psychologie schwankender Charaktere abgestimmt. Kaum zu übersehen ist die Bedeutung der ‚Zufälle' (IV/3), durch die sich die geschlossene Funktionalität durchaus relativiert. Ist Emilias Tod, so die Frage, tatsächlich so notwendig, wie es die mathematisch ausgeklügelte Handlung unterstellt? Auch die Sprachgestaltung weist trotz ihrer Homogenität offene Momente auf, besonders in den Monologen, insofern hier die syntaktische Ordnung im Zeichen assoziativer Spontaneität zerrüttet erscheint. In Ansätzen zeichnet sich hier die Darstellung der unkontrollierbaren Sprache des Unbewussten ab, auf jeden Fall aber eine ‚natürliche', individualisierte Sprache des Herzens gegenüber der homogenen und rhetorisch kontrollierten Rede im klassizistischen Drama. Nicht zuletzt neigt Lessing zu einer gewissen Artistik in der Figurenrede, etwa durch Wortspiele („glückliches Unglück", III/4; Lessing 2000, 332), die auf das *pun* in den Dramen Shakespeares zurückgehen (Schabert 1992, 326 f.). Insgesamt kann man also bereits in *Emilia Galotti* eine szenische Darstellung der ganzen Natur des Menschen aus Vernunft und Sinnlichkeit erkennen, die durchaus offene Züge aufweist.

Merkmale der offenen Form in Emilia Galotti

Die Handlung verknüpft Einzelereignisse zu einem Gesamtzusammenhang. Zu unterscheiden ist das intentionale Tun einer Figur auf der einen, das davon eher abgekoppelte Geschehen auf der anderen Seite (Pfister 1988, 270 f.). Insofern wird mit dieser Unterscheidung auf die fehlende Handlungsmächtigkeit einer Figur verwiesen, wenn sie sozial oder psychisch determiniert erscheint. Allgemein bestimmt Pikulik (1982, 15–18) die Handlung als Situationsveränderung, die auf insgesamt vier Ebenen anzusetzen ist: Ein inhaltsbezogener Begriff auf der Ebene des Dargestellten (1) ist von einem formbezogenen Begriff auf der Ebene der Darstellung zu unterscheiden (2). Der erste Aspekt ist wiederum danach zu beurteilen, ob die Situationsveränderungen durch subjektives Tun der Figuren (1a) oder durch äußere Einwirkungen (‚Schicksal', Zufall, Mächte der Tradition) entsteht (1b). Unter diesem Aspekt werden Fragen der Psychologie, der Moral, der Soziologie und der Metaphysik berührt. Die formbezogene Ebene der Darstellung erstreckt sich dagegen auf die Frage nach der ästhetischen Vermittlung und ihrer Rezeption, wobei Pikulik die Handlung zum einen als Spiel (2a), zum anderen als Struktur- oder Organisationsprinzip bestimmt (2b). In der Epik unterscheidet man eine inhaltsbezogene Ebene (*histoire*) als das ‚Was' der Geschichte von der formbezogenen Ebene (*discours*) als dem ‚Wie' der Darstellung. Das Drama erfordert in diesem Zusammenhang eine Reduktion, Selektion und Konzentration auf der einen, eine stärkere Sukzession auf der anderen Seite, soweit man das Muster der geschlossenen Form als Norm zugrunde legt.

Handlung im Drama

Interaktions-programme

Das Drama simuliert soziale Kommunikationen. Es bezieht dabei seine Wirkung „aus der überhöhten und stilisierten Repräsentation von Interaktionsprogrammen und lebensweltlichen Inszenierungen, die bereits theateranalog sind" (Schwanitz 1990, 110). Schwanitz/Schwalm/Weiszflog (2002, 412–415) unterscheiden fünf Typen von Kommunikationen und Verhaltensmustern:

(1) Zeremonien und Rituale bzw. Riten einer Figur verweisen auf bestimmte Verhaltensweisen mit symbolischem Repräsentationswert. Bei Lenz und Lessing betrifft dies Vater und Tochter als soziale Rollen in der Familie, aus denen Verhaltensdispositionen vor dem Hintergrund bestimmter Moralvorstellungen (Tugend vs. Sinnlichkeit) hervorgehen, die von der dramatischen Handlung symbolisch repräsentiert werden.

(2) Die Intrige, das Täuschen und Simulieren und dabei auch der Rollentausch, der für den Betrogenen unsichtbar bleibt, zählen zu den geläufigen Mechanismen, mit denen die Verhältnisse verwirrt werden. Bei Lessing führt die Intrige Marinellis zur Ermordung Appianis, durch die Emilias Hochzeit verhindert werden soll. Sie bleibt für die Galottis uneinsehbar, so dass erst Claudia am ‚Ton' des sterbenden Grafen den angeblichen Raubüberfall als Mord durchschaut.

(3) Im dritten Typ spielen Manieren die entscheidende Rolle. Gemeint sind damit die Eigenheiten einer Figur, angesiedelt zwischen regelkonformem oder regelwidrigem Verhalten, offiziellen oder inoffiziellen Aktivitäten, wobei das Normverhalten für Figur und Zuschauer stets einsehbar bleiben muss. Bei Lenz wäre der Tugendverstoß Marianes im Verhältnis zu den Interessen der väterlichen Autorität zu nennen, wenn sie sich der Liaison mit einem Adeligen hingibt, obwohl ihr das vom Stand her nicht zusteht. Im Unterschied zu Odoardo ist aber ihr Vater dieser Verbindung aus Prestige- wie aus Geschäftsgründen nicht abgeneigt. Der Tugendvorstellung des Bürgertums als Norm steht damit der Regelverstoß durch Anbiederung an den Adel gegenüber.

(4) Der Konflikt als vierter Typus der theateranalogen Interaktion resultiert aus unvereinbaren sozialen, kulturellen, familiären oder anderen Positionen, in *Emilia Galotti* aus dem Zwiespalt zwischen Tugendhaftigkeit und „Blut", an dem Emilia ihre Sinnlichkeit erkennt (V/7; Lessing 2000, 369).

(5) Der fünfte Interaktionstyp schließlich ist das Spiel im Spiel. Hier spiegelt sich das dramatische Geschehen im Drama selbst. Er stellt den wichtigsten Modus der Selbstreflexion im Drama bereit, dergestalt etwa, dass in Tiecks *Der gestiefelte Kater* (1797) auf einer Bühne vor Zuschauern im Drama ein Märchenstück mit diesem Titel gespielt wird. Komische Kontrasteffekte ergeben sich daraus, dass dieses Märchenstück die Wahrscheinlichkeit nicht beachtet und die Zuschauer im Stück durch diesen Bruch einer Konvention zu Kommentaren über Darstellungsprinzipien des Dramas selbst reizt. Gängig ist dieses Verfahren seit Shakespeares *Hamlet* (1603) oder *Midsummer Nigth's Dream* (1600).

Zeitstruktur

Die Zeitstruktur eines Dramas ergibt sich aus dem Spannungsverhältnis von vergangenem, gegenwärtigem und zukünftigem Geschehen. Die dramatische Handlung besteht aus der „sukzessiven Vergegenwärtigung von vorweggenommener Zukunft und nachgeholter Vergangenheit" (Pütz 1980,

16). Die Analyse der Zeitstruktur erfolgt aufgrund der jeweiligen Bedeutung von Vergangenheit, Gegenwart und Zukunft für die Logik der Handlung. Zu unterscheiden ist das Analytische Drama, dessen Konflikt in der Vergangenheit beschlossen liegt, vom Synthetischen Drama bzw. Zieldrama (Asmuth 1990, 141), das den Konflikt in der gegenwärtigen Situation entfaltet. Der „Vorrang der futurischen Zeitdimension und die Bevorzugung vorwärtsschreitender Motive" (Pütz 1980, 16) erfordert es, bei der Analyse von Zeitverhältnissen auf entsprechende Hinweise zu achten: auf die Erwähnung von Tages- und Kalenderzeiten, auf die Regulierung der dramatischen Tempi und auf die durchgespielten Sukzessionsmodelle zwischen Vorgriff und Verwirklichung, die sich in vielfältigen Formen von Vorausdeutungen und futurisch umfunktionierten Rückgriffen niederschlagen können (Pütz 1970).

Aus solchem Zeitverhalten resultiert dramatische Spannung, d. h. das Gespanntsein eines Augenblicks auf das Kommende: Zum einen entsteht es dadurch, dass eine Sequenz in ein vorangehendes und nachfolgendes Handlungselement eingespannt ist; zum anderen ergibt sich Spannung daraus, dass der Zuschauer auf den Ausgang dieser Handlung gespannt ist. „In jedem Augenblick des Dramas ist *schon* etwas geschehen, und es steht *noch* etwas aus, das aus dem Vorhergehenden gefolgert und vorbereitet wird" (Pütz 1980, 16). Diese Überlegungen begründen die spezifische Konzentration, die dem Drama im Unterschied zur Epik eignet. Im Grunde genommen präsentiert es nämlich eine in der Wirklichkeit unwahrscheinliche, „wenn nicht unmögliche Dichte, in der vor- und rückwärtslaufende Fäden miteinander verflochten sind und in ihrer Verflechtung bewusst gemacht werden" (ebd., 17). Nebenbei gesagt liefert dieser Befund auch ein gewichtiges Argument für das durchaus gespannte Verhältnis zwischen Drama und Realismus: Nur selten kann man tatsächlich von einem realistischen Drama sprechen, während der ‚Realitätseffekt' (Roland Barthes) für die formal unbegrenzte Epik ein weitaus geringeres Gestaltungsproblem darstellt.

Dramatische Spannung

Drei Dramenmodelle sind nach den verschiedenen Formen des Zeitverhaltens zu unterscheiden: (1) Im Analytischen Drama wird ein zeitlich vorausliegendes, aber noch wirksames Ereignis bzw. Geschehen enthüllt, etwa in Form der Aufdeckung einer Vorgeschichte. Das maßgebende Exempel für dieses Enthüllungsdrama ist *König Ödipus* von Sophokles; in der Moderne wären Ibsens *Gespenster* (1882) zu nennen. (2) Im Synthetischen Drama bzw. Ziel- oder Entscheidungsdrama wird der in der gegenwärtigen Handlung selbst entfaltete Konflikt entschieden, so in Lessings *Emilia Galotti*. (3) Das Stationendrama schließlich, das in der Moderne aufkommt, weist keine durchgehende Handlung und keinen zentralen Konflikt mehr auf, denn es reiht einzelne Stationen in einer lockeren Folge von Szenen aneinander. Gezeigt wird hier eine Mittelpunktsfigur in einer Sinnkrise. Sie ist daher auf der Suche, was zu einer zyklischen Abfolge der Stationen seiner Wanderung führt. Neben dem Verkündungsdrama (als Spielart des Ideendramas) bevorzugt der Expressionismus diese Dramenform deshalb auch als Wandlungsdrama: Nach dem Vorbild von August Strindbergs *Nach Damaskus* (1896) in drei Teilen durchläuft eine Figur auf der Wanderung verschiedene Bereiche. An diesem Weg verfolgt der Zuschauer die Verfasstheit der modernen Individualität in einer Krisensituation.

Drei Formen des Zeitverhaltens

Darstellungslogik unterschiedlicher Einteilungen

Es macht einen Unterschied, ob ein Stück in Akte gegliedert ist oder ob es sich als reine Szenenfolge präsentiert. Daran knüpfen Beobachtungen zur Anzahl der Akte und/oder der Szenen an, weil auch dies für die Beurteilung der Organisationslogik eines Stücks relevant ist. Dramen im Gefolge der aristotelischen *Poetik* haben üblicherweise drei oder meist fünf Akte. Im 18. Jahrhundert wird diese Ordnung auch für Dramen der offenen Form eingehalten, wie das Beispiel Lenz gezeigt hat. Signifikant für die Organisationslogik eines Stückes sind Abweichungen von dieser Fünfaktigkeit: So gibt es Stücke in zwei Akten wie Tiecks *Der Abschied* (1792), aber auch Dramen mit vier Akten wie Büchners *Danton's Tod* (1835) oder Hauptmanns Tragikomödie *Der rote Hahn* (1901). In diesem Fall haben die zeitgenössischen Zuschauer die moralische Auflösung der Straftat im fünften Akt erwartet, die im Zeichen der modernen Tragikomödie aber nicht mehr erfolgte. Auch höhere Aktzahlen sind möglich: Sechs Akte nehmen etwa Heinrich Leopold Wagners *Die Kindermörderinn* (1776) oder Tiecks *Prinz Zerbino oder die Reise nach dem guten Geschmack* (1798) ein.

Einakter

Einakter dagegen dienen nicht selten der szenischen Darstellung von Seelenlagen, so bereits im Monodrama in der Empfindsamkeit seit 1770 (Vöhler 2000), noch stärker bemerkbar zu Beginn der Moderne um 1900: Hofmannsthals Lyrische Dramen wie *Gestern. Dramatische Studie in einem Akt in Versen* (1891) repräsentieren eine monologische Seelendramatik, in der es kaum mehr eine Handlung gibt. Hier nähert sich das Drama der Lyrik an, indem es die subjektive Aussprache des Ästheten Andrea über seine Auffassung von Zeit artikuliert. Andere Figuren dienen dabei in erster Linie der Spiegelung der leitenden Frage, die sich für Andrea in seiner Krisensituation stellt: Ist das Gestern endgültig vorbei oder doch für die eigene Gegenwart bedeutsam? Einakter der Jahrhundertwende können sich auch zu Einakterzyklen zusammenschließen, so in Schnitzlers *Anatol* (1893), in einer besonderen Formvariante schließlich in Schnitzlers *Reigen* (1896/97).

3. Gattungssystem – Formen des Dramas

Komödie – Tragödie – Tragikomödie

Elementar ist die Unterscheidung in ein ernstes und komisches Genre: in die Tragödie bzw. das Trauerspiel und in Komödie bzw. das Lustspiel. Ein zentrales Kriterium ist die Lösung des Konflikts: Tod oder Hochzeit, allgemein der positive oder negative Ausgang. Mischformen ergeben sich, wenn die Schlussgestaltung nicht eindeutig ist oder wenn komische oder tragische Elemente fehlen. Dies ist beim Schauspiel der Fall, das Goethe für seine klassischen Dramen *Iphigenie auf Tauris* (1787) oder *Torquato Tasso* (1790) und bereits für *Götz von Berlichingen* (1773) als Untertitel aufführt. Eine weitere Mischform zwischen den beiden Polen bildet die Tragikomödie, gekennzeichnet durch die bewusste Kombination komischer und tragischer Elemente nach dem Vorbild Shakespeares. Mit anderen Worten setzt die Tragikomödie die von der Regelpoetik nach Aristoteles abgeleiteten Grenzen zwischen Komödie und Tragödie außer Kraft.

Was ist tragisch?

Das Tragische entsteht in einer unlösbaren Konfliktsituation: Die Hauptfigur geht dabei auf demjenigen Weg unter, den sie einschlägt, um den Untergang zu vermeiden. Tragisch ist demzufolge, „dass eine Person um des Gelingens willen einen Zug macht, der sich als ‚großer Fehler' und damit als Grund dafür erweist, dass das Leben der Person in das tiefste Unglück gestürzt wird" (Menke 2005, 110). Das Paradigma dieses Strukturmodells liefert *König Ödipus* von Sophokles. Der tragische Konflikt entsteht hier aufgrund des Verbrechens der Hauptfigur. Aus ihrer Perspektive stellt die Katastrophe dann die notwendige Konsequenz in einer Situation dar, die von ihr als ausweglos wahrgenommen wird. Weil das Tragische nicht durch objektive, sondern durch subjektive Ausweglosigkeit bestimmt ist, kann es punktuelles Moment sein. Auslösendes Moment ist die Einsicht der Figur in die Ausweglosigkeit des Konflikts, d. h. in die für sie unaufhebbare Differenz von Besonderem (Figur) und Allgemeinem (dem, was aus der Figurenperspektive diese Ausweglosigkeit bewirkt). Das Tragische ist damit unabhängig von der Perspektive des Rezipienten (was eine Wahrnehmung des Tragischen von dieser Seite natürlich nicht ausschließt) und daher keine notwendig wirkungsästhetische Kategorie. Aus dem Wissensvorsprung des Zuschauers gegenüber der Dramenfigur resultiert die ‚dramatische Ironie' (Asmuth 1990, 122 f.). Sie geht auf Kenntnisse des Zuschauers über Stoff und Konventionen des Dramas zurück, aber auch auf die begrenzte Perspektive der Figur: Während der Zuschauer das Ganze überblicken kann, strebt die tragische Figur blind der Katastrophe entgegen.

Diese Überlegungen stehen im Gegensatz zu den üblichen Bestimmungen des Tragischen (Düsing 2003), die sich auf den Tragödiensatz von Aristoteles berufen. Dort wird das Tragische in der Tat in erster Linie wirkungsästhetisch begründet: „Die Tragödie ist Nachahmung einer guten und in sich geschlossenen Handlung von bestimmter Größe, in anziehend geformter Sprache, wobei diese formenden Mittel in den einzelnen Abschnitten je verschieden angewandt werden – Nachahmung von Handelnden und nicht durch Bericht, die Jammer [*phóbos*] und Schaudern [*éleos*] hervorruft und hierdurch eine Reinigung [*kátharsis*] von derartigen Erregungszuständen bewirkt" (Aristoteles 1982, Kap. 6, 19). Demgegenüber ist mit Recht eingewendet worden, dass die Autorität von Aristoteles „das Verständnis der Tragödie einseitig an ihrer Wirkung auf den Zuschauer" ausgerichtet habe (Schlaffer 2003, 671). Die Problematik einer primär wirkungsästhetischen Begründung besteht darin, dass sie mit den Mitteln der Literaturwissenschaft nur bedingt überprüfbar sind. Es wären dazu zahlreiche Faktoren – Kenntnisvoraussetzungen, Erwartungshorizont, historische Erfahrungen des je historischen Lesers/Zuschauers – einzubeziehen. Zudem spielen dabei leserpsychologische und lesersoziologische Aspekte ebenso eine Rolle, wie empirische Testverfahren über das Verhalten des Rezipienten im Blick auf historische Erwartungshorizonte einzubeziehen wären. In diesem Buch geht es dagegen in erster Linie um literarische Techniken, mit denen spezifische Effekte wie das Tragische oder das Komische erzielt werden können – unabhängig von wirkungsästhetischen Gesichtspunkten, die im konkreten Fall einer Textinterpretation natürlich eine Rolle spielen, soweit entsprechende Daten vorhanden sind (z. B. Quellen über zeitgenössische Zuschauerurteile).

Problem einer wirkungsästhetischen Begründung

Die Tragödie (von griech. *tragodía* aus *trágos* ‚Bock' und *odé* Gesang nach dem Chor von Satyrn, die in Ziegenbockfellen im Dionysoskult Gesänge vortragen) ist ein Drama, dessen Handlung den Untergang eines Helden vorführt (Schlaffer 2003, 669). Die Tragödie entsteht durch die Aufhebung des

Tragödie

Konflikts in der Katastrophe, meist durch den Tod der Hauptfigur nach Maßgabe der klassizistischen Regelpoetik. In der griechischen Tragödie ist der Tod zwar im Allgemeinen, nicht aber der Tod der Hauptfigur obligatorisch (Paulsen 2004, 100; Seeck 2000, 232). Dies kann man z. B. an Sophokles' *Elektra* ersehen, wie trost- und perspektivlos diese Tragödie auch immer endet. „Die Tragödie führt uns das schwere Leiden von Personen vor, die es nicht verdient haben: die nichts Abstoßendes getan oder Verachtenswertes an sich haben und trotzdem leiden müssen" (Menke 2005, 105). Um diese pathetische Wirkung entfalten zu können, muss die Handlung in sich gegliedert sein, mit anderen Worten organisiert nach der Funktionalität ihrer Elemente. Gegenüber der eher episodischen Struktur der Komödie setzt die Tragödie also Darstellungsprinzipien des Dramas der geschlossenen Form voraus, weil der tragische Konflikt durch die Handlung selbst entsteht. Gerade die Tragödie basiert daher auf der Absolutheit des Dramas, während die Komödie ihre Gegenwärtigkeit durch variantenreiche Formen reflexiv brechen kann. Auch von daher muss die Figurenrede homogen und pathetisch (im Zeichen des Leids der Figur) ausfallen. Nach Maßgabe der klassizistischen Regeln hat die Tragödie die Ständeklausel einzuhalten, denn der Rang der Figuren legt ihre Handlungs- und Sprechweise fest. Entsprechend begründet die Ständeklausel ihre Fallhöhe: Ihr Untergang ist umso eindrücklicher, je höher sie gestellt sind bzw. je höher sie sich über andere erheben.

Tragödie – Trauerspiel

Die tragische Variante des Dramas wird unter verschiedenen Begriffen gefasst: Tragödie oder Trauerspiel, nach 1800 kommt noch das Wort Schicksalsdrama in die Debatte. Seit Opitz (1624) werden Tragödie und Trauerspiel in der deutschen Literatur weitgehend synonym benutzt (Schlaffer 2003, 670). Versuche der Unterscheidung wurden im Blick auf Dramenformen der Frühen Neuzeit unternommen, so von Walter Benjamin in seiner Abhandlung *Ursprung des deutschen Trauerspiels* (1928): Die Tragödie repräsentiert demnach das griechische Modell (und die Macht und Gewalt des Mythos), während das Trauerspiel für die szenische Repräsentation eines historischen Unglücks im christlichen Zeitalter steht. Im Kern ist dieses Dramenmodell untragisch, weil der sterbende Held gegen sein Unglück nicht aufbegehrt und in religiöser Perspektive vorab gerettet erscheint (Gelfert 1995, 13, 44–48, 76–79).

Historische Varianten in der deutschen Dramatik

Formgeschichtlich lassen sich folgende historische Varianten vom 17. bis 19. Jahrhundert typologisch unterscheiden: Im Barock herrscht das Märtyrertrauerspiel vor. Die Heroische Bewunderungstragödie in der Frühaufklärung weist dazu noch Bezüge auf, wenn auch im Zeichen der Vernunft die religiösen bzw. heilsgeschichtlichen Trostperspektiven in den Hintergrund treten. Seit Mitte des 18. Jahrhundert setzt sich das Bürgerliche Trauerspiel durch. Es wird wiederum abgelöst von der hohen Tragödie in Blankversen um 1800, die auf die griechische Tragödie, vermittelt durch den Klassizismus, zurückgreift. Die wichtigsten Vertreter dieser historischen Formvariante sind Schiller, Kleist, Grillparzer und Hebbel, bei diesem aber nicht mehr durchgängig. Goethe dagegen schreibt in der Weimarer Klassik im strikten Sinn keine Tragödien, sondern Schauspiele mit tendenziell versöhnlichem bzw. eben nicht tödlichem Ausgang. Die zu diskutierende Ausnahme wäre der *Faust*-Komplex, bei dem es sich jedoch nicht um ein geschlossenes Drama handelt: Als Szenenfolge ist *Faust I* (1808) geprägt von einer metrischen Vielfalt, die im fünfaktigen *Faust II* (1832 posthum) zum Universaldrama gesteigert wird. Nach 1800 gibt es die Schicksalstragödie bzw. das Schicksalsdrama als kurzfristige Modeerscheinung im Feld der zeitgenössischen Trivialdramatik (Krause 1982). Das Geschichtsdrama steigt dann zur vorherrschenden Dramenform im 19. Jahrhundert auf. Seit dem 19. Jahrhundert wird die Zuordnung zur Tragödie schwieriger. Es schlagen sich jetzt zunehmend Mischungsverhältnisse im Wechsel von klassizistischer und realistischer Orientierung nieder, darüber hinaus in der Tendenz zur Tragikomödie, die das moderne Drama kennzeichnen wird.

In Kleists Tragödie *Die Familie Schroffenstein* (1803) entsteht der unlösbare Konflikt aus dem Missverstehen der Figuren. Entsprechend der *harmartía* bei Aristoteles entwickelt sich die Tragödie aus dem Versehen bzw. Verkennen der Zeichen: hier der Nachrichten von den befeindeten Familien, ausgelöst durch die Fehlinformation von der Ermordung des Sohns im „Hause Rossitz". Dieses Verkennen erzwingt die unheilvolle Verkettung von Missverständnissen und Fehldeutungen. Die positive Lösung des Konflikts, die Versöhnung der beiden Familien durch die Liebe zwischen Agnes und Ottokar, wird unmöglich eben aufgrund dieser Verkettung: In dem Maße, indem einzelne Figuren wie Jeronimus, Ottokar und Eustache die Eskalation nach dem Racheschwur im Eingang vermeiden wollen, befördern sie diese bis zur finalen Katastrophe. In der *Familie Schroffenstein* ist z. B. der Kleidertausch von Ottokar und Agnes zum Schluss kein komisches Mittel, denn er soll beider Rettung vor den Vätern dienen. Genau wegen der Verwechslung töten die Väter aber ihre Kinder. Kleist gestaltet damit Problemstellungen, die sein ganzes Werk bestimmen. Es geht um das Verkennen der Wahrheit durch Fehldeuten der Zeichen: „Wenn ihr euch totschlagt, ist es ein Versehen", meint dazu sarkastisch die Totengräberwitwe Ursula zum Schluss des Stücks (Kleist 1991, 232, V. 2705).

Tragödie um 1800 – Kleist: *Familie Schroffenstein*

Die hohe Rede artikuliert sich mit Bezug auf das Vorbild Schiller in Blankversen, die aber zum Teil durch Enjambements, metrische Unregelmäßigkeiten und verringerte Hebungszahlen aufgelöst erscheinen. Bereits in der *Familie Schroffenstein* ist also im Vergleich zu Goethes *Iphigenie* die für Kleist typische Variabilität der Verse festzustellen, geschuldet einer komplizierten Syntax mit ungewohnten Wort- und Satzgliedstellungen. Im Unterschied zu Goethes *Iphigenie auf Tauris*, die auf *Iphigenie bei den Tauren* von Euripides zurückgeht, gibt es in Kleists Stück keine direkten stofflichen Bezugnahmen auf antike Dramen. Dennoch ist der formale Einsatz von Elementen der griechischen Tragödie, vermittelt durch Kleists Vorbild Schiller (*Die Braut von Messina*), nicht zu verkennen: bemerkbar etwa am Chor der Mädchen und Jünglinge zu Beginn des Stücks oder an der Mauerschau (III/2). Neben Schiller gehören die Tragödien Shakespeares zu den wichtigsten Bezugsgrößen: So ist die Hexenszene auf *Macbeth* (EA 1611) beziehbar, die Liebe der Kinder zweier verfeindeter Familien auf *Romeo and Juliet* (1597).

Entscheidend für die Zuordnung zur Tragödie ist die geschlossene Konfliktstruktur: Der Konflikt zwischen den Familien liegt zwar der Handlung voraus, er führt aber erst durch unglückliche Verkennungen innerhalb der Handlung zur Katastrophe: Akt I liefert die Exposition nach dem vermeintlichen Mord an Ruperts Sohn aus zwei Perspektiven – Szene 1 aus der Perspektive der Familie Rossitz mit dem Racheschwur, Szene 2 aus der Perspektive der Familie Warwand, die nur an ein Gerücht glaubt. Akt II präsentiert die steigende Handlung durch Verschärfung des Konflikts trotz verschiedener Versöhnungsimpulse: in Szene 1 als Annäherung von Agnes und Ottokar, während in Szene 2 der Herold aus Rossitz bei Sylvester ermordet wird, weil dieser beim Volk nicht eingreift. In Szene 3 wird Johanns Selbstmordwunsch gegenüber Agnes als Mordversuch gedeutet; dem steht wiederum Jeronimus' Vermittlungsversuch im Auftrag Sylvesters gegenüber, der noch immer versöhnungsbereit ist. Akt III gestaltet den Höhepunkt und die Peripetie: In Szene 1 stellt die Liebe zwischen Agnes und Ottokar eine Lösung in Aussicht, bei der das „Gefühl" als positive Idee gegenüber dem Verkennen aufscheint (Kleist 1991, 177, V. 1356–1358). In Szene 2 hört Rupert von der Ermordung des Herolds; dadurch scheitert Jeronimus' Vermittlungsversuch: Dessen Ermordung (spiegelbildlich zu II/2) wird von Eustache durch Teichoskopie nach antikem Vorbild berichtet. Akt IV repräsentiert die fallende Handlung hin zur Katastrophe: In Szene 1 schiebt Rupert die Verantwortung auf Santing; der Versöhnungsversuch Eustaches schlägt fehl, so dass der Mordplan an Agnes reift. In Szene 2 erfährt Sylvester von der Ermordung Jeronimus', so dass er sich ab jetzt so unversöhnlich zeigt wie die gegnerische Partei. Ein Sonderstatus kommt Szene 3 zu: Die Hexenszene zeigt, dass der Tod Peters nur ein Unfall, also gar kein Mord war. Dadurch keimt in Ottokar die Hoffnung auf eine Lösung des Konflikts. Sie wirkt als retardierendes Moment, weil sie ein positives Ende in Aussicht stellt. In Szene 4 verfolgen Rupert und Santing Agnes, in Szene 5 befreit sich Ottokar mit einem Sprung aus der Gefangenschaft, um die Versöhnung herbeizuführen. Bemerkbar wird jetzt eine deutliche Temposteigerung der dramatischen Ereignisse, bedingt durch die erhöhte Anzahl der Szenen. In fünften Akt ereignet sich die Katastrophe: Er hat nur noch einen Schauplatz, besteht also aus einer einzigen Szene im Inneren der Höhle, die höchst ambivalent sowohl einen Schutzraum als auch das unentrinnbare Gefängnis für das Liebespaar symbolisiert. Agnes und Ottokar feiern in der vermeintlichen Sicherheit das Fest der Liebe und glauben, sich durch den Kleidertausch (an sich ja ein Komödienverfahren) retten zu können. Genau deshalb aber ermorden die Väter ihre Kinder, weil sie beide miteinander verwechseln. Am Schluss steht die ambivalente Versöhnung der Familien, die sich im ebenso ambivalenten Schlusswort des wahnsinnigen Johann noch einmal bespiegelt: „Ich bin zufrieden mit dem Kunststück" (ebd., 233, V. 2725). Insofern kann man in dieser Schlussformel auch einen Kommentar Kleists auf die kunstfertige Organisation seiner Tragödie erkennen.

Was ist komisch?   Die Komödie ist ein Drama, das über größere Partien hinweg eine oder mehrere Zentralfiguren als komisch präsentiert (Profitlich/Stucke 2000, 309). Komisch sind „Gegenstände, Ereignisse, Sachverhalte und Äußerungen, die Lachen verursachen, bzw. die Eigenschaft, die diese Wirkung erzeugt" (Kablitz 2000, 289). Das Komische wird damit meist an das (Ver-)Lachen gebunden, obwohl das Lachen nur eine mögliche Folge darstellt. Zwar gehört es zu den üblichen Effekten des Komischen, es kann aber durchaus auch ausbleiben. Eine bestimmte Rolle spielt in diesem Zusammenhang die Unterscheidung zwischen Lachen und Verlachen: Das Verlachen als intellektuelles Phänomen (aus der Distanz) stellt eine Figur in ihrer erwarteten Vollkommenheit oder eine Norm in ihrer beanspruchten Gültigkeit in Frage.

In dieser Variante besteht die Komik der Herabsetzung: eines (heroischen) Ideals in eine Gegenbildlichkeit. Dem steht die Komik der Heraufsetzung (bzw. Aufhebung) gegenüber. Hier funktioniert das Lachen (über etwas) als Bejahung von Unterdrücktem oder Verdrängtem, als Anerkennung des Lustprinzips (Greiner 1992, 3, 97–114). „Aber lachen und verlachen ist sehr weit auseinander", schreibt Lessing im 28. Stück der *Hamburgischen Dramaturgie* zu dieser Unterscheidung: „Wir können über einen Menschen lachen, bei Gelegenheit seiner lachen, ohne ihn im geringsten zu verlachen" (Lessing 1985, 322).

Es gibt zahllose Theorien des Komischen, an denen die Schwierigkeiten seiner systematischen Bestimmung zu ermessen sind (Bachmaier 2005). Gemeinsam ist fast allen Definitionen der Kontrast: „Jede Ungereimtheit, jeder Kontrast von Mangel und Realität, ist lächerlich" (Lessing 1985, 322; *Hamburgische Dramaturgie*, 28. Stück). Kant zufolge ist das Lachen „ein Affekt aus der plötzlichen Verwandlung einer gespannten Erwartung in nichts" (Kant 1974, 273). Für Schopenhauer entsteht das Lächerliche aus einer „plötzlich wahrgenommene[n] Inkongruenz zwischen einem Begriff und den realen Objekten, die durch ihn, in irgend einer Beziehung, gedacht worden waren", so etwa bei der Verwendung von hehren Worten für eine dazu nicht passende niedere Handlung (Schopenhauer 1977, 96). Die Gemeinsamkeit all dieser Bestimmungen besteht in der Nichtübereinstimmung zweier Elemente.

Komiktheorien

Das Komische ist daher, ganz allgemein gefasst, Effekt eines Verfahrens, der nicht an bestimmte Gegenstände und Sachverhalte gekoppelt ist. Mit anderen Worten ist Komik primär keine Eigenschaft, sondern die Wirkung eines Kontrasts. In der Relation zweier Elemente wird sie ausgelöst durch eine Normabweichung innerhalb gängiger Erwartungen nach Maßgabe von Gegensätzen wie hoch/niedrig, jung/alt, wahr/falsch, vernünftig/unvernünftig usw. Die Normabweichung besteht in der Regel darin, dass eine Erwartung nicht erfüllt wird. Darin drückt sich eine Verkehrung bzw. Verkehrtheit aus. Aus dieser Inkongruenz entsteht eine Gegensinnigkeit, die bestimmte soziale Funktionen erfüllt. Denn das plötzliche Eintreten eines Sinneffekts, der das üblicherweise Erwartete bzw. das Gewöhnliche des normalen Lebens verkehrt, hat eine befreiende Wirkung. Diese Wirkung wird durch das Lachen freigesetzt, insofern damit geltende Normen punktuell unterlaufen oder gar subversiv außer Kraft gesetzt werden. Das Komische (wie die Komödie als dessen dramatische Ausprägung) funktioniert deshalb als eine „spielerische Inszenierungsagentur nicht-schmerzender Grenzsituationen, deren lustvoll belachendes Durchleben kathartisch von lebensweltlich rational nicht Bewältigbarem befreit" (Mahler 2001, 666). Es werden konventionelle Grenzen gesprengt, die nicht zuletzt auf den Körper selbst abzielen. Dieser Aspekt ist bereits in den theatralischen und dionysisch-orgiastischen Momenten bei Aristophanes zu bemerken (Greiner 1992, 40, 44).

Das *tertium comparationis* zwischen dem Tragischen und Komischen besteht in einer strukturellen Analogie: der Differenz zwischen Allgemeinem und Besonderem. Das Tragische vollzieht sich im Besonderen, genauer in dessen Konflikt mit dem Allgemeinen. Das Komische entsteht dagegen im Allgemeinen, genauer aus dessen Perspektive durch die Abweichung des Besonderen vom Normalfall. Das Komische ist demnach ein Kontrasteffekt aus

Das Komische und Tragische als Komplementärbegriffe

der Inkongruenz zwischen einer Norm, dem üblicherweise Erwarteten bzw. Erwartbaren, und einer spezifischen Normverletzung, die auf unterschiedlichen Ebenen angesiedelt sein kann: situativ, figural, sprachlich und intertextuell. Für das Drama ist demnach eine Handlungskomik von der Situationskomik, daneben eine Figurenkomik, eine Sprachkomik und die Komik der literarischen Form (durch Parodie und/oder Travestie) zu unterscheiden. Die jeweilige Abweichung entsteht aus der Über- oder Untererfüllung einer Norm. Die katastrophale Abweichung von der Norm ist in der Komödie ausgeschlossen, denn dies führte zur Tragödie. Aus diesem Sachverhalt ergibt sich die spezifische Folgenlosigkeit der komischen Kollision, die das gute Ende ermöglicht. Die Norm ist das historisch jeweils gültige Allgemeine – damit selbst historisch wandelbar. Das Komische dagegen ist im erläuterten Sinn ein Verfahren und von daher überzeitlich. Es entsteht aus dem Widerspiel von historisch begründeter Norm und Abweichung. Genau deshalb ist der komische Effekt überzeitlich nicht zwingend an das Lachen gebunden, weil das Lachen selbst historischen Bedingungen unterliegt: Worüber man im 18. Jahrhundert gelacht hat, ist heutzutage nicht mehr notwendig lächerlich. Das Moment, das die Komik auslöst, ist die Einsicht in den Kontrast, genauer die Erfahrung des Kontrasteffekts. Eine Einsicht der komischen Figur(en) ist möglich, aber nicht notwendig. Das Tragische entsteht dagegen, wie gesehen, notwendig in einer Figur, aus deren Perspektive die Katastrophe die unvermeidbare Konsequenz ihres Konflikts darstellt, weil dieser für sie ausweglos erscheint.

Das Verhältnis des Tragischen und Komischen im Drama

Das Tragische ist notwendiger Bestandteil der Tragödie.
Das Tragische ist möglicher Bestandteil der Komödie.
Das Komische ist möglicher Bestandteil der Tragödie.
Das Komische ist notwendiger Bestandteil der Komödie.

Komödie – Lustspiel

Der Begriff Komödie stammt von *comedia, comedi(e)* und wird im Deutschen seit dem 15. Jahrhundert gebraucht. Er geht auf das lat. Wort *comoedia*, dies wiederum auf das griech. Wort *komodía* zurück, abgeleitet von *komodós*, dem ‚Komos-Sänger': *kómos* ist ein ‚ausgelassener Umzug beim Dionysosfest' und meint daher auch Freudengelage (Schulz 2007, 8). Im Mittelalter verliert das Wort an Geltung. Neue Aufmerksamkeit findet es in der Renaissance, aber noch im 16. Jahrhundert ist *comedia* auch ein allgemeiner Oberbegriff für Drama oder für ‚Drama mit gutem Ende'. Hans Sachs verwendet es als Oppositionsbegriff zu *tragedi* (ebd., 9). Das Wort Lustspiel wird als deutsche Besonderheit seit 1536 benutzt, v. a. seit Mitte des 17. Jahrhunderts und in diesem national verengten Sinn auch noch von der älteren Forschung gebraucht (z. B. Catholy 1969/1982).

Ausgangspunkt der Beschreibungen ist seit Aristoteles die Abgrenzung von der Tragödie. Begründet wird hier die Handlung durch die Aufhebung des tragischen Konflikts in der Katastrophe. Weil die Komödie dagegen den Kontrast zwischen Norm (Erwartbarem) und Abweichung vorführt, ist die Aufhebung des komischen Kontrasts zwar möglich, aber nicht notwendig. Die komische Handlung kann kontingent, d. h. durch zufällige Umstände herbeigeführt sein. Sie muss deshalb nicht notwendig aus der Handlung selbst heraus motiviert werden. Auf jeden Fall aber ist sie im Unterschied zur Tragödie folgenlos, insofern sie nicht in die Katastrophe mündet. Auch aus diesem Grund ist die Komödie offener angelegt, d. h. grundsätzlich eher episodisch organisiert, zumal kaum eine ganze Handlung durchweg komisch sein kann.

Mit dem episodischen Charakter gegenüber der Tragödie kommt die von Warning (1976) ermittelte Doppelstruktur der Komödie zu Geltung. Im Gefolge Eduard von Hartmanns leitet Warning diese Struktur aus der sog. anderweitigen Handlung ab. Punktuell komische Elemente (auf den oben genannten Ebenen) überlagern eine in der Regel eben nicht durchweg komische Handlung: Es gibt ja jeweils durchaus ernste Gründe für die komödientypische Verwirrung, denn eine rein komische Handlung wäre bloße Blödelei. Wenn dabei die ernsten Elemente überwiegen, führt dies zur Tragikomödie oder zur ‚ernsten Komödie' (Mahler 2001, 663, 665; Arntzen 1968).

Komische Konflikte entstehen in der Komödie aus der vielgestaltigen Verwirrung eines Normalzustands: durch Identitäts- und Rollenwechsel (Verkleidungen, Maskierungen, Kleider-, Rollen- und Geschlechtertausch), durch Intrigen und Gegenintrigen, durch subversiv-anarchische Aktivitäten von Dienerfiguren (gekennzeichnet durch Schlagfertigkeit, Wortwitz, Situationskomik, Beiseitesprechen) oder durch (betrogene) Betrüger usw. usf. Die Intrige (von frz. *intrigue*, lat. *intricare*: verwickeln, verwirren) meint ein Komplott, das die Handlung begründet. Sie bezeichnet folglich einen Plan, eine List oder Täuschung, die Figuren zur Durchsetzung bestimmter (eigennütziger oder fremder) Ziele inszenieren. Zu guter Letzt werden in der Komödie alle Verwirrungen aufgelöst. Ein komödientypischer Schluss ist die Hochzeit der Kinder aus familiären Konfliktparteien. Der gute Ausgang verweist auf die Folgenlosigkeit der Konflikte. In der Moderne bleibt das gute Ende im Zeichen der Tragikomödie nicht selten durchaus bitter gefärbt. Nicht zuletzt zählt zu den Grundelementen der Komödie ihr Spiel(charakter) und ihr Spielbewusstsein, die Heiterkeit und Fröhlichkeit, insgesamt also die gute Laune. Im Geltungsbereich der Regelpoetik, d.h. bis Mitte des 18. Jahrhunderts, handeln in der Komödie durchweg niedere oder mittlere bzw. bürgerliche Personen.

Übliche Verfahren der Komödie

Für die Komödie sind zahlreiche Formen der Unterscheidung bzw. Binnengliederung diskutiert worden: nach dem Grad der Wirklichkeitsnähe, nach der Zahl der Angriffspunkte, nach dem Grad der Individualisierung der Akteure oder nach der Quelle des Komischen, nach dem Rang des Komischen oder dem Lebensgefühl seitens des Autors oder des Zuschauers, schließlich nach dem Anteil des Komischen und dessen Verknüpfung mit anderen Qualitäten wie dem Lustigen, Rührenden, Grotesken, Schwarzkomischen oder Farcehaften (Profitlich/Stucke 2000, 309). Eine Systematik im strikten Sinn hat sich daraus nicht ergeben; sie ist aus den angedeuteten Gründen auch gar nicht möglich. Dennoch lassen sich für die deutsche Dramatik vom 18. bis zum frühen 19. Jahrhundert verschiedene Muster in der historischen Abfolge typologisch unterscheiden: die satirische Verlachkomödie vom Rührenden Lustspiel und von der ‚ernsten Komödie', schließlich das Spiel im Spiel in der parabatischen Komödie von der Intrigen- als Spielkomödie.

Historische Varianten in der deutschen Dramatik

Der Begriff Tragikomödie erfasst die Verbindung komischer und tragischer Elemente im Drama. Man hat es hier mit einer Kombination von Strukturmerkmalen, Wirkungspotentialen und Funktionen von Tragödie und Komödie zu tun. Diese Kombination bezieht sich entweder auf das Neben-

Tragikomödie

einander beider Genres oder auf die wechselseitige Durchdringung oder gar irritierende Gleichzeitigkeit bei tendenziell positivem, d. h. nicht katastrophalem Ende. Die hybride Mischung tragischer und komischer Elemente bezieht sich auf Struktur und Handlungsführung – etwa in Form einer ernsten Handlung mit komischen Elementen und glücklichem Ausgang. Sie bezieht sich darüber hinaus auf die Figurenwahl, die in der Tragikomödie u. a. darin bestehen kann, dass die Ständeklausel verkehrt wird. Auf jeden Fall aber kommen ernste und komische Figuren zusammen. Die Formen der Mischung betreffen nicht zuletzt den Figurenstil: Eine Stilverkehrung (pathetisch-komisch vs. einfach-ernst) kann durch den Austausch der *genera dicendi* bewerkstelligt werden, indem die Figurenrede zwischen Blankvers und Prosa wechselt, wie dies in Shakespeares *Troilus und Cressida* (1609) der Fall ist. Hier wird die Tragödie des trojanischen Kriegs mit hohen Figuren wie Achill und Odysseus durch zahlreiche komische Verfahren konterkariert: durch Unangemessenheit der Stillage im Verhältnis zum Redegegenstand, durch die künstlich gespreizte Rhetorik gegenüber einer grob-derben Motivation, schließlich durch Wortspiele, die Shakespeare ohnedies auch in seinen Tragödien einsetzt. In *Troilus und Cressida* besteht der entscheidende Mechanismus in der Inkongruenz zwischen überliefertem Heldenstoff (höchste Gegenstände und Figuren des Trojanischen Kriegs) und tatsächlich niederer Motivation bei schwankendem und liederlichem Verhalten dieser Heroen. Sie werden von Shakespeare auf das Menschliche verkleinert, wenn sie sich weigern, heldenhaft zu kämpfen oder den Tod zu riskieren.

Eine alternative Begriffsbestimmung versteht unter Tragikomödien Komödien mit tragischem Ende (Dürrenmatt). Diese Begründung wendet sich gegen den Befund der kombinatorischen Mischung, wodurch allerdings Lessings *Minna von Barnhelm* (1767) oder Kleists *Amphitryon* (1807) zu Komödien erklärt würden. Das kann man zwar diskutieren, führt aber durchaus zu Verharmlosungen, gerade was die tatsächlich tragische Situation Tellheims bei Lessing oder die erkenntnistheoretische Frage nach der Wahrheit und Identität einer Person bei Kleist betrifft. Der zentrale Mechanismus der Tragikomödie besteht deshalb eher darin, dass eine Grundstruktur mit szenischen Mitteln der Gegengattung kontrastiv überblendet wird: also entweder die Grundstruktur der Tragödie mit Formen des Komischen oder die Grundstruktur der Komödie mit tragischen Elementen (Landwehr 2003). Mit ihrem soweit stets guten, wie auch immer bitter tingierten Ende bereits bei Lenz ist die Tragikomödie historisch entstanden, strukturell und funktional gesehen also eine Übergangserscheinung, auf jeden Fall aber ein Phänomen der Geschichte: Sie setzt bei Shakespeare ein, hat ihre ersten Ausprägungen im deutschen Drama Mitte des 18. Jahrhunderts (Lenz' *Die Soldaten*) und wird schließlich zur dominierenden Variante in der Moderne.

Auch vor dem Hintergrund dieser Befunde stellt sich die Frage, ob man es mit einem eigenständigen Genre in der Gattung Drama oder eher um eine Konsequenz aus dem Zerfall der normativen Regelpoetik zu tun hat, der kombinatorische Mischungen zulässt (Zahn 1981). Vom 15. bis 17. Jahrhundert dienen solche Mischformen noch der Steigerung der Effekte, so in Christian Weises historischem Trauerspiel *Masaniello* (1683), das seine ernste historische Handlung um den aufständischen Fischer Masaniello durch den Pickelhering Allegro komisch konterkariert. Dieser Narr durchläuft alle sozialen Ebenen und bringt so die getrennten Stände miteinander in Kontakt. Daraus entsteht eine Trauerspielhandlung, die bisherige Gattungsgrenzen durch komische Sequenzen auch im Bereich der höheren Figuren auflöst (indem etwa Mönche adelige Frauen in der Klosterzelle verführen). Eine neue Qualität erlangen solcherart gemischte Dramenformen im 18. Jahrhundert. Die Verschränkung erweist sich jetzt aber als Verfahren zur Herabdämpfung der polaren Qualitäten, die den beiden Genres zugeschrieben werden. Dies ist besonders an den gemischten Verhältnissen im Bürgerlichen Trauerspiel oder an der ernsten Rührung in der *comédie larmoyante* zu beobachten. Lenz verfeinert und vertieft die damit verbundenen didaktischen Wirkungen (auch unter Einbezug spezieller Reformideen), insofern seine Sozialdramen eine zeitgemäße Darstellung menschlicher und gesellschaftlicher Verhältnisse anstreben. Auch diese Tendenz setzt sich im 19. Jahrhundert im Vormärz bei Grabbe und Büchner fort, selbst wenn es dort Dramatiker wie Grillparzer und Hebbel noch einmal unternehmen, eine klassizistisch-idealistische Dramatik und damit die Gattungsreinheit der Tragödie gegenüber den gemischten Verhältnissen in der Romantik und im Vormärz zu restaurieren.

Die witzig-paradoxe Wortprägung *tragicomoedia* stammt von Plautus im Prolog seines Stücks *Amphitruo*. Lessing diskutiert sie im 55. Stück der *Hamburgischen Dramaturgie*, indem er an diesem Beispiel nach der Möglichkeit einer komischen Handlung mit höheren Personen fragt. (Amphitryon ist ja Feldherr der Thebaner.) Er argumentiert jedoch noch regelpoetisch, so dass das Attribut tragikomisch verworfen und Plautus' Stück für „ganz komisch" erklärt wird (Lessing 1985, 459). Nach Plautus ist das Wort selbst erst wieder seit dem 15. Jahrhundert belegt. Im Rahmen der Aristoteles-Rezeption wird es seit dem 16. Jahrhundert nach den Kriterien Ständeklausel und Dramenschluss verwendet: *Tragicomoedia* für ein Stück mit hohen Personen und gutem Ende, *Comico-tragoedia* für ein Stück mit niederen Personen und unglücklichem Ende. In der Regel werden solche Gattungsbezeichnungen bei Verstößen gegen die aristotelischen Reinformen gebraucht (vgl. Lessings *Hamburgische Dramaturgie*, 69. Stück).

Historischer Überblick

Zentrales Vorbild im 18. Jahrhundert sind Shakespeares Dramen aufgrund der hier offenkundig aufgehobenen Trennung von Komödie und Tragödie. Ab Mitte des 18. Jahrhunderts werden gemischte Dramenformen zunehmend programmatisch diskutiert, v. a. im Rahmen der Shakespeare-Rezeption im Sturm und Drang, so von Lenz in den *Anmerkungen übers Theater*. Die Tragikomödie erscheint jetzt als Mischform nach dem Zerfall regelpoetischer Vorgaben. Das Gemischte geht auf die Annäherung an die soziale und innere Natur des Menschen zurück, insofern die Darstellung jetzt natürlich, wahrscheinlich und realistisch sein soll. Insofern zeichnen sich Ähnlichkeiten zwischen Tragikomödie, Rührendem Lustspiel und Bürgerlichem Trauerspiel ab, zumal diese historischen Varianten selbst bereits als spezifische Mischformen funktionieren. Diese Tendenz setzt sich im 19. Jahrhundert fort, indem komische Elemente in den ernsten Geschichtsdramen von Büchner und Grabbe vordringen. Daneben gibt es in dieser Phase aber auch noch einmal letzte Versuche, die klassizistisch begründete Gattungsreinheit zu wahren, wenngleich sich sogar dezidierte Tragödienautoren wie Hebbel an der Tragikomödie versuchen, so im *Trauerspiel in Sizilien* (1851). Auf jeden Fall aber wird seit dem 19. Jahrhundert die Zuordnung zur Tragödie immer schwieriger. Vor dem Hintergrund dieser Entwicklung zielt Guthkes Bestimmung der modernen Tragikomödie (1968) in erster Linie darauf ab, dass man es mit einem Phänomen der Neuzeit zu tun hat. Kanonische Beispiele sind Molières *Le Tartuffe ou L'Imposteur* (1669), Schillers *Turandot, Prinzessin von China. Ein tragikomisches Märchen nach Gozzi* (1802), Kleists *Amphitryon, ein Lustspiel nach Molière* (1807) und Hauptmanns *Der rote Hahn. Tragikomödie* (1901).

Tragikomödie in der Moderne

Bei den modernen Dramen ab 1890 handelt es sich dann mehr oder weniger durchweg um Tragikomödien. Jetzt schlägt die ‚Krise des Dramas' (Szondi) vollends durch. Spätestens zur Jahrhundertwende werden die zentralen Elemente der dramatischen Rede fragwürdig: die Handlung, der Dialog und die Figur als eine mit sich selbst identische und daher handlungsmächtige Größe. Im modernen Drama gibt es keine autonomen Subjekte als Träger der Handlung mehr. Dies hat Folgen für die Handlung, weil der *plot* als Modus der Weltdarstellung problematisch wird. Dabei ist noch einmal daran zu erinnern, dass das Drama Wirklichkeit nachahmt. Wenn aber die Auffassung von Wirklichkeit selbst brüchig wird, so hat dies Folgen für dessen Elemente. Dies zeigt sich im Zerbrechen des Dialogs, bedingt u. a. durch die Sprachskepsis um 1900. Auf jeden Fall häufen sich jetzt die Stimmen, die bezweifeln, dass die Sprache zum Ausdruck psychischer und sozialer Verhältnisse taugt. Bei den Figuren führen solche Unsicherheiten dazu, dass sie sich aufgrund ihrer komplizierten psychischen Probleme kaum mehr imstande sehen, eigene Entscheidungen zu treffen. Dies hat einerseits mit der Übermächtigkeit abstrakt gewordener Verhältnisse zu tun (etwa die soziale Determination durch das Milieu); andererseits schlagen die unkontrollierbaren Innenverhältnisse durch, indem das Unbewusste bzw. das ‚Es' der Triebe die Handlungsimpulse der Figuren Schnitzlers oder Wedekinds durcheinander bringt. In der Moderne geht die Tendenz zur Tragikomödie nicht zuletzt darauf zurück, dass sich das Komische und das Tragische wechselseitig relativieren. Dies reicht bis zur Wechselblockade im Grotesken, das in der zweiten Hälfte des 20. Jahrhunderts im Drama vordringt.

Schauspiel

Tragödien im erläuterten Sinn schreiben in der Weimarer Klassik im Grunde genommen nur Schiller und in dessen Gefolge Kleist, der allerdings nicht der Klassik zuzurechnen ist. Goethe dagegen bezeichnet seine klassischen Dramen *Iphigenie auf Tauris* und *Torquato Tasso* als Schauspiele. Kennzeichen dieser Genrevariante um 1800 lassen sich in Abgrenzung zur Tragödie formulieren, denn es handelt sich hier um ernste Stücke mit gutem, also soweit versöhnlichem, jedoch durchaus gebrochenem Ausgang. Diese Stücke sind keine Komödien, weil eben komische Elemente fehlen. Von daher ist die Verbindung von ernstem Thema und gutem Ausgang auch nicht als Tragikomödie zu rubrizieren.

Ausblick auf angrenzende Formen

An den Grenzbereichen zu anderen Künsten gibt es zahlreiche, hier nicht vollständig aufzulistende Dramenformen. Insbesondere die intermedialen Genres im Feld des ‚Musikdramas' (unter Einschluss des Tanzes) bringen spezifische Varianten der dramatischen Darstellung hervor. Hierzu gehören das Libretto, die Oper, die Operette, das Musical, die Pantomime, das Singspiel und das Oratorium; zu nennen sind darüber hinaus das Puppenspiel, das Schattenspiel, der Schwank, der Sketch und das Straßentheater – allesamt im *Reallexikon der deutschen Literaturwissenschaft* mit eigenen Einträgen vertreten. Mediendramatische Varianten im 20. Jahrhundert sind das Hörspiel, der Stummfilm (wegen seiner Nähe zu Ballett und Pantomime) und der Tonfilm bzw. das Fernsehspiel, jeweils aufgrund der spezifischen Unmittelbarkeit der Darstellung. Asmuth (1990, 22) unterscheidet in diesem Rahmen insgesamt sechs Darbietungsarten: 1. das Drama im engeren Sinn als Sprechschauspiel; 2. das Figurentheater (Puppenspiel, Schattenspiel), 3. das ‚Musikdrama' (Oper, Operette, Singspiel), 4. szenische Formen ohne Sprache (Pantomime, Taubstummenschauspiel, Ballett), 5. das vor Blinden leibhaftig aufgeführte (also nicht technisch vermittelte) ‚Hör-Spiel', 6. die mediendramatischen Formen des 20. Jahrhunderts (Hörspiel, Tonfilm, Fernsehspiel, Stummfilm).

4. Weitere Kategorien zur Interpretation dramatischer Texte

Der Raum als Kategorie der Dramen-Analyse betrifft zunächst den Ort der Handlung. Er dient als Indiz für den Handlungskontext. Raumangaben haben symbolische Funktion für die Handlung, wie z. B. an der Höhle in Kleist *Familie Schroffenstein* zu erkennen ist. Der Raum wird damit zum Bedeutungsträger, wobei das Spektrum zwischen realistischen Raumkonzeptionen (im Drama des Naturalismus) und abstrahierten bzw. künstlich stilisierten Räumen (ansatzweise im Klassischen Drama, extrem im Theater des Absurden und im Drama der 1950er Jahre) angesiedelt ist. Nicht zuletzt dient der Raum in der Spiel-im-Spiel-Dramatik der Selbstreflexion des Theaters, indem auf der Bühne eine Bühne steht, auf der ein Theaterstück gespielt wird.

Raum – Bühne

Der Raum der Handlung ist vom Raum der Bühne zu unterscheiden: Die Bühne setzt theatralische und sprachliche Zeichen für die ästhetische Erzeugung eines Handlungsraums ein. Man spricht dabei von Lokalisierungstechniken komplementär zu den Charakterisierungstechniken der Figuren (Pfister 1988, 350–359). In der Guckkastenbühne als Illusionsbühne seit dem 17. Jahrhundert geschieht dies durch Requisiten und das Bühnenbild, wobei einzelne Elemente bereits im Dramentext mitgeteilt werden können. Insofern kann ein Stück im Text selbst bereits seine Inszenierung reflektieren. In der Simultanbühne des elisabethanischen Theaters zur Zeit Shakespeares gehört dagegen die Wortkulisse zu den primär sprachlichen Lokalisierungstechniken. Hinweise auf den Raum und die Umgebung werden hier durch die Figurenrede gegeben, ein Verfahren das natürlich auch in absoluten Dramen der geschlossenen Form vorkommen kann: „EMILIA: Der Prinz! – Wo bin ich denn also? MARINELLI: Auf Dosalo, dem Lustschlosse des Prinzen" (II/4; Lessing 2000, 333). Raum und Bühne liefern Angaben zum Handlungsort, sind aber zugleich Indiz für den szenischen Kontext, d. h. für die charakteristische Umgebung einer Figur. Sie dienen so auch als optische und akustische Zeichen dafür, wie die Figur diese Umgebung wahrnimmt: Dies äußert sich etwa im Erschrecken Emilias darüber, sich nach ihrer vermeintlichen Rettung in den Räumen des Prinzen zu finden. Sie erkennt damit endgültig, dass der Prinz ihr offenbar tatsächlich nachstellt, was sie seit der Begegnung am Morgen in der Kirche ahnt.

Mit Inszenierungsanweisungen in Nebentexten informieren dramatische Texte durchaus unterschiedlich verbindlich darüber, wie sich der Leser die Schauplätze des Stücks vorzustellen hat. Das kann, wie im Drama des Naturalismus, sehr ausführlich und episierend geschehen, während das Drama der Klassik von Angaben dieser Art mehr oder weniger frei ist. Bei der Beurteilung dieses Aspekts sind folglich stets dramengeschichtliche Hintergründe zu beachten. Dabei ist auch die räumliche Logik in der Anordnung von Schauplätzen zu beobachten: etwa die Opposition zwischen offenen und geschlossenen Räumen, die den Gegensatz von draußen und drinnen, Gefangensein oder Schutz gegenüber Freiheit oder Gefahr symbolisieren. Ähnlich symbolisch funktioniert die (An-)Ordnung von Schauplätzen in einer vertikalen Perspektive, d.h. nach Maßgabe der sozialen Hierarchie zwischen oben und unten. Nicht zuletzt sind im Einzelnen die Beziehungen zwischen den Schauplätzen, zwischen einem städtischen und einem ländlichen Ort etwa, zu interpretieren. Daran reflektiert sich u.a. der Gegensatz von Zivilisation und Natur.

Figuren Im Drama ist die handelnde Person von der literarischen Figur zu unterscheiden, die ein Autor für eine bestimmte Darstellungsabsicht geschaffen hat. Eine Figur ist entweder als Typus oder als Charakter angelegt. Der Typus, der häufiger in der Komödie vorkommt, verkörpert schematisierte Verhaltensdispositionen, genauer typologisch unterscheidbare Eigenschaften wie den Geiz bei Molière oder die übertriebene Gelehrsamkeit in Lessings *Der junge Gelehrte* (1747). Als Typus wird die Figur in der Verlachkomödie meist satirisch eingesetzt (Saße 2003), wobei man eine Typisierung durch soziale Figuren von der Typisierung durch komische Figuren unterscheiden kann (Greiner 1982, 29–44). Der Charakter dagegen, der eher der Tragödie zuzuordnen ist, bezieht sich auf eine komplexe Figuration in der szenischen Darstellung ‚ganzer' Menschen, die in ihrem individuellen Eigensinn aus Sinnlichkeit und Vernunft exponiert werden. Aristoteles interessiert sich weniger für die Figur als für die Handlung, weil das Drama für ihn in erster Linie die Nachahmung von Handelnden (und nicht von Charakteren) darstellt. Erst Lenz wird dieses Verhältnis mit Blick auf das Vorbild Shakespeare umkehren und behaupten, die Figur in ihren individuellen Eigenheiten sei wichtiger als die Handlung. Damit kündigt sich die Abkehr vom Handlungsdrama zum Charakterdrama an.

Hauptfiguren – Nebenfiguren Figuren, um die sich die Haupthandlung organisiert, unterscheiden sich von Figuren, die eher einen dramaturgischen Zweck erfüllen und deshalb nicht in ihrer ganzen Disposition gezeigt werden. Nebenfiguren agieren, um die Hauptfigur zu profilieren, nicht selten als Diener, Boten oder als typisierte Figuren. Ihnen kommt ein geringerer Textanteil zu, weil sie Träger meist einer einzigen und darin begrenzten Funktion sind und weil sie darüber hinaus nicht in den zentralen Konflikt verstrickt werden. Ihnen kommt daher u.a. die Funktion der Vertrautenrede zu. Damit ist das Gespräch zwischen dem Protagonisten und einer Figur gemeint, die ihr uneingeschränktes Vertrauen genießt. Wie der Monolog dient diese Gesprächsform der Mitteilung innerer Verhältnisse: von Absichten, Gefühlen und Gedanken der Hauptfigur in bestimmten Situationen. Der Protagonist eines Dramas ist eine selbständig handelnde, genauer die eigentlich aktive Figur. Ihm steht der Antagonist gegenüber, der diesem Handeln widerstreitet. In *Emilia Galotti* bleibt die Hauptfigur indes passiv, wenn der Intrigant Marinelli als Handlanger des Prinzen die Taten ausführt. Marinelli wird damit aber nicht zum Protagonisten, selbst wenn ihm insgesamt die meisten Auftritte zukommen. (Emilia hat 6 Auftritte, Odoardo 12, Claudia 12, der Prinz 17, Marinelli 21, Appiani 5, Orsina 6.) Gerade als passive Figur ermöglicht Emilia die Intrige und damit den tragischen Konflikt des Stücks, der sich um sie herum entfaltet.

Wie der Raum kann v. a. der Nebentext Kennzeichen der Figuren mitteilen: in nüchterner Deskription, in einer teils bewertenden Mitteilung von Erregungszuständen oder in der ausführlich, d. h. episch interpretierenden Fixierung ihres Verhaltens im naturalistischen Drama. Der Haupttext charakterisiert Figuren durch Eigen- oder Fremdkommentare, wobei der Stil zwischen Selbstdarstellung und Fremdanrede schwanken kann. Die Beurteilung einer Figur durch andere gehört zu den Techniken der indirekten Charakterisierung: Goethes Egmont etwa wird dreimal aus verschiedenen Blickwinkeln vorgestellt und entsprechend gebrochen exponiert. Implizite Techniken der Figurencharakterisierung bilden schließlich die Selbstdarstellungen durch außersprachliche Zeichen: durch Mimik, Gestik und andere Körperregungen, die zeichenhaft repräsentiert werden (Übersicht bei Pfister 1988, 252). *Techniken der Figurencharakterisierung*

Neben diesen sprachlichen und außersprachlichen Zeichen können die Figuren eines Dramas durch ihr spezifisches Arrangement in der Handlung charakterisiert werden. Wichtig ist die Unterscheidung zwischen Hauptfiguren und Nebenfiguren, wobei auch Nebenfiguren, als Boten in der Tragödie oder als Diener in der Komödie, eine Bedeutung für die Handlung zukommt. Entscheidend ist sowohl die Konstellation als auch die Konfiguration der Figuren (Platz-Waury 1997). Festzustellen ist dabei jeweils, wer wem, warum, wann und wie oft begegnet. Unter der Konstellation versteht man das Ensemble aller in einem Drama vorkommenden Figuren im Blick auf ihre Konstanz und Verteilung im Stück. Zu untersuchen sind signifikante Verteilungen, wenn sich bei Lessing beispielsweise Emilia und der Prinz nur in III/5, Emilia und ihr Vater nur in den letzten beiden Szenen V/7/8 begegnen. Die Konfiguration bezeichnet dagegen das zu einem bestimmten Zeitpunkt auf der Bühne versammelte Personal, also die jeweilige Kombination in einer Situation. Mit einem Wort: Ein Drama hat verschiedene Konfigurationen, aber nur eine Konstellation (zu *Emilia Galotti* vgl. Asmuth 1990, 97). *Techniken der Figurengestaltung*

Pfister (1988, 99–103) unterscheidet drei Typen der Sympathielenkung, die durch szenische Perspektivstrukturen organisiert werden: Die a-perspektivische Form stellt einen Extremfall dar, weil hier der Autor seine Intentionen direkt über die Figuren ausspricht. Im Drama kommt dies eher selten vor, Pfister nennt als Beispiel die mittelalterlichen Moralitäten. Demgegenüber weist die geschlossene Perspektivstruktur keine direkte didaktische Absicht auf. Sie entwirft vielmehr ein mehrdimensionales und differenziertes Bild, um den Zuschauer selbst an der Wahrheitsfindung bzw. Interpretation des Stücks zu beteiligen. Dieser Perspektivstruktur folgen die meisten Dramen von Lessing bis Schiller, während im Epischen Theater der Moderne die a-perspektivische Struktur vordringt, indem der Autor Figuren seine ‚Lehre' in den Mund legt. In der offenen Perspektivstruktur schließlich bleibt die vom Autor beabsichtigte Rezeption unbestimmt, weil im Stück entsprechende Steuerungssignale fehlen. Eindeutige Lehren lassen sich kaum mehr ableiten. Dies kündigt sich bei Kleist an und gelangt in der Moderne spätestens *Perspektivstruktur* im Absurden Theater, so bei Beckett, an einen gewissen Endpunkt. Im deutschsprachigen Bereich wäre Frischs *Graf Öderland* (1951) zu nennen. Andererseits unterliegen nicht alle Stücke der späteren Moderne seit der 2. Hälfte des 20. Jahrhunderts dieser offenen Perspektivstruktur, denkt man an das Dokumentartheater der 1960er Jahre, das sich in Fragen der Bewertung zwar meist zurückhält, zuweilen aber durchaus eine „auktorial intendierte[] Rezeptionsperspektive" (ebd., 99) vorgibt, so z. B. in Hochhuths *Der Stellvertreter* (1963).

5. Episierung des Dramas

Wenn Formen der epischen Vermittlung im Drama bemerkbar werden, dann spricht man von der Episierung des Dramas. Diese beschränkt sich nicht, das sei ausdrücklich betont, auf das Epische Theater Brechts, sondern kennzeichnet neben Vorläufern bei Shakespeare, in der Romantik und in Dramen des Vormärz die Dramatik der Moderne seit 1890 überhaupt. Generell ist diese Veränderung als eine strukturelle Transformation der dramatischen Rede zu charakterisieren, die im Wesentlichen darauf zurückgeht, dass externe Faktoren die Handlung begründen. Auf diese Weise wird die szenische Gegenwart und damit die Immanenz des Dialogs aufgebrochen. Mit anderen Worten entwickelt sich die szenische Darstellung nicht mehr aus der dramatischen Situation heraus. Nicht mehr die Handlung (im aristotelischen Sinn) und nicht mehr der Dialog begründen die Darstellung. In Ansätzen verliert der Dialog, wie gesehen, bereits bei Lenz diese Funktion. In der Moderne bilden dann noch stärker Faktoren Voraussetzungen der Darstellung, die der Handlung und dem Dialog äußerlich sind, so etwa das Übermächtigwerden der sozialen Entfremdung seit dem 19. Jahrhundert: Der Einzelne begreift sich nicht mehr als handlungsmächtiges Subjekt, kann damit auch nicht mehr durch Sprechen (als Handeln) in den abstrakt gewordenen Geschichtsprozess eingreifen, wie dies in Schillers *Wallenstein* (zumindest als Option) noch der Fall ist. Weil der Dialog die Handlung nicht mehr aus sich heraus vorantreiben kann, sondern vielmehr äußere Umstände oder innere Zwänge einer Figur das Geschehen determinieren, verliert auch die szenische Gegenwart die Bedeutung, die ihr im absoluten Drama zukommt.

Zerfall der zwischenmenschlichen Aktualität

Szondi zufolge bildet die „zwischenmenschliche Aktualität" das Zentrum des absoluten Dramas (Szondi 1963, 75). Was heißt das? Auf das Sprechen einer Figur, etwa Iphigenie, reagiert in einer bestimmten Situation ihr Gegenüber, also Thoas. Dieses wechselseitige Reagieren bringt den dramatischen Konflikt und schließlich dessen Lösung (in der *Iphigenie* im Zeichen der Humanität) hervor. Das „Einmalige des je Gegenwärtigen" (ebd., 75) zerfällt aber notwendigerweise in dem Maß, in dem Umstände übermächtig werden, die der dramatischen Handlung äußerlich sind, weil sie von den Figuren nicht mehr kontrolliert werden können: so etwa die Ausbeutung der Weber durch den Industriellen in Hauptmanns *Die Weber* (1892) oder die anonyme Welt der Normen und Zwänge, denen sich das monologische Ich im expressionistischen Stationendrama ausgeliefert sieht. Geht man von der Übermacht solcher Faktoren aus, dann leuchtet ein, dass die szenische Darstellung jetzt anders begründet ist: Verkürzt gesagt, versteht man sie nicht mehr aus sich heraus, indem der Zuschauer das durch die Figurenrede bewirkte Handeln verfolgt. Vielmehr bildet in der Moderne die Einsicht in das der szenischen Darstellung Vorausliegende die entscheidende Voraussetzung dafür, die Logik der dramatischen Vorgänge nachvollziehen zu können. Innerhalb der zwischenmenschlichen Aktualität werden diese Gründe nämlich kaum mehr transparent.

Mit anderen Worten: Besondere Bedeutung hat der Dialog im Drama nur, solange die Handlung tatsächlich absolut bleibt, sich also innerhalb der situativen Bezüge vollzieht; wenn also nicht, wie Szondi an den Veränderungen der dramatischen Form gezeigt hat, externe Faktoren wirksam werden, die sich gewissermaßen in die zwischenmenschliche Gegenwart der Figuren schieben. Folgende Varianten sind im Drama der Moderne aufgetreten: Die Vergangenheit wird als erinnerte oder als ersehnte übermächtig (Ibsen, Tschechow), die soziale Realität determiniert das Geschehen (Naturalismus), die Verinnerung hat zur Folge, dass die monologische Reflexion dominiert (Lyrisches Drama der Jahrhundertwende, Stationendrama seit Strindberg). Eine andere Variante ergibt sich daraus, dass das gerade gezeigte Drama zugleich in metadramatischer Weise kritisiert wird, so dass sich Pirandellos *Sechs Personen suchen einen Autor* (1921) ins „Spiel von der Unmöglichkeit eines Dramas" verwandelt (ebd., 127). Schließlich wird die zwischenmenschliche Aktualität, um eine jüngere, bei Schnitzler und Tschechow sich anbahnende Tendenz zu benennen, aufgehoben oder gestört, wenn sich die Figuren – bedingt durch die Dialektik der Individualisierung in modernen Gesellschaften – als völlig isoliert wahrnehmen. Sie versinken in ihrer verstörten, teils unbewussten Innerlichkeit und fühlen sich deshalb nur noch imstande, aus einer Art halbbewusstem Dämmern heraus zu sprechen. Dies ist in den frühen Gesellschaftsstücken von Botho Strauß wie in der *Trilogie des Wiedersehens* (1976) der Fall.

In den genannten Fällen ereignet sich die dramatische Darstellung in mittelbarer Weise, d.h. durch eine Instanz der Vermittlung und damit eben nicht mehr kraft Unmittelbarkeit des Dialogs – allgemein formuliert: durch eine wie auch immer geartete Funktionsstelle als Voraussetzung der szenischen Ereignisse, die im epischen Text vom Erzähler besetzt wird. Genau diesen Sachverhalt, dass das Drama jetzt episch vermittelt erscheint, bezeichnet der Begriff Episierung. Bei Brecht ist es der Zeigegestus seiner Stücke, aus dem die mitgeteilte Lehre hervorgeht. Weil die epische Begründung zur Voraussetzung der szenischen Darstellung wird, erlangt in episierenden Dramen der Nebentext eine so große Bedeutung: In naturalistischen Stücken ufert er zu teils ganzseitigen Beschreibungen der Szenerie aus, die vom Dramatiker nicht selten auch auktorial interpretiert werden. Das absolute Drama dagegen hält sich von interpretierenden Elementen dieser Art frei, weil die Darstellungsabsicht allein in der Figurenrede transparent wird.

Aufhebung der Unmittelbarkeit

Die veränderte Organisationslogik der dramatischen Rede hat nicht zuletzt Konsequenzen für die Konfliktstruktur: Konflikte entstehen nicht mehr interaktional, sondern sind anderweitig begründet. Sie sind deshalb aus der dramatischen Situation heraus zum Teil gar nicht mehr zu erklären. Die Struktur des Dramas wird entsprechend als von einem Autor produzierte präsent gehalten, erkennbar z. B. am Konstruktcharakter der Anordnung von Einaktern in Schnitzlers *Reigen* (1896/97). Im absoluten Drama scheint es dagegen so, als sei das Bühnengeschehen eben nicht von einem Autor vorgegeben. Pfister (1988, 103–122) hat die Episierung an drei Aspekten diskutiert: Aufhebung der Finalität, Aufhebung der Konzentration, Aufhebung der Absolutheit. Insgesamt ist die Episierung des Dramas keine Abweichung, sondern eine Formoption für bestimmte historische Dramenformen: Die Etablierung eines vermittelnden Kommunikationssystems erhält ihre Bedeutung „vor dem Hintergrund der Normalform des dramatischen Kommunikationsmodells", es stellt „dieses also nicht als grundlegendes Prinzip in Frage" (ebd., 22).

Im Drama der Moderne ist die Episierung, wie gesagt, nicht auf das Epische Theater Brechts beschränkt, d.h. auf ein lehrhaftes Demonstrations- bzw. Zeige-Theater, das Brecht seit Ende der 1920er Jahre entwickelt. Die Strukturveränderung kennzeichnet vielmehr weite Teile der Dramatik im 20. Jahrhundert, so dass man damit ein zentrales Kriterium für die vielfältigen Formen der Gattungsentgrenzung in der Moderne an die Hand bekommt. Dennoch sind auch in der Moderne dramatische Texte nach den bisher entwickelten Kriterien noch als Dramen einzustufen und damit von anderen Gattungen zu unterscheiden. Bis auf Extreme seit Handkes *Publikumsbeschimpfung* (1966) wie etwa Volker Brauns *Iphigenie in Freiheit* (1992) werden Elemente des Dramas in Abgrenzung gegenüber den anderen Gattungen in der Regel bewahrt. Im Kern handelt es sich auch bei Handke noch um ein Arrangement direkter Figurenreden, das als Vorlage für ein Theaterspiel dient.

Techniken der epischen Kommunikation

Aus dem Repertoire der Episierungstechniken ist in erster Linie die auktoriale Episierung durch erzählende Nebentexte zu nennen. Daneben dienen Projektionen, Spruchbänder und Montagetechniken vergleichbaren Zwecken. Nicht zuletzt gibt es die Möglichkeit der Episierung durch spielexterne Figuren (Prolog, Epilog, Chor, Spielleiter, Regie- bzw. Erzählerfigur im Stück), zu unterscheiden von der Episierung durch spielinterne Figuren (Aus-der-Rolle-Fallen, Selbstthematisierung des Rollenspiels, *ad spectatores*-Sprechen, Parabasen). Im Bereich der außersprachlichen Episierung ist schließlich die Rollendistanz durch den Schauspielerstil oder durch den Gestus des Zeigens der Rolle auf der Ebene der Figuren zu erwähnen, auf der Ebene des Theaters schließlich die Thematisierung bzw. das Bloßlegen des Theaterapparats (Pfister 1988, 123).

IV. Dramentheorien –
Die *Poetik* von Aristoteles als Basistext

Im Unterschied zur Poetik der anderen Gattungen stammen viele entscheidende Beiträge zur Dramentheorie auffälligerweise von den Dramatikern selbst. Man denke an Gottsched, Lessing, Lenz, Schiller, Hebbel, Brecht und Dürrenmatt. Dieser Befund hängt mit der überlieferten Hochschätzung, ja Vormachtstellung des Dramas seit der *Poetik* des Aristoteles zusammen. Systematische Begriffe und Kategorien der theoretischen Auseinandersetzung mit der Kunst des Dramas gibt es demnach seit mehr als zwei Jahrtausenden. Von einer ähnlich langwährenden Diskussion kann weder für die Epik noch für die Lyrik die Rede sein. Diese Kontinuität nach der Wiederanknüpfung an Aristoteles seit der Renaissance und die Abhängigkeit der Dramatiker von den ökonomischen, technischen und handwerklichen Bedingungen ihrer Tätigkeit zwingen zur permanenten Auseinandersetzung mit Intention und Wirkungsmöglichkeiten der Gattung. Auf dieser Basis ist das Drama im Vergleich mit den anderen Gattungen weitaus weniger dazu in der Lage gewesen, „mit seinen eigenen poetischen Mitteln poetologische Selbstreflexion zu leisten" (Pütz 1980, 11). Dieser Sachverhalt erklärt den Zwang zur dramenexternen Theoriebildung. Im Gefolge der von Aristoteles begründeten Auffassung vom geschlossenen Drama formulieren Dramatiker ihre Poetik deshalb weniger auf der Bühne bzw. in den Texten selbst. Dagegen ist die Selbstreflexion in Lyrik und Epik problemloser möglich, weil sie als mündlich zum Vortrag gebrachte oder gelesene Texte keinen kollektiven Apparat zu ihrer Realisierung benötigen.

Besonderheit der Dramentheorie

Die aristotelische Poetik begründet das Dramenverständnis der Neuzeit und beherrscht die Dramentheorie bis 1800 auch dergestalt, dass v.a. die Tragödie besondere Beachtung findet. Zur Komödie äußert sich die *Poetik* nur marginal, genauere Ausführungen komplementär zur Tragödie sind nicht überliefert. In der deutschsprachigen Diskussion verstärken sich dramentheoretische Reflexionen erst seit Opitz, genauer nach dem Einsatz der Auseinandersetzung mit der *Poetik*, vermittelt über die europäischen Poetiken der Renaissance, v.a. seit Scaligers *Poetices libri septem* (1561). Diese umfangreichste Dichtungslehre des 16. Jahrhunderts präsentiert eine erste, enzyklopädisch angelegte Summe auch zum Drama. Die daran anknüpfenden Diskussionen setzen sich im 18. Jahrhundert von Gottsched bis Schiller fort. Dramentheorien sind bis dahin mehr oder weniger durchweg Aristoteles-Kommentare. In gewisser Weise gilt dies sogar noch für Brechts Polemik, die das Epische Theater postuliert. Seit Aristoteles ist jedenfalls ein mehr oder weniger gleichbleibendes Instrumentarium dramentheoretischer Begriffe überliefert. Die Akzentuierungen und Bezüge innerhalb dieses Ensembles kategorialer Grundlagen werden jedoch ständig verschoben oder aktualisiert, in der deutschsprachigen Diskussion zuerst am stärksten von Lessing und dann entschieden durch Lenz.

Die *Poetik* von Aristoteles

Aristoteles bestimmt das Drama als Nachahmung einer Handlung, ohne dass der Dramatiker als Instanz der Vermittlung spürbar wird. Eine dann häufig diskutierte Frage ist die Unterscheidung zwischen Komödie und Tragödie: „[D]ie Komödie sucht schlechtere, die Tragödie bessere Menschen nachzuahmen, als sie in der Wirklichkeit vorkommen" (Aristoteles 1982, Kap. 2, 9). Nähere Ausführungen zur Komödie sind verloren gegangen, so dass nur die sechs qualitativen Elemente der Tragödie als grundlegende Merkmale des Dramas überliefert sind: *mýthos* (Handlung), *éthe* (Charaktere, Einzahl *éthos*), *léxis* (Rede, Sprache), *diánoia* (Gedanke, *sententia*, ,Absicht', Erkenntnisfähigkeit), *ópsis* (Schau, Szenerie), *melopoiía* (Gesang, Musik) (ebd., Kap. 6, 19f.). Charakter und Gedanke äußern sich selbst als Handlung, während Gesang und Musik außerhalb der antiken Tragödie fehlen können. Nach Aristoteles sind die tragenden Elemente des Dramas daher die Handlung, die Figurenrede und im Rahmen der Schau bzw. Szenerie die sinnliche Darbietung, schließlich noch das in der *Poetik* nicht eigens erwähnte Rollenspiel. Nach diesen Bestimmungen kann man das Drama als „Handlungs-sprech-schau-spiel" kennzeichnen (Asmuth 1994, 907).

In der Beschreibung von Bauelementen der Tragödie und deren Praxis bei Aischylos, Sophokles und Euripides geht die aristotelische *Poetik* eher deskriptiv, d.h. kaum normativ im Sinne regelpoetischer Definitionen vor. Stets spielen Kompositionsprinzipien im Verhältnis zur Wirkung des Dramas die entscheidende Rolle. Erst im französischen Klassizismus werden Aristoteles' Bestimmungen normativ gedeutet. Das Hauptinteresse der *Poetik* besteht dagegen in erster Linie darin, Abgrenzungen, Teile und Bauformen der Gattung zu benennen, wobei v.a. die Unterschiede zwischen Epos und Tragödie behandelt werden (Aristoteles 1982, Kap. 1, 7). Diese Überlieferungslage hat zur Folge, dass die Aufmerksamkeit in der Dramentheorie v.a. der Tragödie gilt, was größere Spielräume für die Komödie und die Komödientheorie schafft. Aus diesem rezeptionsgeschichtlichen Sachverhalt erschließt sich wiederum, dass der Akzent auf dem Drama der geschlossenen Form liegt, zumal die Komödie allein aufgrund der episodischen Wirkung des Komischen weniger streng organisiert ist.

Das Kernstück der Tragödientheorie bilden die Kapitel 6–15. Garantiert wird die Einheit der Handlung durch bestimmte Bauteile: Prolog, Episode, Exodus, Chorpartie (ebd., Kap. 12, 37). Zu den wirkungsmächtigsten Passagen im zentralen Kapitel 6 gehört der Tragödiensatz. Daran knüpft Aristoteles Überlegungen zur Wirkung der Tragödie durch *phóbos* (Jammer) und *éleos* (Schauder) für die *kátharsis*, die Reinigung der Affekte und die Reinigung von ihnen an (ebd., Kap. 6, 19). Es folgen Hinweise auf die „anziehend" geformten Mittel durch Rhythmus bzw. durch Verse und Melodien, schließlich zu den sechs qualitativen Elementen der Tragödie. Dabei hebt Aristoteles die „Zusammenfügung der Geschehnisse" (ebd., Kap. 6, 21f.) durch ergreifende „Dinge" hervor, die „Bestandteile des Mythos [sind], nämlich die Peripetie [*peripéteia*] und die Wiedererkennungen [*anagnórisis*]" (ebd., Kap. 6, 23).

Die Kapitel 7–14 widmen sich dann dem genaueren Aufbau der Handlung, wozu das schwere Leid der Protagonisten (*páthos*) zählt (ebd., Kap. 11, 37), das wiederum mit der Beschaffenheit tragischer Helden zu tun hat: Es müssen gute Menschen sein, die einen Fehler (*harmatía*) begehen. Das Pathos geht auf „ein verderbliches oder schmerzliches Geschehen" zurück (ebd., Kap. 11, 37). Die *harmartía* hat also nichts mit Charakterschwäche zu tun, sondern ist Resultat eines Versehens von Personen, die wie Ödipus „großes Ansehen und Glück genießen" (ebd., Kap. 13, 39). Der Fehler ist daher Folge einer falschen Handlungsweise oder der falschen Einschätzung einer Situation. Durch ihn wird der tragische Konflikt bewirkt, ohne dass sich der Held selbst aus der Verstrickung lösen kann. Bei Aristoteles gibt es dabei keine Berufung auf das Schicksal. Unverdientes Leid erzeugt *phóbos* (Jammer), das Unglück des Protagonisten *éleos* (Schauder). Das spezifisch ästhetische Vergnügen an tragischen Gegenständen, das bei Aristoteles ohne Idee der moralischen Besserung auskommt (Abel 2004, 279 f.), entsteht dann aus dem präzisen Zusammenspiel von Figur und Handlung, insofern Versehen, Verwicklung und Katastrophe logisch auseinander hervorgehen.

Im Mittelalter spielen die dramentheoretischen Äußerungen der Antike keine Rolle. Die Praxis betont in den Varianten des Geistlichen Spiels (Passions-, Mysterien-, Heiligen-, Fronleichnamspiele) den christlichen und liturgischen Charakter in einer Ereignisfolge, die sich im *theatrum mundi* vor dem Zuschauer Gott abspielt (Curtius 1963, 149–154; Greiner 2003). Dies gilt auch noch für die späteren Weltlichen Spiele in volkssprachlicher Form, für die Fastnachtspiele und Moralitäten seit dem 14. und 15. Jahrhundert. Die Frage nach der Trennung in Komödie und Tragödie ist beiden Ausprägungen ebenso wenig angemessen wie die Einheit der Handlung oder die Ständeklausel. Denn es geht hier um eine (als biblisches Ereignis ohnedies vergangene) Handlung, die alle Menschen gleichermaßen betrifft und bei der komische Elemente auch in der geistlichen Variante nicht ausgeschlossen sind. Eine eigenständige Dramentheorie ist im Mittelalter nicht überliefert. Sie kann nur aus Prologen oder impliziten Bemerkungen in den Stücken abgeleitet werden.

Mittelalter

Erst seit der Renaissance arbeitet sich die Geschichte der Gattungsdiskussion an den Vorgaben der wiederentdeckten *Poetik* von Aristoteles ab, die nun eine enorme europäische Wirkung entfaltet. Mit den Kommentaren zu Aristoteles setzt die Umschreibung der deskriptiven Begriffe in eine normative Lehre ein. Der bedeutendste Kommentar ist Lodovico Castelvetros *Poetica d'Aristotele vulgarizzata, et sposta* (Wien 1570), in dem erstmals die drei Einheiten postuliert werden. Der Kommentar von Francesco Robortello (*In librum Aristotelis de arte poetica explicationes*, Florenz 1548) vergleicht die Einteilung der Tragödie mit der Gliederung einer Rede und begründet damit die Zuordnung zu den *genera dicendi*. Orientiert am Vorbild antiker Komödien und Tragödien (besonders Plautus, Terenz und Seneca), stellt sich diese Diskussion gegen die ‚regellose' Dramatik des Mittelalters. Die Verschiebung hat aber auch mit den neuen Bühnenverhältnissen, der Ablösung der Simultanbühne durch die Guckkastenbühne zu tun. Als Illusionsbühne setzt diese wiederum die Norm der Wahrscheinlichkeit (*vraisemblance*) ins Verhältnis zur Angemessenheit bzw. Schicklichkeit der Darstellung (*bienséance*). Diese Regel gilt dann besonders für den französischen Klassizismus, der zwischen 1630 und 1640 – u. a. durch Jean Chapelains *Les sentiments de L'Académie française sur la tragicomédie du „Cid"* (1637) – in kontroversen Diskussionen die drei Einheiten als Norm durchsetzt. Sie wird bestätigt durch die für die deutschsprachige Diskussion wichtigen Abhandlungen *La pratique du théâtre* von Abbé d'Aubignac (1657) und Corneilles *Discours de la tragédie* (1660) (Schulz 1997). Zum Abschluss kommt die Debatte in Boi-

Renaissance – Klassizismus

leaus *L'Art poétique* (1674), der die strikte Einhaltung der Regeln im Zeichen der höfischen Ordnung fordert. Wie die drei Einheiten erklärt die ‚doctrine classique' die Ständeklausel, die je angemessene Sprache, schließlich die moralische Deutung der Katharsis und die Mimesis als Nachahmung der Natur zum Gesetz. Die Praxis der bedeutendsten Dramatiker Corneille, Racine und Molière weicht von der allzu strikten Einhaltung allerdings durchaus ab.

Abkehr von der Regelpoetik

Gegenpositionen zu diesem normativen Zwang schlagen sich in der englischen Diskussion nieder, so in John Drydens *Essay of Dramatick Poesie* (1668), der trotz klassizistischer Orientierung die Vielgestalt der englischen Dramen Shakespeares und seiner Zeitgenossen (Ben Jonson) verteidigt. Im 18. Jahrhundert findet dann die endgültige Abkehr vom normativ-klassizistischen Denken statt, das noch einmal in Voltaires *Discours sur la tragédie* (1731) resümiert wird. In Abwehr des Klassizismus fordert Diderots *Discours sur la poésie dramatique* (1758) Freiräume im Zeichen einer ‚bürgerlichen' Tugenddramatik, auf die sich Lessing berufen wird. In Deutschland gelten die drei Einheiten als Norm, solange die französische Diskussion das Vorbild darstellt, so bei Johann Christoph Gottsched, der die „dreyfache Einheit" (Gottsched 1751, 613) für das Trauerspiel, das Lustspiel und für das Schäferspiel bestätigt. Noch Lessing unterliegt dieser Auffassung, wie auch immer er sich über das Ungereimte der französischen Theorie in ihrem pedantischen Regelzwang auslässt.

Barock – Martin Opitz

Die wichtigste Station im Barock ist Martin Opitz' *Buch von der deutschen Poeterey* (1624), eine Anweisungspoetik als Regelwerk zur richtigen Anfertigung von Dichtung, in der sich die deutsche Literatur im Rückgriff auf europäische Poetiken erstmals für poesiefähig erklärt. Sie formuliert kaum Neuerungen, sondern fasst den Diskussionsstand v. a. in der *Poetik* Scaligers zusammen, durch die Opitz Aristoteles überhaupt kennt. Bei Opitz spielt die Lehre von der Katharsis auch vor diesem Hintergrund keine Rolle. Er bezieht sich vielmehr auf die berühmte Funktionsbestimmung von Dichtung durch Horaz (1972, 24, V. 333), wenn er von „vberredung vnd vnterricht auch ergetzung der Leute" spricht (Opitz 2006, 19). In dieser Orientierung werden die Gattungen nach der Ständeklausel unterschieden. Dies erfordert die Zuordnung der Tragödie zu hohem Stil und Pathos. Der Komödie kommt der mittlere oder niedere Stil und das Ethos zu. Weiterhin unterscheidet Opitz die Genres nach Stoff bzw. Themen (Trauerfälle, Verbannung, Mord gegenüber Liebesaffären und Entführungen) und nach dem Ausgang (unglücklich, glücklich). Die Regeln der Rhetorik schlagen sich in der Einführung des Alexandriners im Trauerspiel nieder. Die Wirkungsabsicht der Tragödie besteht für Opitz v. a. darin, gegen die Widrigkeiten des Lebens zu immunisieren. Der stets mögliche Wechsel von Glück in Unglück verweist auf eine unbeständige Welt. Die Tragödie bietet Trost (*consolatio*), indem der Affektreinigung eine abhärtende Funktion zukommt. Diese Vorstellung basiert auf stoischen Verhaltenslehren, die eine Disziplinierung der Leidenschaften anstreben, wobei v. a. die Tragödien Senecas als Vorbild gelten. Opitz' Vorrede zur Übersetzung von Senecas *Troades* (1625) formuliert entsprechend die „Beständigkeit" als Zielvorgabe (Proftilich 1999, 29), indem das Trauerspiel Figuren darstellt, die dem Unglück ausgeliefert sind. Die Betrachtung fiktiver Unglücksfälle auf der Bühne versetzt den Zuschauer in die Lage, sein eigenes Unglück ‚großmütiger' (*magnanimitas*) zu erdulden. Die Katharsis von Aristoteles wird deshalb als Prozess der Affektreinigung mit stoisch-konsolatorischer, d. h. tröstender und zugleich immunisierender Funktion aufgefasst. Die Komödie wird im Barock als Schimpf-, Scherz-, Freuden- und Lustspiel sehr viel uneinheitlicher bestimmt, zumal sie als Gegenpol zur Tragödie auch in ständischer Hinsicht weniger festgelegt ist und ohnedies größere Freiheiten hat. Im Barock hat die Ständeklausel in der Komödie v. a. sozial disziplinierende Funktion, indem Abweichungen von den von Gott zugewiesenen und damit als unveränderbar gegebenen sozialen Rollen durch Lächerlichkeit bestraft werden.

Wie Opitz beansprucht auch Gottscheds *Versuch einer Critischen Dichtkunst* (1730, 4. Aufl. 1751) keine Originalität. Die rationalistische Begründung dieser Poetik, die im Zeichen der Aufklärung auf die Vernunft und nicht mehr auf christliche Perspektiven abzielt, basiert auf den Traditionen des europäischen Klassizismus und seiner Bezugsgrößen (Aristoteles, Horaz und die Autoren der italienischen Spätrenaissance neben den französischen und englischen Kritikern des 17. und 18. Jahrhunderts). In Abkehr von den regellosen Haupt- und Staatsaktionen auf den Wanderbühnen fordert Gottsched die Einhaltung der Regeln. Zauberszenen wie bei Gryphius seien zu vermeiden. Der Harlekin wird aus der Komödie vertrieben, weil die Nachahmung wahrscheinlich zu sein hat, damit die rigorose Moral einer „Sittenlehre" (Gottsched 1751, 156) wirken kann. Ausgangspunkt des poetischen Werks ist deshalb stets eine moralische Wahrheit. Der Poet wählt entsprechend „einen moralischen Lehr=Satz, den er seinen Zuschauern auf eine sinnliche Art einprägen will. Dazu ersinnt er sich eine allgemeine Fabel, daraus die Wahrheit seines Satzes erhellet" (Profitlich 1999, 51). Der Tragödie geht es darum, „Traurigkeit, Schrecken, Mitleiden und Bewunderung bey den Zuschauern zu erwecken (ebd., 49), um deren „Gemüths=Bewegungen […] auf eine der Tugend gemässe Weise zu erregen" (ebd., 52). Wie im Barock spielt auch in dieser „Dramaturgie der Bewunderung" (Meier 1993) die Katharsis keine Rolle. Ihr vornehmlicher Zweck besteht vielmehr darin, den Zuschauer moralisch zu bessern. Gottsched beharrt dabei noch auf dem Zusammenhang von Fabel und Moral.

Um 1740 lassen sich zwei dramenästhetische Optionen beobachten: die französische und die englische. Gegenpositionen zu Gottsched zeichnen sich bei Johann Elias Schlegel und Christian Fürchtegott Gellert ab, die eine empfindsame Anteilnahme des Zuschauers mit dem ‚Herzen' erwägen. Bei Schlegel geht dies auf die Auseinandersetzung mit Shakespeare zurück (*Vergleichung Shakespeares und Andreas Gryphs*, 1741). In seinen *Gedanken zur Aufnahme des dänischen Theaters* (1747) wird die „große Mannigfaltigkeit der Natur" (Schlegel 1967, 91) zum Argument für die Vielfalt an Dramenformen jenseits der überlieferten Zweiteilung. In dieser Distanzierung von Gottsched, insofern sie das „Vergnügen" zum „Hauptzweck des Theaters" erklärt (ebd., 85), zeichnet sich die Möglichkeit des Mitleidens nun auch mit niederen Helden ab. Christian Fürchtegott Gellerts Abhandlung *Pro comoedia commovente* (1751), die Lessing übersetzt, propagiert nach dem französischen Vorbild der *comédie larmoyante* die weinerliche bzw. rührende Komödie. Sie ist im Unterschied zu Gottsched nicht mehr satirisch angelegt, sondern präsentiert vortreffliche Figuren, an denen der Zuschauer emotionalen Anteil nimmt. Das Rührende Lustspiel bleibt allerdings eine Übergangserscheinung zwischen Komödie und Bürgerlichem Trauerspiel. Lessing knüpft daran an, um die „wahre Komödie" als Synthese zu profilie-

Frühaufklärung – Gottsched

ren: „[D]as *Possenspiel* will nur zum Lachen bewegen; das *weinerliche Lustspiel* will nur rühren; die wahre *Komödie* will beides" (*Abhandlungen von dem weinerlichen oder rührenden Lustspiele*, 1754; Profitlich 1998, 63)

Lessing – Bürgerliches Trauerspiel

In der weiteren Diskussion steht dem Drama der Bewunderung das Drama des Interesses bzw. Mitleids durch Identifikation gegenüber. Das ältere Modell stellt noch überdurchschnittliche Tugenden dar, weil es den Zuschauer dazu überreden will, den positiven Helden durch rationale Einsicht in seine heroische Größe selbst im Tod nachzueifern. Dem Protagonisten gelingt dies durch die neostoizistische Beherrschung seiner Affekte. Das Trauerspiel der Frühaufklärung appelliert an den Staatsbürger, indem es ein vorbildliches Verhalten auch in politischer Hinsicht vorstellt, weshalb das heroische Trauerspiel auch als republikanisches Trauerspiel funktionieren soll. Gegenüber diesem Modell betreibt Lessings Trauerspielpoetik seit dem *Briefwechsel über das Trauerspiel* mit Mendelssohn und Nicolai (1756/57) die maßgebende Umcodierung von Aristoteles im Zeichen der empfindsamen Mitleidspoetik: „*Der mitleidigste Mensch ist der beste Mensch*, zu allen gesellschaftlichen Tugenden, zu allen Arten der Großmuth der aufgelegteste. Wer uns also mitleidig macht, macht uns besser und tugendhafter, und das Trauerspiel, das jenes thut, thut auch dieses, oder – es thut jenes, um dieses thun zu können" (Profitlich 1999, 56). In diesem Rahmen schwächt Lessing *phóbos* (Jammer) und *éleos* (Schaudern) ab, indem er die laut Aristoteles in erster Linie rein physiologisch begründeten Wirkungen der Tragödie als „Furcht" und „Mitleid" übersetzt (75. Stück *Hamburgische Dramaturgie*; Lessing 1985, 557). Beides soll das Empfindungsvermögen des Zuschauers durch Einsicht in seine eigene Mitleidsfähigkeit schulen. Beim späteren Lessing seit der *Hamburgischen Dramaturgie* zeichnen sich neue Akzente ab. Die Mitleidsfähigkeit bewirkt jetzt eine doppelte Kompetenz aus gerührter Anteilnahme durch Identifikation *und* rationaler Einsicht in dieses Vermögen am angeschauten Fall im Theater.

Aus diesem Neuansatz der emotionalen Anteilnahme durch Identifikation ergibt sich nach 1750 eine wegweisende dramengeschichtliche Neuerung: Merkmale des Lust- und des Trauerspiels kommen zunächst im Rührenden Lustspiel zusammen. Aus dieser Synthese heraus entsteht wiederum das Bürgerliche Trauerspiel, bei dem die Ständeklausel ihre Geltung verliert: Es zeigt gemischte und unvollkommene Helden; seine Handlung ist vorwiegend privat bzw. menschlich und auf Identifikation durch Empathie gegenüber der Bewunderung angelegt. Gewährleistet wird diese Anteilnahme kraft einer Handlungsdramatik, die auf Kausalität und nicht zuletzt auf die Wahrscheinlichkeit der natürlichen Sprache in Prosa gegenüber dem Alexandriner noch bei Gottsched setzt. Für die Abkehr von der Tragödie Corneilles und Racines (und damit auch von Gottsched) ist schließlich Lessings 17. Literaturbrief aus den *Briefen, die neueste Literatur betreffend* (1759) im Rahmen seiner Auseinandersetzung mit Shakespeare berühmt geworden. Daneben zeichnet sich die Abwehr der klassizistischen Regeln in seiner Übersetzung *Das Theater des Herrn Diderot* (1760) ab. Diderot reflektiert über ein ‚bürgerliches' Drama zwischen Tragödie und Komödie ohne Wunder, dabei über eine Auffassung vom Charakter, der von den Situationen abhängig ist, so dass nun auch verstärkt außersprachliche Elemente (Pantomime) hineinspielen.

Sturm und Drang – Lenz

Die Dramentheorie des Sturm und Drang steht ganz im Zeichen der Rezeption von Shakespeares offener Dramatik, deren Mannigfaltigkeit den vielgestaltigen Erscheinungsformen der Natur selbst entspreche. Mit der Genieästhetik um 1770, in der sich das Originalgenie als „second maker" (Shaftesbury) die Regeln selbst gibt, kommt die Abkehr von der klassizistischen Regelpoetik zu einem gewissen Abschluss, bevor die Klassik von Weimar, nun aber im veränderten Geist der Autonomiepoetik, sich ihr wieder annähert. Zu nennen sind die dramentheoretischen Äußerungen Gerstenbergs in den *Briefen über Merkwürdigkeiten der Literatur* (1766/67) und Goethes rhapsodische Schrift *Zum Schäkespears Tag* (1771). Die bedeutendste Revision der *Poetik* von Aristoteles formuliert in dieser Phase Lenz: für die Tragödientheorie in den *Anmerkungen übers Theater* (1774), für die Komödientheorie in der *Recension des Neuen Menzoa von dem Verfasser selbst aufgesetzt* (1775). Die Abwehr der Normen zeigt sich auch hier wie bei Goethe im rhapsodischen Gestus der Darstellung selbst. Sie erhebt kaum mehr systematischen Anspruch, wenn sie das Verhältnis von Tragödie und Komödie neu bestimmt: Im Zeichen einer fundamentalen Aristoteles- und damit Franzosenkritik, die indirekt auch auf Lessing zielt, wird die Ständeregel noch entschiedener durch das Votum für das Charakterdrama gegenüber dem Handlungsdrama verworfen. Es geht Lenz um die Nachahmung ‚ganzer' ‚Menschen' (Lenz 1987cb, 654) in ihrer Widersprüchlichkeit. Der Charakter liefert hier nun den „Grund ihrer Handlungen" (ebd., 651). Die Dramentheorie des Sturm und Drang propagiert individuelle Figuren oder ganze ‚Kerle' wie das Kraftgenie in Goethes *Götz von Berlichingen*, der auch in Lenz' Programmschrift zum großen Vorbild erklärt wird. Statt auf die formale Einheit nach Maßgabe der klassizistischen Dramaturgie zielt sie auf das große „Ganze" einer nicht klassifizierbaren ‚gefühlten' Einheit (ebd., 655f.). Die Komödie bestimmt Lenz als ein „Gemälde der Gesellschaft", dargestellt „für das Volk", wobei es keinen „Unterschied von Lachen und Weinen" mehr gibt (ebd., 703). Die Universalisierung der Komödie zeigt sich folglich darin, dass sie „eine Vorstellung" liefert, „die für jedermann ist" und dabei tragische Momente nicht ausschließt. Projektiert wird in diesem Rahmen damit auch das realistische Drama, insofern die sozialen Umstände das Handeln bestimmen.

Die klassizistische Regelpoetik verbreitet sich in ganz Europa und bewahrt ihre Geltung bis 1800, soweit man die Polemiken gegen sie im Sturm und Drang mit einbezieht. Im Drama der Klassik von Weimar, das sich noch einmal am Klassizismus orientiert, beruht die Einhaltung der drei Einheiten indes nicht mehr auf der Regelgläubigkeit, sondern auf dem gewandelten Verständnis von der ‚inneren' Geschlossenheit des autonomen Kunstwerks. Wirkungsästhetische Überlegungen im Sinne einer spezifischen Überredung oder Veränderung des Zuschauers durch die dramatische Darstellung (nach Gesichtspunkten wie Beständigkeit, Verbesserung, Reinigung und Nachahmung der Wirklichkeit) verlieren hier ihre normative Gültigkeit.

Klassik von Weimar – Schiller

Diese Verschiebung von einer noch an Aristoteles orientierten, wirkungsästhetischen Argumentation hin zur Autonomie des Dramas zeichnet sich in Schillers Dramentheorie vom Schaubühnenaufsatz (1784) zu den ästhetischen Schriften der 1790er Jahre ab. Als freies Spiel des Ästhetischen verfolgt autonome Literatur keine Zwecke außerhalb ihrer selbst, während die Aufklärung noch zur vernünftigen Einsicht überreden will. In Schillers frühem Aufsatz *Was kann eine gute stehende Schaubühne eigentlich wirken?* (1784) ist das Drama noch eine „Schule der praktischen Weisheit, ein Wegweiser durch das bürgerliche Leben, ein unfehlbarer Schlüssel zu den geheimsten Zugängen der menschlichen Seele" (Schiller 1992, 194). Es schult die „sittliche Bildung" (ebd., 196) und trägt so zur Aufklärung des Verstands bei. Demgegenüber interessieren sich die ästhetischen Schriften der 1790er Jahre mehr und mehr für allgemeinere ästhetische Fragen wie die nach der Schönheit als ‚Freiheit in der Erscheinung' (*Kallias oder über die Schönheit*, Brief 23. Februar 1793), d.h. für die Freiheit durch eine zweckfreie Kunst des ‚interesselosen Wohlgefallens' (Kant 1974, 124) gegenüber den Notwendigkeiten des realen Lebens. In der Tragödie offenbart sich die „Freiheit des Gemüts" im Zustand des Pathetisch-Erhabenen (*Über das Pathetische*, 1792; Profitlich 1999, 101). Durch Schillers Überlegungen zum ideellen Charakter der jeweiligen Gattung auf dem Boden der Autonomieästhetik, die eigengesetzlich organisierte Kunstwerke im Zeichen des schönen Spiels postuliert, wird die Auseinandersetzung mit Aristoteles durch einen anderen Erkenntnishorizont abgelöst: Die Dramentheorie äußert sich nun im Rahmen der Ästhetik als einer allgemeinen Theorie von der Wahrnehmung des Schönen. Schiller geht es jetzt vornehmlich um die anthropologisch konzipierte Idee des freien Menschen im ästhetischen Zustand der ‚Gemütsfreiheit'.

Romantik Die Romantik hat sich von den Bezugnahmen auf die Antike und damit auf die von ihr abgeleitete Dramentheorie noch stärker freigemacht. In jeder Hinsicht ist jetzt Shakespeare das große Vorbild, im Unterschied zur Genieästhetik nun aber nicht mehr allein aufgrund der vielfältigen Mischungen von Verfahrensweisen und Genres. Vielmehr faszinieren jetzt Märchenkomödien und Romanzen wie *A Midsummer Night's Dream, Pericles, Prince of Tyre* oder *The Tempest* (EA 1611), weil diese Stücke so funktionieren wie die produktive Phantasie und das Träumen. Das Drama der Romantik versteht sich demnach als ein Schauspiel der Einbildungskraft, das Shakespeare auf genuin poetische Weise – durch die szenische Präsentation von Sprachlichkeit, Phantasie und phantastischem Witz – überbieten will.

19. Jahrhundert Hegels *Vorlesungen über die Ästhetik* (1820 ff.) blicken dagegen erneut auf die Antike zurück, wenn sie im Drama die „höchste Stufe der Poesie und Kunst überhaupt" erkennen, „weil es seinem Inhalte wie seiner Form nach sich zur vollendetsten Totalität ausbildet" (Hegel 1971, 259). Als Synthese aus ‚objektivem' Epos und ‚subjektiver' Lyrik steht es in der Gattungshierarchie an oberster Stelle. In Abkehr von der ‚Kunstperiode' (Heine) zielt Büchner auf eine neue Geschichtsdramatik, in der die Unterschiede zwischen Tragödie und Komödie keine Rolle mehr spielen dürfen, will sie die Geschichte in Szene setzen, „wie sie sich wirklich begeben" hat (Brief an die Familie, 28. Juli 1835; Büchner 1988, 305). Dagegen sieht Hebbel in seiner Schrift *Mein Wort über das Drama* (1843) eine zeitgemäße Dramatik darin realisiert, dass sie das soziale, historische und philosophische Drama zum symbolischen Drama synthetisiert, erfüllt in der Tragödie im Zeichen seiner Auffassung vom ‚Pantragismus' des Welt- und Menschenzustands.

Jahrhundertwende Neuansätze vor der Jahrhundertwende bietet Nietzsches Abhandlung *Die Geburt der Tragödie aus dem Geiste der Musik* (1872), die sich gegen die klassifikatorische Beschreibung des Dramas wendet und die griechische Tragödie aus der dialektischen Verbindung des Apollinischen und Dionysischen hervorgehen lässt. Für den Naturalismus präsentiert das Drama die „Sprache des Lebens. *Nur* des Lebens!", so Arno Holz im Vorwort zu seiner Komödie

Sozialaristokraten (1896) (Holz 1980, 138). Folgt man Alfred Kerrs *Technik des realistischen Dramas* (1891), sei dazu der Wegfall des Monologs und Beiseitesprechens erforderlich, denn diese Formen seien unnatürlich. Das realistische Drama erlaube keine pathetische und geistreiche Rede (wie etwa im gnomischen Stil der Klassik), weil diese dem angestrebten Realitätseffekt widerstreitet.

Brecht entwickelt das Konzept des Epischen Theaters Mitte der 1920er Jahre im Rahmen seiner Oper *Aufstieg und Fall der Stadt Mahagonny* (1930). Im engeren Sinn ist das Epische Theater die Dramatik Brechts, im weiteren Sinn eine auf die Bühnenillusion und Einfühlung des Zuschauers verzichtende offene Form der Dramatik, die gezielt ihre Vermitteltheit durch Distanzsignale ausstellt. Brechts Konzeption geht auf Vorläufer wie Wedekind, Georg Kaiser, Arnolt Bronnen und Ferdinand Bruckner zurück und wird dann programmatisch von Piscator in Form der politischen Revue im Kontext der revolutionären Arbeiterbewegung aufgegriffen (*Das politische Theater*, 1929). Auch dieses Theater ist anti-illusionistisch und markiert so seine spezifische Differenz zum Drama des Naturalismus und der Neuen Sachlichkeit, denn es verschreibt sich nicht mehr der Nachahmung von Wirklichkeit. Vielmehr verweist es mit seinen Mitteln auf den Schein- und Spielcharakter der Inszenierung, um als ‚Modell' die Struktur der Wirklichkeit kenntlich zu machen. Die Verfasstheit dieser Wirklichkeit wird durch szenische Versuchsanordnungen gedeutet und damit als veränderbar gezeigt. Aus der parabelhaften Bedeutung geht eine lehrhafte Qualität hervor. Das Neue in der Aufführungspraxis besteht darin, dass im Epischen Theater das Rollenverhalten der Schauspieler und das Zusammenwirken der Künste (Regie, Bühnenbild, Musik) durch Selbständigkeit der Szenen und der in ihr zusammenwirkenden Elemente demonstriert wird. Im Exil entwickelt Brecht daraus seine Dramaturgie des ‚Lehrstücks' in expliziter Auseinandersetzung mit dem aristotelischen Theater. Gemeint ist damit nun eine dramatische Gebrauchskunst zur Belehrung der Spielenden, die nicht mehr primär als Textvorlage für die Aufführung gedacht ist.

Episches Theater – Brecht

Zu den Neuerungen der internationalen Dramatik gehört das Absurde Theater, dem allerdings keine eigens begründende Theorie einhergeht. In dieser Formvariante, die ihren Höhepunkt Anfang der 1950er Jahre erreicht, wird die Unterscheidung zwischen offener und geschlossener Form vollends hinfällig. Damit kommt eine Tendenz der Auflösung von Gattungskonventionen zum Abschluss, die sich seit dem naturalistischen Drama anbahnt. Das Absurde Theater bildet insofern einen Gegenpol zum Epischen Theater Brechts, als schon sein Begriff (von lat. *absurdus*: ungereimt, sinnlos) auf die Fragwürdigkeit der menschlichen Existenz in einer transzendenzlosen Welt hinweist. Wie bei Brecht handelt es sich nicht mehr um ein Illusionstheater. Will dieses aber noch die Wirklichkeit verändern, wird im absurden *anti-théâtre* die Sinn- und Hoffnungslosigkeit auch mit formalen Mitteln in Abkehr von überlieferten Konventionen der Bühne dargestellt. Gezeigt werden unsichtbare Zwänge, indem die Figuren ihre Sätze oft mechanisch und ohne kommunikativen Zweck absondern. Sie reden und bewegen sich, teils repetitiv, wie Automaten. Es findet keine Entwicklung und keine Veränderung mehr statt, so dass im Zeichen der Farce die bisherigen Funktionszuschreibungen des Dramas zerfallen, in szenischer Form die Wirklichkeit zu erschließen.

Absurdes Theater

V. Geschichte des Dramas

1. Von der Antike bis zur Frühen Neuzeit

Antike Tragödie

Die Tragödie als die wohl älteste Dramenform entsteht in der griechischen Antike. Man schätzt, dass es etwa 250 Tragödiendichter aus der Zeit zwischen 550 v. Chr. und 500 gegeben hat. Insgesamt sind 32 Tragödien der drei großen Tragiker Aischylos (um 500 v. Chr.), Sophokles (seit etwa 470 v. Chr.) und Euripides (seit 455 v. Chr.) überliefert. Dabei geht die Tendenz vom Archaischen in tragischen Trilogien bei Aischylos hin zu geschlossenen Tragödien bei Sophokles mit einzelnen heroischen Gestalten im Mittelpunkt – in diesem Rahmen von Figuren als Werkzeugen und Objekten göttlicher Vorgaben hin zu Tätern. Euripides ironisiert bereits die Gewalt des Mythos und der Figuren als Täter durch den *deus ex machina*, das plötzliche Erscheinen eines Gottes also, der unverhofft von außen den unlösbaren Konflikt in Form eines Theatercoups schlichtet – und damit letztlich auch die Macht der Götter relativiert (Balme 2003, 625). Von den Vorgängern unterscheidet er sich aber auch darin, dass in seinen intellektueller wirkenden Tragödien erste Tendenzen einer psychologisch differenzierten und alltagsnahen Darstellung gebrochener Figuren, eingebettet in konkrete politische Umstände, deutlich werden.

Die römische Tragödie reagiert auf diese Tradition, indem sie griechische Mythen auf neue Weise bearbeitet. Senecas Tragödien, jetzt in 5 Akten gegliedert, liefern das wirkungsmächtige Formmodell für das neuzeitliche Kunstdrama. In der römischen Antike seit 240 v. Chr. stammen die einzigen vollständig erhaltenen Tragödien aus dieser Zeit der „Nachklassik: Die Zeit Senecas" (Fuhrmann 2005, 362 ff.). Neun Stücke sind überliefert, eine Aufführung ist aber nicht bezeugt. Aufgrund ihrer eskalierenden Rasereien und Grausamkeiten, die der Überredung zur tröstenden Lehre der Stoa dienen, wird diese so handlungsarm statuarische wie didaktische Dramatik zum Vorbild für das deutsche Trauerspiel im Barock. Gemeinsam ist beiden Dramenformen die isolierte Bildhaftigkeit in additiv nebeneinander gestellten, d. h. tendenziell autarken Einzelszenen, nicht zuletzt die rhetorisch aufwendige und damit stilisierende Deklamation von Sentenzen (ebd., 397–403).

Antike Komödie

Im Unterschied zur Tragödie, die entwicklungsgeschichtlich dem Satyrspiel angehört, liegen die Anfänge der Komödie weitgehend im Dunkeln. Auch die Komödie entstammt dem Dionysoskult. Ungeklärt bleibt aber, ob sie aus einem kultischen Gesang (*odé*) auf dem Dorf (*kóme*) oder aus dem Lied entsteht, das bei den Phallos-Prozessionen (*kómos*) der betrunkenen Anhänger zu Ehren des Dionysos gesungen wurde. Aufgrund der Überlieferungslage in der *Poetik* weiß man von der Komödie, die seit 486 v. Chr. gegenüber der seit 534 v. Chr. bekannten Tragödie überliefert ist, sehr viel weniger als von der Tragödie. In der griechischen Antike wurden bis 120 v. Chr. mehr als 2300 Komödien aufgeführt. Bekannt sind abseits der gefundenen Fragmente nur elf Stücke von Aristophanes und eine Komödie von Menander. In der Abfolge unterscheidet man drei Phasen: Von der Alten (attischen) Komödie (ca. 486–400 v. Chr.) sind v. a. die Stücke von Aristophanes überliefert. Sie sind politisch, satirisch und phantastisch (so die Darstellung der Unterwelt in den *Fröschen*), daneben persönlich, grotesk und dabei auch derb und obszön. Ihre Themen sind Staat, Krieg und Frieden und die Frage nach der richtigen Regierung. Ein besonderes Kennzeichen besteht darin, dass die Handlung am Ende des ersten Teils, in der Mitte der Komödie, durch die Parabase unterbrochen wird. Dieses Hauptmittel der politischen und sozialen Satire, gebunden an die selbstbewusst demokratische *polis* im 5. Jahrhundert v. Chr., fehlt in der nachfolgenden Mittleren und Neuen Komödie.

Während man von der Mittleren Komödie (400–200 v. Chr.) nur wenig weiß, ist aus der Neuen Komödie (320–120 v. Chr.) Menander als Hauptvertreter wirksam geworden. 1958 wurde ein vollständiges Stück, *Dyskolos* (‚Der Schwierige' bzw. ‚Der Menschenhasser'), gefunden. Ausschließlich an Menander knüpfen Plautus und Terenz an. Die Neue Komödie markiert so auch den Übergang von der griechischen zur römischen Komödie. Sie kommt ohne Parabase und Chor aus. Nachdem sich das Schema der fünf Akte durchgesetzt hatte, verweist der Chor bei Menander nur noch auf die vier Aktpausen in Form von Tanzeinlagen. Bei Terenz fällt er völlig weg, weil sich der Akzent hin zum reinen Sprechtheater mit alltäglicher Milieutreue verschiebt. Mit der Neuen Komödie beginnt das ‚bürgerliche' Lustspiel, insofern es hauptsächlich um häusliche Angelegenheiten mit Tendenz zur Typenkomödie geht. Im Vergleich mit der teils phantastischen Darstellung bei Aristophanes ist sie eher realistisch, weil sie familiäre Liebes- bzw. Heiratskonflikte behandelt, die nach dem ‚romanesken Liebesschema' ausgetragen werden (Mahler 2001, 667). Dieses Handlungsschema – ein junger Mann will ein junges Mädchen, der elterliche Widerstand wird durch eine unverhoffte Wendung überwunden – bestimmt in vielfältigen Variationen weite Teile der europäischen Komödie bis ins 19. Jahrhundert hinein.

Die römische Komödie ist durch 20 Komödien von Plautus und sechs Komödien von Terenz bekannt. Sie bezieht sich auf griechische Vorlagen, die meist von Menander stammen, bringt daher keine eigenständigen Innovationen hervor. Inszeniert wird das Familienleben im städtischen Alltag und dessen Störungen, so dass die komische Darstellung menschlicher Laster wie Geiz, Habsucht oder Fragen der rechten Erziehung (so in Terenz' *Adelphoe/Die Brüder*) durchaus stereotyp ausfällt. Mit seiner eher handgreiflichen, drastisch-derben Komik unterscheidet sich Plautus (um 250–180 v. Chr.) von Terenz (seit 185–160 v. Chr.), der als vornehmer, in der Darstellung von eher positiven und komplexer angelegten Figuren in konkreten sozialen und rechtlichen Situationen milder erscheint. Terenz gilt deshalb als alltagsnäher und wahrscheinlicher. Als der bessere Stilist wird er zum wichtigsten Vorbild für die europäische Komödie.

Das Mittelalter hat keinen eigenen Begriff von Komödie und Tragödie. Die derben Späße von Plautus und Terenz erscheinen aus christlicher Perspektive anstößig. Zwar berufen sich Autoren ausdrücklich formal auf Terenz, so Hrotsvith von Gandersheim, die aber als große Ausnahme gilt: In den zwischen 960 und 970 entstandenen christlichen Bekehrungs- und Märtyrerstücken werden Legendenstoffe in didaktisch-moralischer Zurichtung dramatisiert, ohne die Grobheiten der römischen Komödie zu übernehmen. In

Mittelalter

der Komödiengeschichte wären diese Dramen ohne ihre Bezugnahme auf Terenz kaum beachtet worden, denn sie bilden keine vergleichbaren Strukturen aus. Im Mittelalter entsteht das Geistliche Spiel, indem sich Elemente der kirchlichen Liturgie zur szenischen Abhandlung biblischer oder legendenhafter Stoffe im kirchlichen Bezugsrahmen verselbständigen (Schulze 1997). Unterscheidbare Formen sind Osterspiel, Weihnachtsspiel und Passionsspiel, daneben das französische Mysterienspiel, das englische Prozessionsspiel und das spanische Fronleichnamsspiel: Das berühmteste Beispiel des *Auto sacramental* ist Calderóns *El Gran Teatro del Mundo/Das große Welttheater* (1655). Von diesen religiös gebundenen Spielformen unterscheidet sich das Weltliche Spiel als Sammelbezeichnung für theatrale Aufführungen karnevalesker, schwankhafter, episch-historischer, didaktischer und politischer Stoffe im Mittelalter und in der Frühen Neuzeit (Simon 2003).

Frühe Neuzeit

Nach Wiederentdeckung der griechisch-römischen Dramatik in der Renaissance entstand in Italien das Kunstdrama der Neuzeit, das Schäferspiel und höfisches Festspiel (*Trionfi*) mit einschließt. Italien ist der Ursprung des neulateinischen Theaters. Neben der lateinische Humanistenkomödie als Schuldrama, so Reuchlins *Henno* (1498) oder Heinrich Bebels *Comoedia de optimo studium iuvenum/Über die beste Art des Studiums für junge Leute* (1504), ist das gegenreformatorische Jesuitentheater, hier Jakob Bidermanns Welttheater-Bekehrungsstück *Cenodoxus* (UA 1602), zu nennen. Schließlich beginnt in dieser Zeit mit dem politischen Trauerspiel von Jacob Locher (genannt Philomusus), ‚Vater des humanistischen Dramas' in Deutschland, das Geschichtsdrama der Frühen Neuzeit (Niefanger 2005), genauer mit der *Tragedia de Thurcis et Suldano/Tragödie von den Türken und vom Sultan* (1497). Daneben spielen die grobianisch-schwankhaften Fastnachtspiele von Hans Sachs (1494–1576) wie *Der farendt Schuler im Paradeiß* (1550) eine eigene Rolle. Diese Hauptgattung des Weltlichen Spiels im Übergang vom Spätmittelalter zur Frühen Neuzeit ist gebunden an Städte wie Nürnberg und wird dort zu einem vom Kirchenkalender vorgegebenen Anlass (die Vorabende der Fastenzeit) gespielt. Sie entfaltet indes keine europäische Wirkung und wird erst im Sturm und Drang (Goethe) und in der Romantik wiederentdeckt (Herweg 2009, 263).

Europäisches Theater – Shakespeare

Der größte Dramatiker der Frühen Neuzeit ist Shakespeare. Ein Kennzeichen seiner Stücke ist die kombinatorische Variation von Dramen-Modellen; dazu gehören das mittelalterliche Mysterienspiel, die Moralitäten, die Interludien der Tudorzeit, die lateinische Komödien von Plautus und Terenz, die satirische Sittenkomödie von Ben Jonson, die Tragödien Senecas, die Dramatik Marlowes und das elisabethanische ‚history play' (Schabert 1992, 41–78). In diesem Rahmen repräsentiert Shakespeare eine erste Blüte der Komödie in Europa um 1600, indem er sich die lateinische Komödie auf der einen, die *commedia dell'arte* auf der anderen Seite anverwandelt. Diese italienische Stegreif- und Maskenkomödie des 16. und 17. Jahrhunderts, die zunächst ohne Textvorlage auskommt, ist ebenso satirisch wie heiter-fröhlich angelegt und generell nach dem ‚romanesken' Schema organisiert: Die stereotype Handlung betreibt ein Liebes-, Eifersuchts-, Täuschungs- und Verwechslungsspiel durch listenreiche Überwindung von Widerständen, die der Verbindung des hohen Paars im Wege stehen. Gezeigt wird ein ernsthaftes Liebespaar (ohne Masken) neben einem Arsenal komischer Figuren wie

Arlecchino, Brighella, Dottore, Capitano, Pierrot, Colombina und anderen Typen mit Masken. Die wichtigsten Vertreter dieser Dramatik sind Gozzi und Goldoni als deren Überwinder.

Shakespeares spielerischen Komödien stehen Molières satirische Verlachkomödien mit romanesken Zügen gegenüber. Sie stellen menschliche Laster und Fehler dar, so in *Le Misanthrope* (1667), um sie dem (Ver-)Lachen preiszugeben. Zu dieser Gruppe zählt um 1600 v. a. Shakespeares Zeitgenosse Ben Jonson (*Volpone, or, the fox*, 1605).

Das Trauerspiel des Barock (seit 1624) orientiert sich an den römischen Tragödien Senecas, die Ende des 15. Jahrhunderts ediert und aufgeführt wurden. Hauptvertreter des ‚Schlesischen Kunstdramas' im Gefolge der poetologischen Grundlegung durch Opitz sind Andreas Gryphius und Daniel Casper von Lohenstein, der wegen Trauerspielen wie *Sophonisbe* (1680) von den Zeitgenossen als ‚deutscher Seneca' tituliert wurde. Kennzeichen der barocken Kunstdramatik lassen sich an Gryphius' *Catharina von Georgien Oder Bewehrete Beständigkeit* (1657) aufzeigen. Sie ist im strikten Sinn nicht tragisch, weil die gefangene Hauptfigur im Bewusstsein heilsgeschichtlicher Rettung stirbt. Darüber hinaus handelt es sich auch weniger um eine Handlungs- als vielmehr um eine Exempeldramatik in fünf „Abhandelungen": Die Figuren sind lehrhafte Beispiele neostoizistischer wie christlicher Tugenden (*constantia, magnanimitas*), die religiösen Trost spenden. Man spricht daher vom Märtyrerdrama des Barock: Das der königlichen Hauptfigur Catharina vom mohammedanischen Tyrannen zugefügte Leid (weil sie seine Liebe nicht erwidert) bestätigt ihre Standhaftigkeit trotz grausamer Folter bis zum Märtyrertod durch Verbrennung. Die leidende Figur ist gerade aufgrund ihrer christlichen Tugendhaftigkeit und stoizistischen ‚Beständigkeit' heilsgeschichtlich gerettet. Dem Trauerspiel des Barock geht es folglich nicht um eine Katharsis durch Affekterregung, sondern um die *consolatio tragoediae* (Schings 1971). In einer rhetorisch begründeten Dramatik soll der Zuschauer durch das angeschaute Exempel zu dieser tröstenden Einsicht überredet werden.

Trauerspiel des Barock – Gryphius

Das Personenverzeichnis ist antithetisch gruppiert: Der Gruppe um Catharina stehen die Figuren um Chach Abas gegenüber. Auch der Alexandriner entspricht dem antithetischen Weltbild des Barock: Dem diesseitigen Jammertal und Leiden steht die heilsgeschichtliche Rettung entgegen. Diese Perspektive macht das dargestellte Leid hoher, historisch überlieferter Personen (Königin von Georgien, König von Persien) erträglich. Gryphius greift keinen mythologischen, sondern einen historischen Stoff auf. Die Akte verstehen sich als „Abhandelungen" der vorab bekannten Darstellungsabsicht. Entsprechend wird zunächst der Inhalt des Stücks vollständig mitgeteilt. Es geht folglich nicht um die Aufmerksamkeit auf den Fortgang der Handlung, daher auch nicht um Spannung auf den Ausgang. Präsentiert werden vielmehr statuarische Exempel, an denen sich die leitende Idee veranschaulicht. Die Figuren sind deshalb allegorisch angelegt, als Personifikationen der abstrakten Konstellation Märtyrerin vs. Tyrann. Das Resümee einer ‚Abhandelung' formulieren jeweils die ‚Reyen' nach dem Vorbild des antiken Chors. Hier wird die Lehre des Stücks von Allegorien wie ‚Ewigkeit', ‚Liebe' und ‚Tod' mitgeteilt. Die Stücke sind damit emblematisch angelegt: Der Titel bildet mit der doppelten Nennung von Hauptfigur und Lehre (‚Beständigkeit') die *inscriptio* eines Emblems. Die fünf „Abhandelungen" stellen daraufhin die sinnliche Einkleidung dieser Lehre dar und entsprechen so der *pictura* eines Emblems. Die ‚Reyen' formulieren dann eine explizite Schlussfolgerung aus dieser ‚Abhandelung' wie im Emblem die *subscriptio*. Die dreiteilige Struktur, die dem Denken des Barock in Bildern entspricht, dient der Veranschaulichung einer Idee: einer allgemeinen, meist protestantisch ausgerichteten Lehre, die im Drama in sinnlich konkreten Bildern gegenwärtig wird.

Das Trauerspiel Lohensteins verzichtet dagegen auf die Darstellung des Märtyrers, wenn es an heidnisch-antiken Stoffen politische Intrigen durchspielt, aus denen ein Modell des richtigen Lebens abgeleitet wird: Nur vernünftiges Handeln verschafft dem Menschen irdisches Glück, so in den ‚afrikanischen' Trauerspielen wie *Sophonisbe* (1680), exemplarisch verdeutlicht an Vertretern der römischen Herrschersphäre (Scipio). Bei Lohenstein zeichnet sich damit das *prudentia*-Modell gegenüber der *consolatio* bei Gryphius ab: Die gesteigerten Leidenschaften, Rasereien und Grausamkeiten Sophonisbes demonstrieren vernunftwidriges Handeln, das verhindert, dass sie im *theatrum mundi* ihre Rolle auf angemessene, d. h. politisch kluge Weise spielt. Christian Weise ist dann ein maßgebender Vertreter des protestantischen Schultheaters, der in seinem ‚unregelmäßigen' Trauerspiel *Masaniello* (1683) erstmals Prosa einsetzt und neben einer Vielzahl an handelnden Personen (auch komische Figuren) das ‚Volk' als *dramatis personae* auf die Bühne bringt. Mit dieser lebensweltlich orientierten, alltagsnahen Darstellung repräsentiert Weise den Übergang vom Barock zur Aufklärung. Sein Begriff des Politischen steht für eine Balance zwischen Wahrung des Gemeinwohls und privatem Glück. Politisch klug ist der Mensch, wenn er sich und den Anderen realistisch einschätzt. Das protestantische Schuldrama versteht sich daher als Pädagogik im unterhaltsamen Gewand des Theaters.

Komödie des Barock

Mit seinem „Schimpff-Spiel" *Absurda Comica oder Herr Peter Squentz* (1663) liefert Andreas Gryphius ein Beispiel der frühen, dabei aber noch indirekten Rezeption Shakespeares. Wie andernorts wird Shakespeares *Midsummer Night's Dream* durch englische Wanderbühnen vermittelt, zumal dessen Originaldramen im 17. Jahrhundert kaum bekannt waren. Daneben bietet Gryphius' Komödie auch eine kritische Verarbeitung des Fastnachtspiels. Die Handlung um den Schreiber und Schulmeister Squentz aus „Rumpels-Kirchen" stellt das Rüpelspiel nach Shakespeare dar. Es dient dem Verlachen der so anmaßenden wie tölpelhaften Handwerker als Dilettanten, die in völliger Begriffsverwirrung von „lustigen Tragœdien und prächtigen Comœdien" sprechen, dabei ihre eigene „Geschicklichkeit" preisen, „eine jämmerlich schöne Comœdi zu tragiren" (Gryphius 1983, 10). Sie vergessen aber den Text, fallen aus der Rolle und prügeln sich. Das romaneske Schema spielt hier im Unterschied zur variantenreichen Verwirrung in *Horribilicribifax Teutsch* (1663) keine Rolle. Aber auch hier verfolgt die Komödie eine sozial disziplinierende Wirkung: Verfehlungen wie Hochmut werden bestraft (Selenissa, Cyrilla), Tugenden dagegen belohnt (Sophia, Coelestina). Sie arbeitet in diesem Fall mit den Mitteln der Sprachkomik, indem sie die verfehlte Kommunikation bzw. das Nichtverstehen durch inadäquaten Gebrauch des Lateinischen auf groteske Weise entlarvt. Turbulent potenziert wird schließlich auch das romaneske Schema durch eine siebenfache Hochzeit zum Schluss.

2. Aufklärung – Sturm und Drang

Als Musterbeispiel der Heroischen Bewunderungstragödie und als Musterstück der eigenen Dramentheorie gilt Gottscheds Trauerspiel *Sterbender Cato* (1732). Seine hohen Figuren sind bekannt aus der Geschichte und dienen als vorbildliche Exempel eines moralischen Lehrsatzes: Republikanische Tugend und freiheitliche Gesinnung stehen gegen den Tyrannen Cäsar, so dass Cato im rigorosen Festhalten an diesen Idealen den historisch belegten Selbstmord in Kauf nimmt. Der Darstellungszweck besteht in der rationalen Belehrung durch dieses Exempel. Vernünftige Selbstbeschränkung dient dem Ideal der politischen Unabhängigkeit. Der Zuschauer soll sich mit Cato nicht identifizieren, sondern die Vorbildhaftigkeit dieser politischen Tugend bewundern, um daraus vernünftige Einsichten für das rechte Verhalten im Leben zu gewinnen (Meier 1993). Der Form nach erfüllt Gottscheds Stück alle Vorgaben der klassizistischen Regelpoetik: Es verwendet den *stilus sublimis* (Alexandriner), es hält die Ständeklausel mit hohen Figuren und natürlich die drei Einheiten ein. Weitere Beispiele, allerdings bereits mit bedeutenden Verschiebungen hin zu individualisierten Charakteren, stellen Johann Elias Schlegels *Canut* (1746) und Lessings *Philotas* (1759) als Endpunkt dar. Im Unterschied zum Trauerspiel des Barock geht es in der Aufklärung nicht mehr um religiöse Begründungen. Die Heroische Bewundertragödie baut auf die Vernunft, ebenfalls auf der Basis der Stoa, so dass man hierin auch wiederum eine bestimmte Kontinuität zum barocken Trauerspiel erkennen kann (Alt 1994).

Heroische Bewunderungstragödie der Frühaufklärung

Die Komödie der Aufklärung wird von drei historischen Formvarianten geprägt: (1) Lessings *Der junge Gelehrte* (1747) repräsentiert die satirische Verlachkomödie bzw. ‚Sächsische Typenkomödie'. (2) Das Rührende Lustspiel, vertreten durch Gellerts *Die zärtlichen Schwestern* (1747), bildet eine wichtige Voraussetzung für das Bürgerliche Trauerspiel. (3) Die ‚ernste Komödie' bzw. Tragikomödie entsteht schließlich aus der szenischen Verbindung komischer und tragischer Elemente, genauer als Synthese von (1) und (2) und Bürgerlichem Trauerspiel. Sie wird insbesondere durch Lessings *Minna von Barnhelm* (1767) repräsentiert.

Komödie der Aufklärung

(1) Im *Jungen Gelehrten* (1747) exekutiert Lessing den satirischen Verlachmechanismus in einer Abfolge von Situationen, in der sich eine typisierte Figur, die als Personifikation negativer Eigenschaften gestaltet ist, stereotyp verhält: Die Scheingelehrsamkeit von Damis wird lächerlich gemacht und durch eine positive, d. h. gesellschaftlich nützliche Konzeption von Gelehrsamkeit widerlegt. Die Typenkomödie warnt so vor den Fehlern normabweichenden Verhaltens und überredet zu lebenspraktisch vernünftigem Handeln. Die Belehrung erfolgt durch die satirische Demaskierung solcher Fehler als Torheit. Epochal gesehen ist das satirische Verlachen an die Aufklärung gebunden. Später kommt es eher nur noch im Boulevard- und schwankhaften Volkstheater vor (Saße 2003a).

(2) In Gellerts *Die zärtlichen Schwestern* (1747), orientiert am Vorbild der französischen *comédie larmoyante*, bleibt im Zeichen der Empfindsamkeit (seit 1740) das satirische Verlachen aus. Die Darstellung ist nicht mehr lustig verspottend, sondern zeigt ideale Tugenden. Die Hauptfiguren sind demnach als positive Vorbilder konzipiert. Angestrebt wird die rührende Wir-

kung dieser Vorbildhaftigkeit. Zwar sind die Figuren auch hier noch typenhaft angelegt, aber eben nicht mehr als fehlerhafte Typen. Die Tränen fließen aufgrund ihrer Tugendhaftigkeit (Freundschaft, Selbstlosigkeit, Großmut, Opferbereitschaft, Mitleid). Das Mitempfinden dieser positiven Qualitäten soll die Fähigkeit verbessern, mitfühlen zu können. Dieses Mitleiden bildet dann das Zentrum der Wirkungsästhetik im Bürgerlichen Trauerspiel. Insgesamt hat man es also mit einem Lustspiel ohne Komik (im Sinne des satirischen Verlachens) zu tun. Die Figuren sprechen Prosa und sind damit dem Zuschauer ähnlich. Die Handlung spielt in der privaten Sphäre, meist in der Familie. Dennoch ist die Zuordnung zur Komödie möglich: Die Tugendproben finden einerseits durch Intrigen und Verstellungen statt. Die Verwirrungen durch die Erbschaft der Muhme demonstrieren, wie Lottchen die moralische Prüfung besteht, indem sie keinen Neid auf ihre Schwester zeigt. Andererseits kann natürlich die positive Auflösung des Konflikts, die Wiederherstellung der gesellschaftlichen Ordnung als Zeichen der Komödie gewertet werden (Saße 2003b).

Aus der Synthese dieser beiden Komödientypen destilliert Lessing in *Minna von Barnhelm* (1767) die ‚wahre Komödie'. Dieser Neuansatz hat eine Veränderung der komischen Elemente zu Folge: Zunächst scheint Tellheims Stolz in der Übertreibung der empfindsamen Kardinaltugend Selbstlosigkeit dem überlieferten Komödienmodell zu entsprechen, bestätigt durch die ebenso übertrieben wirkende Berufung auf die eigene Ehre, die im Verhältnis zu Minnas Liebe völlig unangemessen erscheint. Später resultiert aus diesen komischen Aspekten aber kein Überlegenheitslachen mehr, weil Tellheim sich tatsächlich, wie man im Verlauf der Handlung erfährt, einer objektiv tragischen Situation ausgeliefert sieht.

Bürgerliches Trauerspiel

Das Bürgerliche Trauerspiel entsteht Mitte des 18. Jahrhunderts als ernstes Drama mit nicht-heroischem Personal in Abgrenzung zur Heroischen Bewunderungstragödie. Hier agieren nicht mehr Fürsten, damit auch keine historisch bzw. mythologisch beglaubigten Demonstrations- und Exempelfiguren, sondern erfundene Figuren aus der Sphäre des Bürgertums bzw. niederen Adels (auch z. B. Kaufleute). Statt um ‚Staatsaktionen' geht es um Themen und Probleme der privaten Wertewelt, besonders in der Familie. Faktoren der Handlung sind Abweichungen von Tugendauffassungen (im Blick auf die Geschlechtermoral) oder materielle Fragen. Gezeigt werden psychologische Problemlagen an ‚gemischten' Charakteren, so dass auch die Typenhaftigkeit der Figuren zerfällt. Kriterium der Darstellung ist die „Wahrscheinlichkeit", genauer die Übereinstimmung der Bühne mit den Lebensumständen des Zuschauers (Lessing 1985, 624; 89. Stück *Hamburgische Dramaturgie*). Es geht Lessing um menschliche Verfasstheiten und Schicksale jenseits aller Standesgrenzen. Als natürliche Sprache des Herzens ermöglicht die Prosa die Identifikation mit den Figuren gegenüber der distanzierten Bewunderung vorbildlichen Verhaltens. Auch die drei Einheiten werden im Bürgerlichen Trauerspiel komplementär zu den ‚gemischten' Verhältnissen weniger streng eingehalten, so dass sich die Rede vom ‚unregelmäßigen Trauerspiel' eingebürgert hat (Eibl 1997, 285).

Den Kern des Bürgerlichen Trauerspiels bildet weniger ein distinkter Begriff des Bürgerlichen, denn das Attribut gibt eher nur das sinnlich-konkrete Moment für die Programmatik des allgemein Menschlichen vor: Viele ‚bürgerliche' Stücke spielen bezeichnenderweise im klein- und landadeligen Milieu. Formgeschichtlich verschränken sich hier Merkmale der *comédie larmoyante* mit der spezifischen Umcodierung des aristotelischen Tragödiensatzes durch Lessings Doppelformel ‚Furcht' und ‚Mitleid'. Bereits die positiven Werte des Rührenden Lustspiels machen die Figuren im Ansatz auch zur Tragik fähig, so dass auch die Gefühlskultur des 18. Jahrhunderts den literaturhistorischen Hintergrund für das Bürgerliche Trauerspiel abgibt.

Darüber hinaus reagiert das neue Genre auf sozialgeschichtliche Veränderungen im 18. Jahrhundert. Im Prozess der sozialen Abkehr von höfischen Verhaltenslehren bildet sich ein neues, heterogenes Bürgertum als neuer Adressatenkreis in den Städten heraus. Zur Selbstvergewisserung der eigenen Wertvorstellungen werden kulturelle Institutionen notwendig. Hierzu gehört die Idee vom Nationaltheater als moralische Anstalt: Lessings *Hamburgische Dramaturgie* entsteht anlässlich von Aufführungen in Hamburg, dessen Bühne als erster deutscher Versuch eines Nationaltheaters (1767–1769) gilt. Das Theater präsentiert jetzt Formen der sozialen Disziplinierung, die nicht mehr über höfische Tugendkataloge erfolgen, sondern die Selbstverständigung an der Idee des allgemein Menschlichen ausrichten. Schauspiele mit nichthöfischem Personal und traurigem Ausgang erweisen sich als geeignete Form, in eine neuartige, mitmenschliche Intersubjektivität einzuüben, in Einzelfällen auch als Modus, die Kosten der bürgerlichen Selbstdisziplinierung zu thematisieren (indem etwa die Spannung von Tugendrigorismus und Fehlbarkeit verhandelt wird). Dies geschieht in Lessings *Emilia Galotti* u. a. durch die Verbindung von Komödien- und Tragödienelementen.

Sozialgeschichtlicher Hintergrund

Das neue Genre entsteht in Reaktion auf englische Vorbilder um 1755 (1), hat seinen Höhepunkt zwischen 1770–1785 (2) und läuft im 19. Jahrhundert aus (3). (1) Als erstes Beispiel in der deutschen Dramatik gilt Lessings *Miß Sara Sampson* (1755) im Gefolge von George Lillos *The London Merchant* (1731, dt. 1752). In direkter Nachfolge entsteht *Lucie Woodvil* (1756) von Johann Gottlob Benjamin Pfeil, der auch die erste *Abhandlung vom bürgerlichen Trauerspiele* (1755) verfasst (Alt 1995, 210–222). Die erste Phase umkreist v. a. den sozialen Wertehorizont der Familie, erkennbar an den meist innerbürgerlichen bzw. halböffentlichen Schauplätzen wie dem Gasthof als Ort, an dem die verschiedenen Stände zufällig zusammentreffen können. Die höfische Welt ist nur diffuse Randbedingung (als Bedrohung) und gewinnt noch keine eigene Kontur.

Drei Phasen des Bürgerlichen Trauerspiels

(2) Ist das Themenarsenal in der ersten Phase weitgehend unpolitisch, spielt in Lessings *Emilia Galotti* bereits die Hofkritik und die Inhumanität des Adels eine Rolle. Seit 1770 wird also das Schema neu funktionalisiert. Das Genre reagiert auf Konflikte der Zeit und reflektiert diese in der dramatischen Darstellung: Lessing bereits verlegt den Schauplatz von der Bürgerstube an die Residenz bzw. ins Lustschloss des Prinzen und zeigt so die Gefährdung der privatmenschlich-empfindsamen Integrität durch den Hof. An diese Verschiebung knüpft Schillers *Kabale und Liebe* (1784) mit deutlichen Bezugnahmen auf *Emilia Galotti* an.

(3) Seit 1780 sinkt das Genre zur Modeerscheinung der rührenden ‚Familiengemälde' ab: 1798 werden ca. 230 Trauerspiele gezählt. Diese Trivialdramatik unterscheidet sich deutlich von ambitionierten Dramen. Auch in

Reaktion auf diese Entwicklung greifen Autoren wie Schiller und Goethe wieder auf hohe, mythologisch oder historisch beglaubigte (Exempel-)Figuren in ‚Haupt- und Staatsaktionen' zurück. Die hohe Tragödie um 1800 ist demnach auch eine Antwort auf die Trivialisierung des Bürgerlichen Trauerspiels in den Familiengemälden von Kotzebue und Iffland, die als Rührstücke in erster Linie bloß Effekt machen. Zugleich verstärkt sich die Tendenz, den traurigen Ausgang zu vermeiden, wie an Goethes ‚Schauspielen' zu erkennen ist. Das letzte Bürgerliche Trauerspiel, Hebbels *Maria Magdalena* (1844), betreibt dann auf der Basis der eigenen Tragödientheorie v. a. nur noch Kritik am engen (Klein-)Bürgertum.

Sturm und Drang

Im Prozess der Aufklärung, der die Genieästhetik um 1770 einschließt (Schmidt 1985), etablieren sich bis zum Sturm und Drang (1770–1780) verschiedene Formvarianten des Dramas: Neben den bisherigen Mustern spielt jetzt das ‚shakespearisierende Drama' als offenes Drama (und bei Lenz und Wagner auch als soziales Drama) eine maßgebende Rolle. Daneben verstärkt sich in dieser Phase die Tendenz zu dramatischen Literatursatiren; man denke an Lenz' *Pandämonium Germanicum* (entst. 1775), Goethes *Götter, Helden und Wieland* (1774) und *Jahrmarktsfest zu Plundersweilern* (1773) oder an eine Theatersatire wie Klingers *Prinz Seidenwurm der Reformator oder die Kronkompetenten* (1780) (Luserke 1997, 307–310). Diese satirische Linie setzt sich in der romantischen Komödie, so in Tiecks *Der gestiefelte Kater* (1797), auf spezifisch poetisierte Weise fort. Eine weitere Neuerung um 1770 ist das Monodrama bzw. Melodrama, eine szenische Kleinform (oft als Einpersonenstück), die wegen ihrer Musikbegleitung in der Nähe der Oper angesiedelt ist (Vöhler 2000).

Shakespeare-Rezeption

Im Sturm und Drang wird Shakespeare im Zeichen der Genieästhetik als Vorbild einer nicht-aristotelischen Dramentradition rezipiert. In Shakespeares Dramen manifestiere sich eine ungekünstelte Regellosigkeit als nationale Eigentümlichkeit der Engländer. Die ‚Ganzheit' dieser vermeintlichen Unordnung bildet der englische Landschaftsgarten ab, während das klassizistisch geregelte Drama dem geometrisch geordneten französischen Hofgarten entspricht. Shakespeare wird zudem als Kenner des menschlichen Herzens bewundert: Seine Dramen zeigen Charaktere bzw. ‚ganze Menschen' als Individuen.

Erst aber nach der Genieepoche, genauer seit den 1780er Jahren entdeckt man – vermittelt durch Wielands Übersetzungen – den ‚ganzen' Shakespeare, d. h. auch den Verfasser der Märchenkomödien, in denen das Wunderbare und die Musik im Drama eine besondere Rolle spielen. Für das Wunderbare im Drama steht *A Midsummer Night's Dream* mit der Darstellung des Elfenreichs (Oberon, Titania, Puck) samt Liebesverzauberung durch die rote Blume. Zu den späteren Stücken, die in diesem Zusammenhang beachtet werden, gehören *The Winter's Tale*, *The Tempest* oder *Cymbelin* (Bauer 1988).

3. Drama um 1800 – Klassik – Romantik

Traditionsverhalten im Drama um 1800

Seit Mitte des 18. Jahrhunderts bilden sich historisch neuartige Dramenvarianten wie das Bürgerliche Trauerspiel im Rückgriff auf bestehende Muster heraus. Um 1800 tragen die unterscheidbaren Dramenmodelle dann dezidiert ein spezifisches Traditionsverhalten aus: das Drama der Klassik im Rückgriff auf die Antike, das Drama der Romantik durch Anverwandlung der europäischen Dramatik (Calderón, Ben Jonson, Shakespeare, Gozzi, Goldoni). Traditionsverhalten bezeichnet den Sachverhalt, dass sich literarische Texte erkennbar ins Verhältnis zu Vorgaben der Vergangenheit setzen: Goethe revitalisiert die griechische Tragödie, indem er sich Euripides' *Iphigenie bei den Taurern*, vermittelt durch den französischen Klassizismus, anverwandelt. Im Vergleich zur antiken Vorlage verfolgt er mit *Iphigenie auf Tauris* aber eine anders gelagerte Intention, indem er die Idee der Humanität gegen die mythische Gewalt gestaltet. Spätestens seit 1770 setzt ein, was man als Historisierung des Denkens bezeichnen kann: Auch literarische Werke reflektieren nun ihre historische Differenz zwischen Vorbild und Aktualisierung. Anders gesagt wird eine Vorlage jetzt nicht mehr bloß nachgeahmt (wie noch etwa Seneca im Trauerspiel des Barock), sondern unter historisch veränderten Darstellungsimpulsen neuartig gestaltet. Die ‚verteufelt humane' *Iphigenie* Goethes zeigt dies besonders deutlich, denn der griechischen Antike sind Auffassungen von Humanität, die um 1800 zirkulieren, völlig fremd.

Literarische Traditionen werden damit nun ästhetisch verfügbar. Folgende Reaktionsmuster lassen sich unterscheiden: (1) Ein Autor kann eine Traditionsvorgabe nach aktuellen Bedürfnissen umgestalten, dabei aber bestimmte Formprinzipien bewahren: So verwendet Goethe in der *Iphigenie* den Blankvers als Äquivalent zum jambischen Trimeter in der griechischen Tragödie; zugleich hält er die Vorgaben des Dramas der geschlossenen Form nach französischem Muster ein. (2) Ein Autor kann Traditionsvorgaben komplett negieren, wie dies im Sturm und Drang durch Abkehr von der Regelpoetik im Zeichen der Genieästhetik der Fall ist. (3) Ein Autor kann schließlich verschiedene Modelle der europäischen Literaturgeschichte kombinieren. Dies ist die Spielart der Romantik, wenn Tieck im *Gestiefelten Kater* Spiel-im-Spiel-Varianten der europäischen Dramatik mit den dramatischen Literatursatiren des Sturm und Drang verschränkt und dies wiederum mit der in der deutschen Literatur neuartigen Möglichkeit verknüpft, eine Märchenvorlage in Prosa (von Perrault) nach dem Vorbild Gozzis zu dramatisieren. Ästhetische Innovationen werden folglich angestrebt, indem ganze Kunstwerke ihre Gesetze und Regeln nun selbst definieren. Setzte in der Genieästhetik der Autor die überkommenen Regeln durch Negation aller Traditionsvorgaben außer Kraft, entsteht mit der Autonomieästhetik die Möglichkeit, Kunstwerke nach eigenen, rein ästhetischen Gesichtspunkten zu organisieren.

Verfügbarkeit von Dramenmodellen

Vor dem Hintergrund dieser Veränderungen kann man das Drama um 1800 nach fünf Formtypen unterscheiden: Dem ‚hohen' Kunstdrama der Weimarer Klassik – als Schauspiel bei Goethe, als Tragödie bei Schiller jeweils ohne eigenständige Komödienproduktion – steht das romantische Drama gegenüber, das sich in die Literatur- und Spielkomödie (Tieck, Brentano, Eichendorff) und das romantische Universalschauspiel (Tieck, Arnim, Brentano) spaltet. Von diesen beiden komplementären Formvarianten unterscheiden sich die massenhaft produzierten Unterhaltungsstücke: Familiengemälde, Rührstücke und Ritterschauspiele (Birgfeld/Conter 2007). Im Rahmen

Formtypen des Dramas 1800

des Satirekriegs entstehen nach 1800 schließlich dramatische Satiren, die romantische Verfahren mit anti-romantischem Impuls parodieren (Scherer 2003, 401).

Schicksalsdrama

Den fünften Formtyp schließlich bildet das Schicksalsdrama aus, das als Modeerscheinung eine kurze Konjunktur um 1810/20 verbuchen kann. Es stellt ein Schauspiel dar, in dessen Zentrum die Aufdeckung schicksalhafter Verstrickungen der Figuren steht. Das berühmteste Beispiel ist Zacharias Werners *Der vierundzwanzigste Februar* (1815). Ein unbegriffenes Geschehen bzw. eine übermächtige Größe greift in das menschliche Handeln ein. Dieses Schicksal zieht sich durch mehrere Familiengenerationen hin und erfüllt sich periodisch an einem verhängnisvollen Tag, dem *dies fatalis*. Die oft einaktigen Stücke folgen einem stereotypen Handlungsschema, das auf ein schweres Vergehen in der Vergangenheit (Familienfluch, Verwandtenmord, Inzest) zurückgeht. Im Gegensatz zur antiken Tragödie und zum klassischen Drama sind die Figuren vollständig determiniert (Wogenstein 2003). Zu den weiteren Vertretern dieser Linie gehören Adolf Müllner (*Der 29. Februar*, 1812; *Die Schuld*, 1813), Ernst Houwald und Ernst Raupach, mit eigener literarischer Qualität Franz Grillparzers *Die Ahnfrau* (1817).

Drama der Weimarer Klassik

Der gewichtigste Unterschied des Dramas der Weimarer Klassik gegenüber den Vorgaben des 18. Jahrhunderts besteht darin, dass es als hohes Literaturdrama seinen Kunstcharakter ausstellt. Die dezidiert poetische Sprache will als Dichtkunst wirken. Es ist klassizistisch organisiert und orientiert sich am Vorbild der griechischen und französischen Tragödie. Der autonome ästhetische Schein dient der szenischen Darstellung idealer Freiheit (Neigung, Sittlichkeit) gegenüber der Notwendigkeit (Pflicht) im Gefolge der von Schiller formulierten klassischen Kunstlehre. Den poetisierenden Effekt des Blankverses bespricht Schiller im Brief an Goethe vom 24. November 1797: Die rhythmische Homogenisierung bei gewahrter Natürlichkeit ermögliche eine Transformation der dramatischen Rede in „rein Menschliches". Durch die metrische Bindung stellt sich darüber hinaus ein verändertes Verhältnis zur dramatischen Illusion ein: Die Prosa einer Figurenrede sei gut „für den gewöhnlichen Hausverstand", der Vers aber „fodert schlechterdings Beziehungen auf die Einbildungskraft" (Goethe/Schiller 1977, 497).

Das Drama der Klassik beginnt daher durch Umwandlung vorliegender Prosafassungen in Versdramen mit Goethes *Iphigenie auf Tauris* (1. Fassung 1779) nach der Italienischen Reise 1786. Ähnlich verhält es sich mit Schillers *Don Carlos* (1787). Weitere Beispiele sind Goethes *Torquato Tasso* (1790) und *Die natürliche Tochter* (1804). Schiller verfasst in diesem idealistischen Rahmen, der das Drama im 19. Jahrhundert beherrschen wird, die Tragödien *Wallenstein* (1800), *Maria Stuart* (1801) und *Die Jungfrau von Orleans* mit dem bemerkenswerten Untertitel *Eine romantische Tragödie* (1802), schließlich *Die Braut von Messina* (1803) mit Chören im Rekurs auf die antike Tragödie. An der Grenze zum frührealistischen Geschichtsdrama steht *Wilhelm Tell* (1804) (Stockinger 2000a).

Romantik vs. Klassik

Auch die Romantik basiert, wenn auch mit anderen Impulsen, auf den Grundlagen der Autonomieästhetik. Im Unterschied zur Klassik geht es ihr um eine arabeske Poesie des Wunderbaren. Zentrale Kennzeichen sind die Gattungsmischung und Formen der Selbstreflexion, die in der romantischen Ironie als Modus der permanenten Selbstrelativierung und schwebenden

Vereinigung aller Gegensätze zur höheren Ganzheit der ‚Einen Poesie' ausgetragen werden (Tieck 1803, If.). Der Gattungsreinheit in der Klassik steht die mischende Poetisierung aller Gattungen in einer ‚progressiven Universalpoesie' gegenüber (F. Schlegel). Der klassischen ‚Simplicität' (Einfachheit, Natürlichkeit, Maß, Homogenität der Form) kontrastiert eine arabeske Komplexität: Das Chaos, der Traum, die Phantasie und das Wunderbare stellen sich hier in gleichsam potenzierter Poetizität dar. In der Romantik werden daher (lebens-)pragmatische Zweckbindungen vollends verabschiedet. Selbst die Klassik ist ja soweit noch an der anthropologischen Selbstvergewisserung des Menschlichen interessiert, genauer an Identitätsstiftung durch ‚Individualität' und ‚Bildung' im idealen Zustand der ‚Gemütsfreiheit'. Die Romantik hingegen interessiert sich für die Erweiterung der menschlichen Wahrnehmung, wie man sie im Traum und in der produktiven Einbildungskraft erahnt. Man hat die Romantik daher zu Recht als *Ungenügen an der Normalität* charakterisiert (Pikulik).

Im Bereich der Komödie unterscheidet Japp (1999) die parabatische Literaturkomödie von der illudierenden Spielkomödie. Tiecks *Der gestiefelte Kater* bildet die erste Variante aus, indem sich das Spiel im Spiel mit literatursatirischen Invektiven gegen die Politik und den zeitgenössischen Literaturbetrieb verbindet. Die parabatische Komödie organisiert ihr potenziertes Spiel im Spiel folglich als poetische Satire. Neben weiteren Komödien Tiecks wie *Die Verkehrte Welt* (1798) gehören zu dieser Linie Brentanos *Gustav Wasa* (1800), Eichendorffs *Krieg den Philistern!* (1824) und *Meierbeth's Glück und Ende* (1828).

Romantische Komödie

Brentanos *Ponce de Leon* (1804) repräsentiert den zweiten Typus, der ohne die satirischen Impulse der Verlachkomödie und ohne die Bitterkeit der Satire auskommt. Die illudierende Spielkomödie (von lat. *illudo*: täuschen, mit etwas spielen), zu der Eichendorffs *Die Freier* (1833) gehört, verschreibt sich als poetisch gesteigerte Form der Intrigenkomödie dem Zweck, ‚schöne Freude' (F. Schlegel) herbeizuführen. Auch hier werden europäische Dramenmodelle ineinander geblendet: die ‚italienischen' Verwechslungs- und Verwirrkomödien Shakespeares nach dem romanesken Schema (*As you like it*), die *comedias* von Lope de Vega und Calderón (*La dama duende/Die Dame Kobold*, 1636) und das Stegreif- und Maskenspiel der *commedia dell'arte* in der Anverwandlung durch die Fiabe Gozzis. Zusammengehalten wird diese Verschränkung durch die von Shakespeare entwickelte Literarisierung der Figurenrede mittels Wortspielen (*puns*), die Brentano noch erheblich steigert. Brentanos Stück gehört auch in diesem Zusammenhang zu den wichtigsten Vorlagen für Büchners *Leonce und Lena*.

In der Romantik gibt es im strikten Sinne keine Tragödien, weil auch in den ersten Varianten die schöne Freiheit der ‚Einen Poesie' in der Vielfalt ihrer Phänomene interessiert. Schon das Mischungspostulat bedingt ja, dass die Unterschiede zwischen Komödie und Tragödie keine Rolle spielen. Figuren sind hier in erster Linie poetische Figuren, in der ernsten Variante zudem vorab erlöst durch poetische Religiosität. Das panoramatische Universalschauspiel zielt darauf ab, eine poetische Totalität durch hybride Mischungen in größtmöglicher Mannigfaltigkeit der Formen, Themen und Figuren zu präsentieren. Begründet durch Tiecks *Leben und Tod der heiligen Genoveva* (1799), wird dieserart Darstellung in Tiecks *Kaiser Octavianus* (1804) zum

Romantisches Universalschauspiel

Höhepunkt der Frühromantik gesteigert, gefolgt dann von Dramen Arnims: Während *Halle und Jerusalem* (1811) soweit noch als Drama einzustufen ist, kann man dies für entgrenzte Hybridtexte wie *Ariels Offenbarungen* (1804) oder *Päpstin Johanna* kaum mehr behaupten, wiewohl auch sie noch mit Verfahrenselementen des Dramas arbeiten (Scherer 2003, 471–494).

Singuläre Dramatik nach 1800: Kleist

Keiner der beiden Linien zuzuordnen sind die Dramen von Heinrich von Kleist: Die Tragödie *Penthesilea* (1808), eine reine Szenenfolge mit zerrütteten Blankversen, ist weder klassisch noch romantisch. Ähnliches gilt für das ‚große historische Ritterschauspiel' *Das Käthchen von Heilbronn oder Die Feuerprobe* (1810). Mit dem Mittelalterbezug und dem Wunderbaren im zweiten Teil des Titels bringt das Stück zwar romantische Elemente ins Spiel. Es ist damit aber nicht mehr auf das romantische Universalschauspiel zurückzuführen. Als Analytische Komödie funktioniert *Der zerbrochne Krug* (1808) nach dem Vorbild *König Ödipus* von Sophokles: Auch hier liegt der Konflikt voraus, der in der Komödienhandlung enthüllt wird. Dorfrichter Adam muss als Richter seinen eigenen Fall (vom zerbrochnen Krug) verhandeln. Im Unterschied zu Ödipus, der das Verbrechen aufklären will und sich so auf tragische Weise in die eigene Schuld verstrickt, betreibt Adam das gegenläufige Spiel der Verschleierung aller Tatbestände durch Erfindung immer neuer Entlastungsgründe. Daraus ergibt sich ein komischer Kontrast von analytischer Bauform und täuschendem Spiel, das den Mitspielern im Gericht vermeintliche Integrität vorspielt. Adam ist dabei durchaus tragisch, wenngleich sein Handeln nicht in die völlige Katastrophe mündet. *Amphitryon* (1807) schließlich ist eine singuläre Tragikomödie der Erkenntnis, die im Rückgriff auf Plautus' und Molières gleichnamige Komödien die Frage nach der Wahrheit und Identität einer Person im Rollenspiel auf geradezu erkenntnistheoretischem Niveau verhandelt.

Trivial- bzw. Unterhaltungsdramatik um 1800

Mit dem Trivial- bzw. Unterhaltungsstück um 1800 (August von Kotzebue, August Wilhelm Iffland) kommt eine ‚populäre' Effektdramatik im Zeichen der skizzierten Emotionalisierung zum Zuge. Diese massenhaft produzierten Stücke sprechen ein breites Publikum an, indem sie bürgerliche Wertvorstellungen in Familiendramen verhandeln. Der aufklärerische Nutzen orientiert sich am Bürgerlichen Trauerspiel, wenngleich die Darstellung in erster Linie nur noch rührend und unterhaltend sein will. Vor diesem Hintergrund wird die Frage nach der Popularität selbst virulent. Nach Bürgers Vorrede zur Ausgabe seiner Gedichte (1778/89) und Schillers berühmter Replik (1791) verstärkt sich seit 1800 die Aufmerksamkeit auf eine Literatur, die nun ein (Massen-)Publikum jenseits des primären Bildungsanspruchs ansteuert (Hügel 2003). Im Drama treten in dieser Entwicklung im 19. Jahrhundert neue Formen des Unterhaltungstheaters hervor: die Posse im Wiener Volkstheater mit ihrem Hauptvertreter Nestroy, daneben die Operette, das Boulevardstück und schließlich die Konversationskomödie.

4. 19. Jahrhundert – Geschichtsdrama

Geschichtsdrama

Das Geschichtsdrama, meist synonym zum Historischen Drama diskutiert (Müller-Salget 2000, 56), greift einen durch Quellen dokumentierten Stoff auf. Sein Sujet sind demnach historisch belegte Ereignisse, ausgeführt an historischen Gestalten auch in Form ganzer Lebensläufe im Gefolge der ‚Historien' Shakespeares. Die dramatische Bearbeitung ist entweder eng oder durchaus frei an der historischen Überlieferung orientiert, dabei an Fragestellungen der eigenen Zeit oder eher historiographisch interessiert. An Zeitumbrüchen wird etwas Allgemeines sichtbar gemacht, u. a. die Idee der Nation, gespiegelt an bedeutenden Figuren der Geschichte. Entweder geht es um die Darstellung einer vorbildlichen Vergangenheit oder um die Spiegelung aktueller Verhältnisse im vergangenen Stoff mit dem Ziel, die eigene Gegenwart zu problematisieren. Entweder ist die Dramatisierung der Geschichte deutend angelegt oder eher so, dass sich der Dramatiker als zweiter Geschichtsschreiber versteht und die Anschaulichkeit der Bühne nutzt, um in szenischer Form zu zeigen, „wie es eigentlich gewesen ist" (Leopold von Ranke).

Die poetologischen Grundlagen des neuen Genres gehen auf die Unterscheidung zwischen Dichtung und Geschichtsschreibung bei Aristoteles zurück (Aristoteles 1982, Kap. 9, 29). Diese funktionale Trennung ändert sich mit der Entstehung des historischen Denkens um 1770: Dichtung und Historiographie treten jetzt in Idealkonkurrenz zueinander. In der szenischen Präsentation eines historischen Stoffs versteht sich der Dramatiker sogar als der bessere Geschichtsschreiber, weil er komplexe Zusammenhänge plastisch vor Augen stellen kann: Auf der Bühne wird das historische Ereignis anschaulich, durch die Reduktion auf das dramatische Maß zudem überschaubar gemacht. Die sinnlich-affektiven Mittel erlauben es dem Geschichtsdrama, auf emotionale Weise politische Funktionen zu übernehmen, indem es der nationalen Gemeinschaftsbildung dient.

Dichtung vs. Historiographie

Schlussfolgerungen für die Struktur der dramatischen Darstellung liegen auf der Hand: Einerseits muss die Vielfalt der historischen Zusammenhänge für die wahrheitsgetreue Darstellung auf ein überschaubares Maß reduziert werden. Andererseits kann diese Vielfalt sehr wohl multiperspektivisch präsent gehalten werden. Aus diesem Grund verschiebt sich die Darstellung von der geschlossenen Handlungsdramatik hin zu einer offenen Mosaiktechnik. Eine bestimmte Voraussetzung bilden die romantischen Universaldramen Tiecks und Arnims: Sie betreffen die Stofffülle, den epischen Umfang und die panoramatische Breite. Geschichtsdramen richten ihren Stoff dagegen aber auf das bühnenfähige Maß im Gefolge Schillers zu, wenn sie die Mosaiktechnik der Vorläufer wahren.

Geht man vom engeren Verständnis im Unterschied zu einer weiter gefassten Auffassung aus (vgl. Niefanger 2005), so wird das Genre nach Goethes Begründung im *Götz von Berlichingen* (1773) von Schiller in der idealistischen Variante fortgesetzt. Genannt seien *Wallenstein* (1800), *Maria Stuart* (1801), *Die Jungfrau von Orleans* (1802) und *Wilhelm Tell* (1840). Von Kleist können *Die Herrmannschlacht* (1808) und *Prinz von Homburg* (1810) dem Geschichtsdrama zugerechnet werden, in der romantischen Variante Stücke von Arnim, Brentano oder Eichendorffs *Ezelin von Romano* (Scherer 2000). Im 19. Jahrhundert steigt es neben dem Historischen Roman auch in Form des ‚Vaterländischen Schauspiels' (Gut-Sembill 2003) zu einem bevorzugten Genre auf. Als politisches Drama mit nationalem Themenbezug übernimmt es ideologische Funktionen, so in den Hohenstaufen-Dramen der 1820er Jahre im Gefolge von Friedrich von Raumers *Geschichte der Hohenstaufen*

Überblick

und ihrer Zeit (1823–25) wie Immermanns *Kaiser Friedrich II.* (1828) oder zahlreiche Dramen Fouqués (Stockinger 2000b).

Realismus und Drama

Wenn das Geschichtsdrama historische Stoffe in szenischer Form verarbeitet, zielt es auf eine wahrheitsgetreue Wiedergabe. Damit wird die Frage nach dem realistischen Drama virulent, insofern die historischen Figuren nicht mehr idealisiert werden wie noch in den Geschichtsdramen der Klassik. Genau dieser Anspruch motiviert Büchners Polemik gegen Schiller im Brief an die Familie vom 28. Juli 1835. Im realistischen Geschichtsdrama werden Figuren so gezeigt, dass man sie sich im Kontext der historischen Ereignisse als reale Existenzen in ihrer Widersprüchlichkeit vorstellen kann. Das Drama versteht sich daher als Schule der Wirklichkeit durch Ausbildung eines realistischen Sinns, der wiederum Voraussetzungen für politisches Handeln liefert: sei es in der Verwirklichung einer sozialen Revolution, sei es im Verfolgen der nationalen Aufgabe in den ‚vaterländischen Schauspielen'.

Ab 1830 sind Immermann (*Das Trauerspiel in Tyrol*, 1828), Büchner, Grabbe, Hebbel und Grillparzer die wichtigsten Dramatiker in der Tendenz zur einer realistischen Darstellung, ohne dass man im strikten Sinn von einer realistischen Dramatik nach Maßstäben des Poetischen Realismus sprechen kann, zumal die idealistischen Dramen Schillers im 19. Jahrhundert noch lange Zeit vorbildhaft wirken. Das Verhältnis von Realismus und Drama, das an Hebbels *Maria Magdalena* (1844) oder Otto Ludwigs *Der Erbförster* (1858) diskutiert worden ist, bleibt nicht zuletzt vor dem Hintergrund der zeitgenössischen Hochschätzung der geschlossenen Tragödie ambivalent. Entsprechend ist auch Hebbels Position „realistisch und antirealistisch zugleich" (Vogel 2007, 175). Den wichtigsten Grund für die Abkehr vom idealistischen Drama der Weimarer Klassik erfasst Heines Wort vom ‚Ende der Kunstperiode': Im Vormärz und im Biedermeier (1830–1850) stellt die Literatur von der Systemreferenz in der Autonomieästhetik auf Umweltreferenz um, indem sie ihre Aufmerksamkeit auf konkrete soziale und politische Verhältnisse lenkt. Faktoren sind die Industrialisierung, das Bevölkerungswachstum, die Verelendung der Massen und die Entstehung der sozialen Frage. Eine besondere Rolle spielen technische Entwicklungen, etwa in Form der Fernkommunikation durch den Telegraphen, der schon in Grabbes *Napoleon oder die hundert Tage* (1831) Konsequenzen für die Handlung hat, weiterhin die neue Massenpresse und neue Erfahrungen mit der Beschleunigung (Eisenbahn). Den rasanten Veränderungen steht die politische Restauration der Zeit und eine biedermeierliche Sehnsucht nach Ruhe gegenüber, die den Rückzug ins Private als Schutzraum gegenüber den äußeren Zumutungen zur Folge hat.

Diese Entwicklungen bilden den Hintergrund für den Einsatz realistischer Darstellungstechniken auch im Drama. Dabei bilden Büchner und Grabbe den extremen Gegenpol zur Klassik, wenn sie sich dem aktuellen oder jüngst zurückliegenden Zeitgeschehen zuwenden. Individualität, Humanität und Aufklärung stehen jetzt im Konflikt zu den Verhältnissen der eigenen Zeit, die an weltgeschichtlichen Umbruchssituationen gespiegelt werden: an der Französischen Revolution bei Büchner, am Krieg Preußens und England gegen Napoleon als Eroberer Europas bei Grabbe. Zugleich ist diese Geschichtsdramatik aber auch als Reaktion auf die Politisierung des Lebens seit den Befreiungskriegen, aktuell als Antwort auf die revolutionären Bewegungen um 1830 zu verstehen. Auch daraus speist sich der antiidealistische Affekt, der sich bei Büchner in den ‚Kunstgesprächen' sowohl in der *Lenz*-Novelle als auch in *Danton's Tod* v. a. gegen Schiller äußert.

Realistische Dramen vermehren und differenzieren ihr Personal. Sie lösen hierarchische und symmetrische Figurenkonstellationen zur Darstellung einer unübersichtlichen Realität auf. Es gibt hier keine eindeutigen Konfliktlinien mehr, denn die Figuren sind determiniert durch ein Bündel aus widersprüchlichen Faktoren im gesellschaftlichen Zusammenhang. Die Einzelfigur verliert als Handlungsträger an Bedeutung, denn sie sieht sich dem „gräßlichen Fatalismus der Geschichte" ausgeliefert (Büchner 1988, 288). Büchner und Grabbe steigern das offene Drama in der Traditionslinie von Lenz ins parataktische Nebeneinander disparat organisierter Szenen, um ein komplexes Panorama gesellschaftlicher und privater Zustände zu präsentieren. Diese Mosaiktechnik übernehmen sie von den Universalschauspielen der Romantik, auch wenn sie die Figurenrede nicht mehr auf deren Weise poetisieren. Der zynisch-sarkastische Sprachwitz ihrer Prosa zeigt vielmehr nur noch den „Schandflitter der Oberfläche" (Grabbe 1963, 399). Die neue Ästhetik des ‚Nebeneinander' (Gutzkow) manifestiert sich in einer bislang unbekannten Diskontinuität und Pluralität der Elemente, z. B. in Promenadenszenen mit der weiter aufgewerteten Rolle des Volks als *dramatis personae*. Realistische Dramatik schließt eine spezifische Literarizität nicht aus. Selbst bei Büchner und Grabbe ist der poetische Anspruch nicht zu verkennen, vergleicht man ihre Darstellung mit dem naturalistischen Drama.

Darstellungsformen des realistischen Dramas

Im Drama des 19. Jahrhunderts setzt sich das erläuterte Traditionsverhalten in einer spezifischen Spannung fort: zwischen einer idealisierenden Darstellungsform im Gefolge Schillers auf der einen, einer realistischen Option auf der anderen Seite, die an das soziale Drama des Sturm und Drang und des Vormärz etwa in Büchners *Woyzeck* (entst. 1836/37) anknüpft (Elm 2004). Vor dem Hintergrund der programmatischen Debatten über den Poetischen Realismus greift Mitte des 19. Jahrhunderts auch im Drama die Idee des Ausgleichs, der Synthese von Gegenwärtigkeit, Zeitbezug und Ordnungsidee in der szenischen Verbindung von Idealismus und Realismus Platz. Das Menschenbild der Klassik, ihre Idee der Schönheit und der geschlossen-harmonischen Form soll mit der offen perspektivischen Struktur vermittelt werden, die von Büchner und Grabbe im Zeichen des Zeitgemäßen entwickelt wurde.

Zwischen klassizistischem und realistischem Drama

Diese Verschränkung ist an den Dramen Hebbels und Grillparzers zu beobachten (Kafitz 1982, 167–234). Beide orientieren sich an Goethe und Schiller. Beim Österreicher Grillparzer kommt die Idee der höheren Weltordnung im Rekurs auf das barocke Welttheater hinzu (*Der Traum ein Leben*, 1834). Dieser Anbindung entspricht die Rückkehr zur geschlossenen Form, zu einer poetischen Sprache in Blankversen und zum symbolischen Denken, wie es die Goethezeit prägt: Das konkrete Detail der Darstellung verweist auf das höhere Allgemeine und dient so der poetischen Sinnstiftung. Im Unterschied zum romantischen Drama beachten Hebbel und Grillparzer die Aufführbarkeit ihrer Stücke. Plastische Bildqualität und theatrale Anschaulichkeit der Szenen haben Vorrang vor der Poesie. Darin sind auch Unterschiede zur Klassik zu sehen, die stärker auf das Wortkunstwerk setzt. Entscheidend ist der realistische Akzent gegenüber der spezifisch abstrakten Idealisierung im klassischen Drama. Darauf macht die soziale Determination in Hebbels *Maria Magdalena* (1844) ebenso aufmerksam wie die historische Verortung von Grillparzers *Ein Bruderzwist in Habsburg* (beendet 1848, UA 1872) im Ereignishorizont des 30-jährigen Kriegs.

Die im Vergleich zur Klassik sehr viel gemischteren Verhältnisse dieser Dramatik zeigen sich in der Figurenrede, die von Stück zu Stück zwischen Blankvers oder Prosa wechselt: Hebbels *Herodes und Marianne* (1850) und *Genoveva* (1843) setzen auf den Blankvers, *Maria Magdalena* (1844) und *Agnes Bernauer* (1855) dagegen auf Prosa. Die Dramen Grillparzers sind durchgängig gebunden, sogar seine Komödie *Weh dem, der lügt!* (1840). Zwar neigen die Dramen Hebbels und Grillparzers zur offenen Form, zumal diese für eine realistische Darstellung eben unabweisbar ist. Diese spezifische Offenheit zeigt sich aber weniger an der äußeren als an der inneren Organisation. Bedingt durch die Vereinzelung der Figuren, die im unlösbaren Konflikt mit dem Allgemeinen (die höhere Idee, die staatliche Ordnung) stehen, gelingt der Ausgleich nicht mehr so, wie er bei Goethe noch möglich erscheint. Insofern werden die Versuche, Idealismus und Realismus miteinander zu versöhnen, im Laufe des 19. Jahrhunderts zunehmend als unlösbarer Zwiespalt, als Zerrissenheit, Melancholie und als Weltschmerz empfunden.

Tragödie im 19. Jahrhundert

Grillparzers *Die Ahnfrau* (1817) steht noch in der Tradition der Schicksalstragödie mit romantischen Elementen, erkennbar an vierhebigen Trochäen und Liedeinlagen (als Gesang und im Chor) wie an der Rolle des Wunderbaren in Geistererscheinungen. Dennoch ist bereits Grillparzers Erstling klassizistisch organisiert. Büchners *Woyzeck* (entst. 1836/37), das sozialkritische Drama des Paupers, besteht dagegen nur noch aus einer offenen Szenenfolge. Von hier aus weist die Linie zur Milieudramatik im Naturalismus, zumal Büchner von Hauptmann wiederentdeckt wurde. Bereits an Büchners Drama stellt sich die Frage, ob man es überhaupt noch mit einer Tragödie zu tun hat. Spätestens für das naturalistische Drama lässt sich bezweifeln, ob die Determination durch Milieu und genetische Faktoren noch als tragisch zu qualifizieren ist: Letztlich können hier die Figuren im Sinne der aristotelischen *harmatía* keine Fehler mehr machen.

Grillparzers *Ein Bruderzwist in Habsburg* gestaltet dagegen noch einmal die Tragik der politischen Verantwortung: Moralische Bedenken führen zur Passivität und Melancholie des Habsburger Kaisers Rudolf II. Seine Handlungslähmung gefährdet die staatliche Ordnung. Er stirbt, nachdem er gefangen genommen wird, so dass sein Bruder Mathias die Macht übernehmen kann. Hebbels *Maria Magdalena* (1844) ist das letzte Bürgerliche Trauerspiel. Eine Basis bildet jetzt Hegels Tragödientheorie, indem es die Kollision des Einzelnen mit der universalen tragischen Schuld, den unlösbaren Konflikt des Individuums mit dem Weltwillen im Zeichen der „Schande" (I/7, II/1, III/2) gestaltet. Der Konflikt findet bei Hebbel nicht mehr zwischen den Ständen, sondern in der kleinbürgerlichen Enge des Tischlermeisters Anton statt, so dass sich auch in Hebbels Stück der Übergang zum sozialen Drama ankündigt. Sein späteres Drama *Agnes Bernauer* (1855) dagegen ist eine Tragödie der Schönheit aus dem Konflikt zwischen Liebe und Politik, zwischen der Badertochter Agnes und dem Herzogssohn Albrecht. Es geht hier wieder um das Staatsinteresse in einer feudalen Ordnung, genauer um die Verteidigung dieser Ordnung gegen die Gefährdung durch Schönheit und Liebe. Realistisch angelegt ist das Stück wiederum durch die Prosa der Figurenrede in einem szenischen Panorama der Stände um 1420/1430: Hebbel zeigt alle relevanten Gesellschaftsbereiche zwischen Adel, Bürger und Volk. Das historische Zeitbild tendiert daher bereits zur deskriptiven Episierung und sozialen Ausdifferenzierung der Figuren. Um ein Geschichtsdrama handelt es sich aber insofern nicht mehr, als Hebbel einen tragischen Konflikt in der Umbruchssituation im 15. Jahrhundert konstruiert, so dass der sozialhistorische Index vom Interesse an der hohen Tragödie überlagert wird.

Im Feld der Komödie sind an erster Stelle Büchners *Leonce und Lena* (entst. 1835) und Grabbes *Scherz, Satire, Ironie und tiefere Bedeutung* (entst. 1827) zu nennen. Beide Stücke stehen in der Tradition der romantischen Komödie: der illudierenden Spielkomödie Brentanos bei Büchner kraft ihrer Sprach- und Automatenkomik, der parabatischen Literatursatire Tiecks bei Grabbe. Im Vergleich dazu fallen aber beide Stücke in ihrer politisch-satirischen Zeit-, Gesellschafts- und Philosophiekritik sehr viel sarkastischer, in ihrer Kritik am Idealismus zudem auch ziemlich illusionslos aus. Bei Grabbe herrscht die groteske und zynische Attacke auf die zeitgenössische Literatur und ihre Vorbilder vor. Er kritisiert die Kultur des Biedermeier und die Niedrigkeiten der Menschen, während Büchners Kritik in ihrem Wortwitz wie schon in *Danton's Tod* (1835) spielerischer und sprachvirtuoser angelegt ist.

Eine spezifische Neuerung liefert die Komödie in Österreich, so in Ferdinand Raimunds opernhaftem Zauberspiel *Der Alpenkönig und der Menschenfeind* (1837) in Bezug auf das Wiener Volkstheater und die romantische Komödie. Die Heilung des Misanthropen Rappelkopf erfolgt durch Selbsterkenntnis. Romantische Verfahren wie Gesangseinlagen, wunderbare Szenen (Feen, Geister, Zauberapparat), präsentiert in metrischer Vielfalt, unterliegen daher einem aufklärerischen Impuls, wenn das Stück zur Weisheit und Selbstzufriedenheit überreden will. Auch in Grillparzers Komödie *Weh dem, der lügt!* (1840) läuft die philosophische Überredungsabsicht auf Lebensweisheit im Geist des Katholizismus hinaus. Nestroys *Einen Jux will er sich machen* (1844) dagegen lebt in erster Linie von der Situationskomik in einer durch und durch theatralen Handlung. Ihre Verwirrung aller personalen Identitäten unterscheidet sich von ähnlichen Turbulenzen in der romantischen Komödie, denn ihr Klamauk und ihre schöne Lustigkeit gehen hier tatsächlich auf konkrete Situationen zurück, wenn hier jeder jeden mit einem anderen verwechselt. Die Kollisionen entstehen vorwiegend aus einer Sprachkomik, die auf Doppeldeutigkeiten durch Wörtlichnehmen der Rede basiert. Ein Spezifikum Nestroys sind die Couplets: Gesangseinlagen, die nicht im Dramentext festgeschrieben sind, sondern situativ aktualisiert werden, um die Zensur zu umgehen und auf ebenso spontane wie unkontrollierbare Weise politische Zeitkritik zu üben.

Die um 1800 einsetzende Tendenz zum massenhaft produzierten Unterhaltungstheater verstärkt sich in der 2. Hälfte des 19. Jahrhunderts. Die kanonischen Autoren des Realismus schreiben keine Dramen mehr, so dass sich diese Produktion auf zweitrangige Schriftsteller wie Paul Heyse oder Gustav Freytag verlagert. Dieser Befund ist bemerkenswert, weil das Drama in der ästhetischen Theorie der Zeit im Gefolge Hegels noch als die höchste Stufe

Komödie im 19. Jahrhundert

Erfolgsdramatik in der 2. Hälfte des 19. Jahrhunderts

der Dichtkunst angesehen wird. Der erfolgreichste Dramatiker um 1870 ist der heute völlig unbekannte Albert Emil Brachvogel mit seinem Stück *Narziß* (1856) (Kafitz 1982, 256–262). Eine weitere Neuerung findet im Bereich des Musiktheaters statt. Neben den kanonischen Opern des 19. Jahrhunderts spielt die besondere Variante des Dramas mit Musik als Gesamtkunstwerk, vertreten durch die Musikdramen Richard Wagners, eine herausragende Rolle – auch insofern, als es über Nietzsche in die Moderne hinein wirkt.

5. Moderne

Krise des Dramas um 1900

Um 1900 werden alle bisherigen Formvorgaben der dramatischen Rede endgültig fragwürdig. Der Krise der Realität als einer stabilen Größe gehen Diskussionen über die Erkennbarkeit der Welt durch Sprache einher. Diese Befunde strahlen auf die Krise des Subjekts als einer mit sich identischen Größe aus. Dokumente der Sprachskepsis sind Nietzsches Abhandlung *Über Wahrheit und Lüge im außermoralischen Sinn* (1873) und Hofmannsthals *Brief des Lord Chandos* (1902). Die Fragwürdigkeit der Identität schlägt sich in Ernst Machs Formel „Das Ich ist unrettbar" nieder. Freuds *Traumdeutung* (1900) wird schließlich befinden, dass das Ich nicht Herr in seinem Haus ist, sondern gespalten zwischen ‚Ich', ‚Es' und ‚Über-Ich'.

Entliterarisierung

Auf diese Umbrüche reagiert das Drama der Moderne mit bestimmten ‚Lösungsversuchen' (Szondi 1963, 105). Dazu gehört u. a. die Entliterarisierung des Dramas, weil sich spätestens seit der Avantgarde die Aufmerksamkeit auf das Theatralische verschiebt. Zwar bestimmte die Intention auf die Aufführung seit jeher die Strukturvorgaben dramatischer Werke. Die Umsetzung auf der Bühne interessierte den Dramatiker bis weit in das 19. Jahrhundert aber nur bedingt, weil er sich in erster Linie als Dichter eines Sprachkunstwerks verstand. Auch dies ändert sich mit der Sprachskepsis der Jahrhundertwende, soweit man der Sprache nicht mehr zutraut, äußere und innere Verhältnisse artikulieren zu können. Seit der Jahrhundertwende erregen daher die nicht sprachlichen Künste das Interesse: der Tanz, die Musik, die Pantomime und weitere Varianten des Theatralischen wie der Zirkus. Andere Faktoren sind neue Medien wie der Film und dessen Montagetechniken, die in den 1920er Jahren die Form des Dramas verändern.

Jahrhundertwende

Die Situation um 1900 ist gekennzeichnet vom Stilpluralismus innerhalb der Opposition Naturalismus vs. Ästhetizismus. Etabliert sich der Naturalismus als Abgrenzungsbegriff vom Realismus, dient der Ästhetizismus als Sammelbegriff für die diversen anti-naturalistische Strömungen. Naturalismus und Ästhetizismus bilden zusammen die erste Phase der Frühen Moderne (1890–1910). Das von der (bürgerlichen) Ordnung Abweichende (soziale und psychopathologische Verhältnisse, Wahnsinn, Sexualität) wird jetzt nicht mehr ausgegrenzt, sondern ohne moralische Verurteilung und ohne ‚Verklärung' dargestellt. Die literarische Moderne unterstellt sich also nicht mehr der Ordnungsstiftung durch Poesie, sondern sie problematisiert gesellschaftliche Zustände, komplizierte Psycholagen und Isolationserfahrungen in einer von Technik beherrschten Welt. Im Prozess der Psychologisierung bei Ibsen, Schnitzler, Strindberg und Tschechow verliert die Handlung weiter an Bedeutung. Die überkommene dramatische Form zerfällt, insofern intentionales Handeln zusehends unmöglich erscheint, wenn das Individuum durch Innenverhältnisse (das Unbewusste, den Traum) oder durch äußere soziale Umstände im Naturalismus determiniert wird.

Das soziale Drama des Naturalismus basiert auf der materialistischen Grundeinstellung seiner Zeit, u.a. auf der Milieutheorie Hippolyte Taines (‚race', ‚milieu', ‚moment'/Rasse, Milieu, Epoche). Ethnisch-erbbiologische, soziale und historische Umstände werden jetzt als Erfahrungstatsache gedeutet (Auguste Comte). Die Theorie der Vererbung erkennt in der Determination durch die Umwelt ein wissenschaftliches Gesetz. Das soziale Drama des Naturalismus bestätigt entsprechend die Gültigkeit der Milieutheorie auf der Grundlage natur- und sozialwissenschaftlicher Einsichten. Das Drama als Hauptgattung des Naturalismus kann diese Weltanschauung unmittelbar demonstrieren, wie auch immer die epische Vermittlung durch erzählende Nebentexte und erzählende Figuren vordringt. Das Drama wird so zu einer Art ‚Studie', zu einem wissenschaftlichen Experiment in szenischer Form, dem der Zuschauer zur Bestätigung der vorab gewissen Einsicht beiwohnen kann.

Naturalismus

Merkmale des naturalistischen Dramas wie der ‚Sekundenstil' und die phonographische Methode, geprägt durch die ‚Nervosität' einer Metropole, sind in *Die Familie Selicke. Drama in drei Aufzügen* (1890) von Arno Holz/ Johannes Schlaf zu beobachten. Der wichtigste naturalistische Dramatiker ist Gerhart Hauptmann mit Stücken wie *Vor Sonnenaufgang* (1889), *Die Weber* (1892) und *Der Biberpelz* (1893). Das vieraktige Stück *Und Pippa tanzt! Ein Glashüttenmärchen* (1906) verweist aber auch auf Tendenzen der Verinnerung durch mystische bzw. märchenhafte Elemente wie die mythische Figur Wann, damit auf die Nähe zur Neuromantik, die in Hauptmanns Dramen seit *Hanneles Himmelfahrt. Traumdichtung* (1893) bemerkbar wird. Seit der Weimarer Republik neigt Hauptmann bis zur finalen *Atriden-Tetralogie* (1941–1948) dazu, zum Blankvers im Zeichen einer klassizistischen Bändigung zurückzukehren. Die Komödie selbst spielt im Naturalismus nur eine untergeordnete Rolle (Schulz 2007, 73). Neben Hauptmanns *Der Biberpelz* wäre die grotesk-satirische Literaturkomödie *Die Sozialaristokraten* (1896) von Arno Holz zu nennen.

Die ästhetizistische Variante wird zur Jahrhundertwende vom Lyrischen Drama des *Fin de Siècle* repräsentiert. Hofmannsthals *Gestern. Dramatische Studie in einem Akt in Versen* (1891) nähert sich der Lyrik, weil sich hier die subjektive Aussprache des Ästheten Andrea über seine Auffassung von Zeit verselbständigt. Die Figurenrede ist durch meist fünfhebige, paargereimte Jamben auch stilistisch angehoben. Der Wohlklang der Sprache spiegelt den Schönheitskult der Renaissance, in der das Stück spielt. Die Szenenfolge in einem Akt dient der Darstellung einer Moral: der Fragwürdigkeit einer rein ästhetischen Existenz, die in der bloßen Gegenwart intensiver Augenblicke der Kunst verharrt. Am Schluss gelangt Andrea demgegenüber zur Einsicht, dass auch das Vergangene zählt und in der Gegenwart noch eine Rolle spielt. Insofern ist das Stück ein *proverbe dramatique*, ein dramatisches Sprichwort mit einer Moral (Szondi 1975, 160–215).

Lyrisches Drama der Wiener Moderne

Wie in *Gestern* tritt in den Einaktern der Jahrhundertwende das dramatisches Geschehen zugunsten der Darstellung von Zuständen und von gebrochenen Bewusstseinslagen zurück. Oft zeigt sich die Wirkung eines in der Vergangenheit angelegten Konflikts, damit eine gewisse Nähe zum Analyti-

Einakter der Jahrhundertwende – Schnitzler

schen Drama Ibsens. Bei Schnitzler werden die Konflikte aber kaum mehr aufgeklärt: Die einheitliche Problematik des Einakterzyklus' *Anatol* (1893) besteht im Gefühl der Augenblickhaftigkeit des Lebens, gezeigt in ‚Episoden' des melancholischen *décadent* Anatol. Die Szenen zeigen Situationen während Anatols zahllosen Liebschaften, die er in seinen Gesprächen mit der Kontrast- bzw. Kommentatorfigur Max reflektiert. Jeder Einakter, thematisch und formal gleichartig gebaut, zeigt ein Bild von Anatols Beziehung zu einer neuen Frau, genauer jeweils den Anfang von ihrem Ende. Demonstriert wird so auch formal das Prinzip der Wiederholung. Schnitzler entlarvt damit die Widersprüchlichkeit von Anatols Anspruch auf Treue und Einmaligkeit. Es geht ihm um die episodische Struktur des Lebens in der Abfolge flüchtiger Stimmungen im Augenblick, gezeigt an einem repräsentativen Verhaltenstypus der Wiener Moderne. Die geistreiche Rede in Causerien, oft auch aphoristisch zugespitzt, dient der Selbstreflexion in einer Gesellschaftsdramatik, die Geschlechtsverhältnisse junger Männer des reich gewordenen Großbürgertums im Umgang mit dem Typus des süßen Mädels aus der Vorstadt auf die Bühne bringt.

Frank Wedekind Die Tragikomödien Frank Wedekinds sind als zirzensische Dramatik angelegt, die ihre Gesellschaftskritik an der Rolle der Sexualität und des Geldes entfalten. *Frühlings Erwachen. Eine Kindertragödie* (1890/91) ist ein dreiaktiges Schauspiel in Prosa, das die Probleme Pubertierender mit der repressiven Sexualmoral vorstellt. Wendla stirbt an den Folgen einer Abtreibung, geschuldet der bürgerlichen Enge gegenüber offenen Sexszenen der Jugendlichen im Freien. Wedekind reflektiert das Problem in einer vieldeutig skizzenhaften Szenenreihe in der Traditionslinie von Lenz und Büchner, der auch in der bilderreichen Sprache als Vorbild durchscheint. Das offene Drama montiert die Szenen mit Sinn für das Bizarre und Groteske. Darin offenbart sich der antinaturalistische Impuls, der Wedekinds Polemik gegen Hauptmann trägt: Die Vertreter der bürgerlichen Moral (Familie, Schule, Ärzte) sind Karikaturen, stigmatisiert allein durch ihre sprechenden Namen. In der letzten Szene (III/7) erscheint der Selbstmörder Moritz Stiefel am Friedhof mit Kopf unter dem Arm als *Hamlet*-Zitat. Zu den grotesken Elementen zählt weiterhin der ‚vermummte Herr' als Allegorie auf das richtige, weil vom falschen Idealismus nicht normierte Leben. Anschaulich gemacht wird so die Kopflosigkeit der Zeit, die falsche Trennung von Körper und Kopf als Leitmotiv gegenüber einer Auffassung vom Leben, die Sexualität und Sinnlichkeit integriert. In diesem Zusammenhang verschweigt das Stück auch nicht die problematischen Aspekte wie Wendlas Masochismus (I/5) und ihre Vergewaltigung als Lusterfüllung (II/4).

Wedekinds Tragikomödie, die ihre Komik neben den satirischen und parodistischen Zügen v.a. aus der Groteske bezieht, ist die erste Kindertragödie in der deutschen Literatur, auch wenn Wendla im strikten Sinn keine tragische Figur ist. Der Paratext ist daher letztlich wohl eher als Attacke auf die Tragödie und ihren abstrakten Idealismus des Erhabenen aufzufassen. Der Ironiker Wedekind zeigt Sinn für Brüche und Ambivalenzen, für die widersprüchliche Kompliziertheit des Menschen, demonstriert in einer provokativen Effektdramatik, die zirzensische Theatralität mit szenischer Artistik und Lust des Körpers verbindet: Wedekinds Stücke sind Balanceakte auf einem Hochseil, die auch als Spiel mit der Zensur zu verstehen sind. Darin besteht ihre Nähe zum Kabarett, das seit der Jahrhundertwende eine besondere Rolle spielt. Kraft ihrer Emanzipation des Fleischs und ihrer grotesken Drastik wird diese Dramatik zum Vorbild für den Expressionismus und für Brecht, im Unterschied zu diesen beiden Varianten jedoch noch ohne dezidierte Intention auf Forminnovationen.

Um 1900 dominieren auf den Bühnen Boulevardstücke und Konversationskomödien für ein gebildetes Großstadtpublikum (Daphinoff 1997). Auch der Publikumswandel erklärt den Aufstieg des Kabaretts um 1900. Als maßgebende Tendenz zeichnet sich bei Hofmannsthal und Schnitzler nach 1900 die Abkehr vom Einakter, d. h. die Rückkehr zur großen, abendfüllenden Form des fünfaktigen Dramas ab. Dies ist in Schnitzlers Tragikomödie *Der einsame Weg. Schauspiel in fünf Akten* (1903) der Fall, die als Zeit- und Gesellschaftsdrama ein Fazit des *Fin de Siècle* formuliert („Wien. – Gegenwart."). Merkmale des Konversationsstücks bestehen darin, dass das Drama vornehmlich aus Gesprächen über Probleme im Inneren besteht. Darin artikuliert sich die Ausweglosigkeit bzw. Konsequenzlosigkeit des Redens in lebensentscheidenden Fragen (II/5). Schnitzlers Figuren haben diese Einsicht völlig verinnerlicht: Sie realisieren die Unlösbarkeit ihrer Schwierigkeiten mit hellem Verstand bei größter Unklarheit im Inneren wie im Äußeren. Das Stück präsentiert daher eher Konstellationen in Gesprächen als eine Handlung. Der Abschied von *Anatol* zeigt sich in den Reflexionen über das Verhältnis von Kunst und Ethik, über Probleme des künstlerischen Egoismus gegenüber der Verantwortung für das Soziale. Die Frage nach der Treue und Loyalität stellt sich besonders beim eigenen Kind: Es bietet Halt im Leben, lässt die Figuren aber auch in tödlicher Vereinzelung zurück. Sie leiden unter ihrer Einsamkeit und der fehlenden Kontinuität, weil sie das Leben als eine Abfolge momentaner Stimmungen wahrnehmen, in denen die Gegenwart zweifelhaft wird. Ähnlich wie Hofmannsthals *Gestern* kritisiert Schnitzlers Stück die Lebensformen des Ästheten, die soziale Verantwortlichkeit zerfallen lässt. Blickt man auf die Gesamtstruktur, gibt es keine dramatischen Konflikte mehr. Das handfest Reale geschieht zwischen den Akten (Tod von Frau Wegrat, Selbstmord Johannas). Auf der Szene finden nur noch Andeutungen, Erinnerungen und Gespräche über die lastende Vergangenheit gegenüber der entwerteten Gegenwart statt.

<small>Dramenmodelle nach 1900 – Schnitzlers Gesellschaftsdramatik</small>

Mit dem Expressionismus setzt die zweite Phase der Frühen Moderne (1910–1925) im Zeichen der Avantgarde ein, zu der neben zahllosen anderen ‚Ismen' der Futurismus und Dadaismus gehören. Das Wort Avantgarde stammt von *avant garde* und meint ‚Vorhut' ‚Kampf'. Als Gruppenbewegung bezeichnet der Sammelbegriff Kunstströmungen des 20. Jahrhunderts, die sich gegen die etablierte bürgerliche Kultur wenden. Die Avantgarde will den traditionellen Kunstbegriff sprengen, indem sie ästhetische Konventionen negiert. Die Avantgarden sind daher anti-traditionalistisch, anti-bürgerlich (in der Attacke des Kunstbetriebs), anti-illusionistisch und anti-psychologisch ausgerichtet (keine Lehre vom Menschen). Es geht ihnen nicht mehr um Nachahmung der Wirklichkeit, sondern um eine artistisch-experimentelle Kritik des modernen Lebens durch Übertreibung und Verzerrung. Ihre Ästhetik der Groteske baut auf Techniken der Montage und Collage.

<small>Expressionismus</small>

Neben dem Verkündigungs- und Wandlungsdrama gehört das Stationendrama zu den vom Expressionismus bevorzugten Dramenformen. Nach dem

<small>Stationendrama</small>

Vorbild von Strindbergs *Nach Damaskus* (1896) in drei Teilen zeigt es die Wanderung einer Figur durch verschiedene Bereiche des Lebens. Es hat deshalb keine durchgehende Handlung und keinen zentralen Konflikt mehr, sondern präsentiert eine lockere Reihung einzelner Stationen, die eine Mittelpunktsfigur auf der Suche durchläuft. An ihrem Weg wird das Schicksal der modernen Individualität in einer Sinnkrise verfolgt. Anders gesagt wird in dieser ‚Ich-Dramatik' (Szondi 1963, 105–108) die Einteilung in Akte durch eine zyklische Abfolge von Einzelbildern als Stationen der Wanderung ersetzt. Es gibt im Kern auch keine Figurenkonstellation mehr, denn im Mittelpunkt steht ein einzelner Mensch in einer Krisensituation. Nach dem Ausbruch aus seiner ‚normalen' Lebenssphäre (Beruf, bürgerliche Familie) macht er sich auf die Suche nach dem Sinn des Lebens.

In Georg Kaisers *Von morgens bis mitternachts* (Verf. 1912, 1916) folgt der Kassier seinen vitalen Impulsen, ausgelöst durch den betörenden Duft einer Dame an seinem Arbeitsplatz in der Bank. Andere Figuren dienen in kursorischen Begegnungen als Spiegel der Ich-Befindlichkeit. Sie sind Parallel- oder Kontrastfiguren, in denen sich Seelenzustände einer „multiplen Subjektivität" spiegeln (Oehm 1993, 131). Bei der Figurenrede handelt sich weniger um Dialoge als vielmehr um ‚polyphone' Monologe des Protagonisten mit sich selbst. Das Stationendrama bildet eine wichtige Voraussetzung für das Epische Theater Brechts, der v. a. Kaiser als ‚Denkspieler' schätzte. Die Wirkung auf die moderne Dramatik ist bei O'Neill, Borcherts *Draußen vor der Tür* (1947) und Botho Strauß' *Groß und Klein* (1978) zu verfolgen. Weitere Beispiele sind Sorges *Der Bettler. Eine dramatische Sendung* (1912) und Tollers *Die Wandlung. Das Ringen eines Menschen* (1919).

Weitere Dramenform im Umkreis des Expressionismus

Im Expressionismus spielt die Komödie nur eine untergeordnete Rolle. Sie wird im Grunde genommen allein vertreten durch die Bürgersatire in den Komödien Carl Sternheims, einschlägig im Stück *Die Hose* mit dem bemerkenswerten Untertitel *Ein bürgerliches Lustspiel* (1911). Die nichtexpressionistische Dramatik der Zeit repräsentiert Hofmannsthal, der das mittelalterliche Welttheater in *Jedermann. Das Spiel vom Sterben des reichen Mannes* (1911) aktualisiert. Zur neoklassizistischen Tragödie der Zeit, die in der Moderne erkennbar ein epigonales Phänomen bleibt, gehören insbesondere die Dramen Paul Ernsts.

Weimarer Republik

Den Übergang zur Literatur der Weimarer Republik markiert der politische Expressionismus um 1920, vertreten durch Ernst Tollers *Masse Mensch. Ein Stück aus der sozialen Revolution des 20. Jahrhunderts* (1921). Bereits das Motto („Den Proletariern") signalisiert die Politisierung der Literatur um 1920 bei Wahrung expressionistischer Darstellungsprinzipien. Diese Nähe zeigt sich in der pathetisch aufgegipfelten Sprache und in einer Stationentechnik, in der die „Wandlung" der Revolutionärin gezeigt wird. Zugleich gehört Tollers Drama aber auch bereits der Weimarer Republik an, weil es an die revolutionär-proletarische Literatur um 1920 anschließt. Tollers Dramatik indiziert damit den Übergang vom expressionistischen Menschheitspathos hin zur Darstellung brennender Zeitprobleme. Es geht jetzt um den politischen Aufruf zum Kampf und das daraus erwachsende Problem der Schuld durch die revolutionäre Tat.

In der Weimarer Republik finden einschneidende Umbrüche in verschiedenen Feldern des gesellschaftlichen Lebens statt, die einen gravierenden

Wandel der Dramatik zur Folge haben. Zwischen Währungsreform (1923) und Weltwirtschaftskrise (1929) findet die trügerische Prosperität der ‚Goldenen Zwanziger Jahre' statt, ernüchtert durch Massenarbeitslosigkeit und den politischen Aufstieg der Rechten. Stichworte zur ‚geistigen Situation' der Weimarer Republik lauten ‚Zeit ohne Eigenschaften', ‚Republik auf Zeit' und ‚Experiment in Demokratie'. Die Rede ist vom ‚Untergang des Abendlands' (Oswald Spengler) und vom ‚Zerfall der Werte' (Hermann Broch). Im ‚Nebeneinander' von Modernisierung und Gegenmoderne (‚Konservative Revolution') verschärft sich die Gleichzeitigkeit des Ungleichartigen im Zeitalter der Extreme. Eine neue Medienkonkurrenz entsteht durch die Massenverfügbarkeit von Kino und Rundfunk in einer gesellschaftlichen Umbruchssituation, die sich eingespannt sieht zwischen Amerikanismus und Sowjethoffnung. Die Reportage (Egon Erwin Kisch) als vordrängende Darstellungsform dokumentiert die neue Aufmerksamkeit auf die ‚Tatsachen' des modernen Lebens. Der ‚Mittelstand' der Angestellten bildet einen neuartigen massenhaften Konsumentenkreis, der durch Kolportage, Reklame, *public relations* und andere Formen der neuen Populärkultur angesteuert wird. Seit Anfang der 1920er Jahre findet der amerikanische Unterhaltungsfilm gegenüber dem avantgardistisch-expressionistischen Autorenfilm breiten Zuspruch. Der ‚Kult der Zerstreuung' (Kracauer) zeichnet sich an der Girl-Kultur (*Tiller Girls*) und an neuen Formen des Theaters (Revue, Varieté, Musical) ab, am modernen Jazz, am Tanz und am neuen ‚Zuschauersport' (Boxen, Fußball, Sechstagerennen).

Die dramaturgischen Konsequenzen betreffen v. a. die Figurendarstellung. Im Drama der 1920er Jahre sind die Figuren oft erkennbar vorgestanzte Rollen, Stereotypen oder Zitate, auf jeden Fall keine individuellen Charaktere mehr. In der großstädtischen Massengesellschaft gibt es für den subjektiven Ausdruck kein Gegenüber, wenn die neuen Massenmedien Kino und Rundfunk das Sprechen in Stereotypen vorgeben. Selbst bei den typisierten Figuren im Expressionismus verstand sich die ekstatische Rede noch als normsprengender Ausdruck unterdrückter Bedürfnisse. In zahlreichen Dramen der Weimarer Republik wird die Sprache dagegen nicht mehr als Eigenbesitz, als Ausdrucksform für Subjektivität begriffen. Die Figuren wirken entpersönlicht, indem sie das Vorgegebene nur noch reproduzieren. Es gibt offenbar keinen Spielraum mehr für individuelles Sprechen und Handeln. Allein diese Veränderung führt dazu, dass der Dialog verhindert wird. Die Figurenrede neigt jetzt zum Lakonischen, zum sachlichen Lapidarstil. In der Kargheit und Nüchternheit erstarrt sie zum Teil bis zur Sprachnot, in der sich die unentrinnbare soziale Lage abbildet.

Drama der Weimarer Republik

Die maßgebenden Dramen der Neuen Sachlichkeit (1925–1930) stammen von kanonischen Autoren des Expressionismus: im Bereich der Komödie von Carl Sternheim mit einem Stück wie *Die Schule von Uznach oder Neue Sachlichkeit* (1926), im Bereich des ernsten Dramas, das durchweg als Tragikomödie funktioniert, von Georg Kaiser: *Kanzlist Krehler. Tragikomödie in drei Akten* (1921), *Nebeneinander. Volksstück 1923 in fünf Akten* (1923), *Kolportage. Komödie in einem Vorspiel und drei Akten nach zwanzig Jahren* (1923–1925). Allein die Paratexte sind hier signifikant für den neuen Zeitbezug: Der Titel *Nebeneinander* verweist auf die Ästhetik der Montage, die unverbundene Kombination von Elementen unterschiedlicher Herkunft und

Nebeneinander – Kolportage

Qualität; *Kolportage* benennt die sich ausbreitende Form einer anspruchslosen Sensations- bzw. Trivialliteratur, die im Rahmen der neuen Populärkultur kleine Tröstungen im Zeichen von ‚Kitsch' und Schund' verspricht; das „Volksstück" mit einfachen Personen aus den unteren Gesellschaftsschichten wird zu einem neuen Erfolgsmodell in den 1920er Jahren; die Jahresangabe 1923 signalisiert den Bezug auf aktuelle Probleme (Inflation und Währungsreform, Armut, Rechtsunsicherheit); mit seinen fünf Akten schließlich zitiert *Nebeneinander* das klassische Maß. Dieser Formbezug entspricht aber in keiner Weise mehr der Logik seiner szenischen Darstellung, denn es gibt in diesem Stück nur noch drei strikt voneinander getrennte Handlungsebenen. Jeder Akt ist völlig gleichförmig in drei Szenen unterteilt, die ‚nebeneinander' gestellt ohne Kontakt bleiben: Die erste Szene eines Akts, die Pfandleihersphäre, steht für Stadt und Armut; als Familienstück mit Vater-Tochter-Verhältnis endet diese ‚Handlung' als Tragödie. Die zweite Ebene, die Sphäre des Schleusenwächters, steht für das Land und das gemächliche Leben im Zeichen der Religiosität; dieses Familienstück schließt mit einer Hochzeit, dem typischen *happy end* der Komödie. Die dritte Ebene spielt in ‚modernen Wohnräumen' und handelt vom neusachlichen Zyniker Neumann in der Großstadt; sie steht für spekulative Geschäfte mit populärem Massenkino als neuem Erfolgmodell.

Bei Kaiser geht die neusachliche Episierung des Dramas auf das artistische Spiel mit Genres und Bauelementen des Dramas zurück. Kaiser dekonstruiert epochale Muster durch Form- und Genre-Zitate – auch auf das von ihm selbst praktizierte Stationendrama. Er inszeniert die neusachliche Montageästhetik, indem die getrennt gehaltenen Teilstücke nicht mehr zusammenkommen, obwohl es tatsächlich einen gemeinsamen dramatischen Konflikt gibt. Der negative Schluss beim verarmten Pfandleiher in der Stadt verweist auf das Ende des Expressionismus im närrischen Wahnsinn. Die ländliche Idylle im Zeichen des melodramatischen Volksstücks endet als kitschige Komödie. Positiv geht auch die dritte Ebene der neusachlichen Zyniker in der Großstadt aus, die Geschäftserfolge mit Kolportage-Kino verbuchen. So demonstriert der jeweilige Ausgang nicht zuletzt das unaufgelöste Nebeneinander von Tragödie und Komödie im Zeichen der Tragikomödie. Die Zukunft gehört dem skrupellosen Geschäftemacher und Hasardeur Neumann: Dieser neue Typ setzt sich jetzt durch, während das Pfandleiher-Stationendrama als Form-Zitat auf den Expressionismus lächerlich scheitert, weil es niemanden mehr rettet.

Theater des Weltkriegs: Karl Kraus

Eine singuläre Stellung kommt Karl Kraus mit seinem monströsen Drama *Die letzten Tage der Menschheit. Tragödie in fünf Akten mit Vorspiel und Epilog* zu (1922). Parallel zum 1. Weltkrieg geschrieben, dokumentiert dieses Stück die Monstrosität der Kriegsführung unter neuartigen technischen Bedingungen (Gas- und Luftkrieg, Nachrichtentechnik). An der Überfülle der Situationen (über 220 Szenen) und Figuren (an die 500), deren heterogene Anordnung durch die Figur des ‚Nörglers' zusammengehalten wird, spiegelt der ausufernde Text im Sprechen über den Krieg dessen Zurichtung zur Phrase. Das Drama ist eine szenische Montage aus dokumentarischem Material: Zeitungsberichte, literarische Zitate, reale Personen aus Politik, Gesellschaft, Literatur und Feuilleton werden ebenso integriert wie Photographien oder Partituren, operettenhafte Lieder oder filmartige Sequenzen. Die

Satire funktioniert hier nicht nur nach den gängigen Verfahren der Übertreibung oder Herabsetzung (der Kaiser als lächerliche Figur), sondern v. a. durch Reproduktion des phrasenhaften Sprechens: „Das Dokument ist Figur" – „Phrasen stehen auf zwei Beinen" (‚Vorwort'). Hauptangriffspunkt der Satire ist daher in erster Linie die Presse, deren Sprache die öffentliche Meinung über den Krieg durchdringt: Krieg ist von der Presse vorgegebene Rede über den Krieg, und seine Inhumanität wird auch im privaten Gespräch fortgesetzt, verdoppelt und verstärkt.

Das Volksstück ist eine regional verankerte Dramenform seit dem 18. Jahrhundert, deren Bühnengeschehen den jeweils eigenen Publikumsschichten sozial, sprachlich und zeitlich nahe zu kommen sucht (Müller 2003). Bilder, Szenen und Dialog dienen dem Ausdruck von Lebensweisen mittlerer und unterer Bevölkerungsschichten durch alltägliche Stoffe und eine regional bzw. mundartlich gefärbte Sprache. Diese Schichten sind zugleich zahlende Zuschauer, woran sich der populäre Anspruch ausrichtet. Das Volksstück verfügt über ein breites Spektrum: Im Unterhaltungstheater seit dem 19. Jahrhundert fällt es eher affirmativ aus, zuweilen arbeitet es mit satirischen Elementen wie bei Nestroy. Erst im 20. Jahrhundert wird es kritisch im Sinne einer beißenden Entlarvung der Entfremdung, Unterdrückung und Gemeinheiten des Kleinbürgertums. Diese Variante begründet die Formel ‚kritisches Volksstück', das von Zuckmayer und Horváth über Fleißer bis Brecht reicht und dann Mitte der 1960er Jahre im ‚neuen' kritischen Volksstück von Rainer Werner Fassbinder, Martin Sperr und Franz Xaver Kroetz aktualisiert wird.

Kritisches Volksstück

Mit *Der fröhliche Weinberg* (1925) schreibt Zuckmayer, Antipode Brechts, das meistgespielte Stück der Weimarer Republik – genauer die positive, vitalistische Variante des neuen Genres, indem er in derber, volkstümlicher und sexuell offener Sprache (im rheinhessischen Dialekt) an negativen Figuren Korruption, völkisch-nationalsozialistisches Denken und Antisemitismus entlarvt, an positiven Figuren wie dem Weingutbesitzer Gunderloch dagegen Lebensfreude und Urtümlichkeit feiert. Maßgebend sind dann die Stücke Marieluises Fleißers: Fegefeuer *in Ingolstadt. Schauspiel in sechs Bildern* (UA 1926, Fassung 1970), *Pioniere in Ingolstadt. Komödie in zwölf Bildern* (UA 1929). Sie zeigen die soziale Gewalt auch in der Provinz, hier an der Jugendsexualität und an der Kontrolle der Triebe durch die Institutionen Kirche und Schule. Es handelt sich aber weniger um Gesellschaftsdramen, insofern Fleißers Stücke kein Bild einer bestimmten gesellschaftlichen Lage geben. Sie zeigen vielmehr eine Gewalt, die durch wechselseitiges Beobachten und Kontrollieren entsteht. Ingolstadt ist dazu nur das Modell einer Erfahrung, das für die Betroffenen vergleichbar überall gilt. Horváths bekanntestes Stück *Geschichten aus dem Wiener Wald. Volkstück in sieben Bildern* (1931) entblößt die Zustände in der kleinbürgerlichen Familie „in unseren Tagen": die scheinbar heile Fassade gegenüber ihrer Gemeinheit durch sadistische Gewalt und sexuelle Unterdrückung der Frauen. Ein positives Gegenkonzept gibt es nicht mehr, stets bleibt alles beim Alten. Horváths Volksstücke sind szenische Analysen der kleinbürgerlichen Psychographie, indem sie deren Bereitschaft für die NS-Ideologie kurz vor Hitlers Machtübernahme zeigen.

Ein wichtiger Vertreter der Gesellschaftsdramatik Mitte der 1920er Jahre ist Ferdinand Bruckner, der mit seinem Zeitstück *Krankheit der Jugend* (UA

Gesellschaftsdramatik

1926) für Furore sorgte. Ähnlich wie Fleißer behandelt es Probleme der Jugend in der Tradition von Wedekinds *Frühlings Erwachen*, jetzt allerdings im akademischen Milieu der Großstadt mit emanzipierten Frauen, die in Medizin promovieren. Bruckners Erfolgsstück war einer der Theaterskandale der 1920er Jahre. Bekannt durch ein provokativ-arrogantes Gebaren, besonders modern zu sein, gehörte dieser Autor zu den meistgespielten Dramatikern in der 2. Hälfte der 1920er Jahre, denn als Theaterdirektor in Berlin hatte er ein besonderes Gespür für reißerische Themen wie Jugendsexualität und lesbische Liebe. Der Reiz dieser Gesellschaftsdramatik der Neuen Sachlichkeit liegt weniger in formalen Neuerungen. In dieser Hinsicht ist Bruckners Stück in drei Akten – Handlungsort ist durchweg das Zimmer Maries in einer Pension – völlig konventionell. Neu hingegen ist die Darstellung einer völlig desillusionierten Jugend im akademischen Milieu. Der Titel steht für die Krankheit der großstädtischen Gesellschaft, die sich im zynischen bzw. verantwortungslosen Sprechen zeigt. Bruckners Jugend ist neurotisch, nihilistisch und sieht eine Erlösung nur noch im Rausch des Sterbens. Die äußerst verknappten, oft nur noch andeutenden Dialoge haben monologisches Reden und expressionistisches Pathos völlig verabschiedet. Als Skandalstück repräsentiert Bruckners Dramatik die zeittypische Lust an marktkonformen Provokationen auf den Bühnen der sensationslüsternen ‚Goldenen 20er Jahre'.

Zeitstück um 1929

Unter dem Zeitstück der Weimarer Republik versteht man eine dokumentarisch-realistische Dramatik, die um 1929 eine kurze Konjunktur hatte. Es kann als Vorläufer des Dokumentartheaters der 1960er Jahre angesehen werden, weil es aktuelle Fragen von öffentlichem Interesse mit Stoffen direkt aus der Presse gestaltet. Dabei interessieren v. a. fünf Themenkreise: die Folgen des 1. Weltkriegs, die gesellschaftlich-moralischen Zustände der Krisenzeit um 1929 (aus der Verbindung von Industrie und militärischer Wiederaufrüstung), Probleme der Klassenjustiz (die ungleiche rechtliche Behandlung des Proletariats etwa in der Frage nach dem § 218), schließlich Jugend- bzw. Erziehungsfragen und die ökonomischen Nöte des Proletariats. Allgemein gesagt zeigen diese Dramen Entfremdungserfahrungen in der Großstadt, das Leiden durch Versachlichung und Anonymisierung. Beim Zeitstück handelt es sich daher um eine gegenwartsbezogene, realistische und sozial anklagende Bühnenliteratur, die sich weniger mit den großen Themen wie Krieg und Revolution als mit den Krisen des sozialen Alltags auseinandersetzt. Auch hier wird die Nähe zum Journalismus und damit zur Reportage evident: Aus Zeitungsmeldungen entstehen Theaterstücke, Gerichtsprozesse werden zu Theaterereignissen, daraufhin unter Zensur gestellt und anschließend wieder vor Gericht verhandelt. Beispiele für den Erfolg des Genres sind Peter Martin Lampels *Revolte im Erziehungshaus* (1928), Günther Weisenborns *U-Boot S 4* (1928), Hans José Rehfischs *Der Frauenarzt* (1928), Friedrich Wolfs *Cyankali* (1929), Carl Credés *§ 218* (1930) und Richard Duschinskys *Stempelbrüder* (1929).

Mit der Aufmerksamkeit auf zeitaktuelle Themen (und weniger auf avancierte Formen) leiten die Zeitstücke die traditionalistischen Tendenzen der Literatur seit 1930 ein. Es zeigt in aller Regel lediglich das Problem, die Entscheidung muss der Zuschauer selbst fällen. Die Konjunktur dieser Zeitkritik erschöpft sich jedoch schnell mit der prekären gesellschaftlichen Lage nach dem Börsencrash von 1929. Auch die Dramatik erweist sich als wenig geeignet, zur Verbesserung der Verhältnisse beizutragen. Dennoch zeigt sich auch hier das ästhetische Innovationspotential von Kritik und Krise im Zeichen einer realistisch orientierten Synthetischen Moderne (1925–1955) (Frank/Palfreyman/Scherer 2005).

Die unmittelbare Nachkriegsdramatik steht im Zeichen des ‚Kahlschlags' (Weyrauch), gekennzeichnet durch Darstellung der ‚nackten Wahrheit' und ‚Reinigung' von der NS-Sprache. Die Gründe für die Schwäche des deutschen Dramas nach 1945 bis Ende der 1950er Jahre sind vielfältig: Als öffentliche und politische Gattung wird es durch den Nationalsozialismus unterbunden. In der Inneren Emigration spielt es wegen der Zensur keine Rolle, während die Exilanten, die weiterhin Dramen schreiben, entweder sterben (Toller 1939, Kaiser 1945) oder nicht mehr zurückkehren. Neben Zuckmayer ist Brecht die große Ausnahme. Im Exil schreibt er seine berühmten Stücke, die das Nachkriegsdrama geprägt haben: *Leben des Galilei* (UA Zürich 1943), *Mutter Courage und ihre Kinder* (UA Zürich 1941), *Der gute Mensch von Sezuan* (UA Zürich 1943), *Der kaukasische Kreidekreis* (UA 1948). Nach seiner Rückkehr 1948 geht Brecht jedoch in die DDR und polarisiert dadurch im Zeichen des Kalten Kriegs den westdeutschen Theaterbetrieb.

Eine deutsche Dramatik aus der Schublade ist also nicht vorhanden, so dass die europäischen Dramatiker (Wilder, Giraudoux, Anouilh, Camus, Sartre, Beckett, Ionesco) ihre Wirkung entfalten können. Diese internationale Entwicklung wird in Deutschland zunächst nachholend rezipiert, gefördert auch durch die *reeducation* im Westen. Die einzige Möglichkeit, die internationale Dramatik während der NS-Zeit kennen zu lernen, bot das Zürcher Schauspielhaus, das so den Erfolg Max Frischs in den 1950er Jahren begründete. Diese Voraussetzungen bedingen die allgemeine Entpolitisierung und Entrealisierung der Bühne in der Nachkriegszeit, denn das Theater kehrt sich ab von der politischen Vereinnahmung im Nationalsozialismus. Daraus erklärt sich die restaurative Pflege der Klassiker auf der einen, das Interesse an der Synthetischen Moderne auf der anderen Seite. Nicht zuletzt wird die zunehmende Bedeutung der Gruppe 47 zu einem Faktor, insofern diese neben dem Hörspiel um 1950 v. a. Prosa und Lyrik, mit anderen Worten Literatur zum Vorlesen für ihre Gruppentreffen bevorzugt.

Aus der Abkehr von der Politik durch Rückzug in eine Literatur außerhalb von Zeitgeschehen und Gesellschaft ergibt sich die statische Grundkonstellation in den Dramen nach 1945: Im Zentrum steht „meistens ein einzelner, ein Außenseiter, ein Repräsentant des Geistes und der Humanität, der gekommen ist, um die durch Krieg, kalten Krieg, die Zündung von Atom- und Wasserstoffbomben und durch die deutsche Teilung aus den Fugen geratene Welt wieder einzurichten, die böse Machtgeschichte zu überwinden und die unmoralische Gesellschaft zu verwandeln" (Barner 1994, 102). Dargestellt wird auf diese Weise v. a. die existentielle Verzweiflung, Verlorenheit und Ausweglosigkeit in einer sinnlosen Welt. Vor diesem Hintergrund sind drei Ausnahmen einer aktuellen Gegenwartsdramatik zu beurteilen: Wolfgang Borcherts *Draußen vor der Tür* (1947), Carl Zuckmayers *Des Teufels General* (verf. 1942 im amerik. Exil) und Günter Weisenborns *Die Illegalen* (1946).

Bemerkbar sind in dieser realistischen Bewältigungsdramatik mit Helden als Mitläufern Rückgriffe auf bekannte Formmuster der Vorkriegszeit. Die

Exil – Nachkriegszeit

Das deutsche Gegenwartsstück zwischen 1945–1948

Gründe für den Theatererfolg von Zuckmayers Stück sind vielfältig: Harras repräsentiert als indirekter Widerstandskämpfer das Menschliche innerhalb des Nationalsozialismus. An den anderen Figuren zeigt es das Spektrum der Verhaltensweisen im Nationalsozialismus: echt Begeisterte, Mitläufer, Gegner und Opportunisten aus ökonomischen Kalkülen. Dabei konnte sich das Publikum mit der Hauptfigur als Kraftnatur identifizieren. Ähnliches gilt für Wolfgang Borcherts Heimkehrerstück *Draußen vor der Tür*, das erkennbar in einer Linie mit dem expressionistischen Stationendrama, v. a. dem Heimkehrerdrama nach dem 1. Weltkrieg wie Tollers *Hinkemann* (1924) steht. Als Beispiel für die Trümmerliteratur zeigt das Stück die Rückkehr eines verlorenen Sohns aus der dreijährigen Kriegsgefangenschaft in Sibirien ins restaurative Deutschland. Der Zuschauer verfolgt Beckmann auf seinem Weg durch das nächtliche Hamburg auf der vergeblichen Suche nach einer Bleibe. Er findet aber keine Heimat mehr, alle Türen seiner Stationen sind verschlossen: bei der Frau, denn diese hat ihn vergessen, beim Mädchen, beim Oberst und beim Kabarettdirektor, aber auch bei den Eltern, die sich mit dem „Gashahn" entnazifiziert haben. Das Drama der „Stimmen" artikuliert seine ziellose Klage in fragend-monologischen Szenen, denen der Melancholiker Beckmann als scheiternder Heimkehrer ausgesetzt wird. Alle Personen sind als allegorische Figuren angelegt. Im Gegensatz zu Beckmann findet sich der Kapitalist in der Nachkriegsordnung zurecht. Die Sprache des Stücks schwankt zwischen nüchterner Diktion und visionärem Pathos (Traumerzählung) in der Nähe des Expressionismus.

Drama Mitte der 1950er Jahre

Die Zeit Mitte der 1950er Jahre lässt sich kennzeichnen als Gleichzeitigkeit von bestehenden alten Modellen und ersten Neuansätzen. Mit der Abkehr von den parabolischen Deutungsmustern hin zur literarischen Analyse konkreter Verhältnisse zeichnet sich ein erster Perspektivenwechsel in Richtung Politisierung ab. Thematisch wird diese Entwicklung an den dramatischen Antworten auf die Atombombe sichtbar: Das „Drama im Atomzeitalter" (Konstellationen 1995, 250–271) wird repräsentiert durch Brechts *Leben des Galilei* (1955), Max Frischs *Die Chinesische Mauer* (2. Fassung 1955) und Zuckmayers *Das kalte Licht* (1955), das als ‚Stück der Saison' galt. Gerade hieran ist der moderate Umbruch zu erkennen, ohne dass man aber bereits von einem Dokumentarstück sprechen kann.

Absurdes Theater

Das Absurde Theater stellt die wichtigste Neuerung in der internationalen Dramatik dar, vertreten durch Sartre, Beckett (*En attendant Godot/Warten auf Godot*, 1953) und Ionesco (*Die kahle Sängerin. Anti-Stück*, 1950; *Die Stühle. Eine tragische Farce*, 1952). Das Farcenhafte dieses Antitheater geht bis auf Alfred Jarrys *König Ubu* (1896) zurück (Schalk 2004, 134–140). In der deutschsprachigen Dramatik nach 1945 werden diese Elemente für eine dezidiert groteske Darstellung aufgegriffen, so in Frischs *Die Chinesische Mauer. Eine Farce*. In den 1980er Jahren signalisiert noch Botho Strauß diesen Traditionsbezug im Titel *Kalldewey, Farce* (1982).

Dürrenmatt – Frisch

Überdeutlich wird das Groteske an der Retorten- und Prothesenfigur Claire Zachanassian in Dürrenmatts *Der Besuch der alten Dame* (1956) ausgestellt. Auch hier dient es der paradoxen Vermischung von Tragik und Komik zur Erregung von Lachen und Grauen ineins. Die 1950er Jahre sind als das ‚Jahrzehnt Frischs und Dürrenmatts' bezeichnet worden, denn beide Autoren gehören zu den meistgespielten deutschsprachigen Dramatikern der Zeit.

Sie schreiben Tragikomödien zur szenischen Spiegelung von Weltverhältnissen, die im Zeichen der Apokalypse durch die Atombombe als sinnlos und absurd wahrgenommen werden. Die vorherrschende Form ist ein Parabeltheater, das sich in Farcen oder in ‚Lehrstücken ohne Lehre' (Untertitel *Biedermann und die Brandstifter*, UA 1958) artikuliert. Die Übergangsfunktion der Dramen Mitte der 1950er wird daran ersichtlich, dass bereits innerhalb dieser Muster Tendenzen der Politisierung durch Abkehr vom bloß existentialistischen Parabeltheater zu bemerken sind. Dies ist ansatzweise in Frischs *Graf Öderland* (1951) der Fall, noch deutlicher in Frischs *Andorra* (seit 1958). Der Zuschauer wird hier mit der modernen Problematik der Identität konfrontiert, die zugleich an den politischen Hintergrund der Judenvernichtung denken lässt, ohne dass die parabolische Darstellung im Rahmen des zeitgenössischen Existentialismus aber in dieser politischen Lesart aufgeht.

Erst in den 1960er Jahren widmet sich das Drama einer konkreten Auseinandersetzung mit den Funktionssystemen der Bundesrepublik (Medien, Politik, soziale Verhältnissen), auch indem es die Restauration der Adenauer-Ära attackiert. Für diese Politisierung gibt es vielfältige Gründe: die Protestkultur der 1950er Jahre (Anti-Atombewegung, Wiederaufrüstungsdebatte), der Mauerbau (1961), die Kuba-Krise (1962–63) und die ‚Spiegelaffäre' (1962), für die Dramatik v. a. der Ausschwitz-Prozess (1963) und der Vietnamkrieg des NATO-Partners USA (seit 1964). Daneben spielt die Realismusdebatte in der DDR in der programmatischen Begründung eines sozialistischen Realismus (‚Bitterfelder Weg') hinein, nicht zuletzt die Rezeption der Kritischen Theorie (Adorno, Horkheimer). Literarisch schlägt sich die Politisierung in einer zunehmenden Skepsis gegenüber grotesk-parabolischen Darstellungen nieder. Der Schriftsteller versteht sich jetzt als Intellektueller, der in öffentliche Debatten eingreift. Engagierte Literatur unterstellt sich damit der Aufklärung über politische Sachverhalte, über konkrete Lebensverhältnisse im Alltag und über die Rolle und Funktion der Massenmedien.

Politisierung

Das dokumentarische Theater der 1960er Jahre dramatisiert historische Ereignisse und Personen mit demonstrativem Anspruch, eine authentische Darstellung zu liefern, indem es die Referenz auf Faktisches mit einem empirischen Wahrheitsanspruch verbindet (Saße 1997). In dieser szenischen Radikalisierung des Zeitstücks stellt sich das Problem der Auswahl, Anordnung und Transformation der historischen Quellen (Zeugenaussagen, Geheimberichte, Zeitungsartikel). Ziel ist die wirkungsvolle Präsentation geschichtlicher Sachverhalte mit dem Zweck, über politische Ereignisse und Zusammenhänge aufzuklären, die der Öffentlichkeit bislang unbekannt waren oder durch die Medien verschleiert wurden. Im Dokumentartheater äußert sich damit nun auch eine Kritik an den offiziellen Massenmedien. Es geht um die belegende Darstellung mit Mitteln der Projektion, Zitation und quellenbezogenen Dokumentation auch in Form des gestischen Zeigens durch Montagetechniken.

Dokumentartheater

Drei thematische Orientierungen sind zu unterscheiden: Zum ersten untersucht das Dokumentartheater die Rolle der Naturwissenschaften, so am Physiker Robert Oppenheimer als ‚Vater der Atombombe' in Los Alamos, der in der McCarthy-Ära wegen seiner zögerlichen Zustimmung zur Wasserstoffbombe unter Kommunismusverdacht gerät. Heinar Kipphardts Stück *In der Sache J. Robert Oppenheimer. Schauspiel* (1964) dokumentiert die Befragung vor dem Sicherheitsausschuss unter Anhörung historischer Personen (etwa Edward Teller, Vater der Wasserstoffbombe). Die zweite Variante repräsentiert Peter Weiss' *Die Ermittlung. Oratorium in 11 Gesängen* (1965) als szenische Dokumentation des Auschwitz-Prozesses (1963–1965). Hier werden die Prozessdokumente, genauer die Fragen des Richters und die Antworten von ,Zeugen' und ,Angeklagten' in elf ,Gesängen' direkt zitiert. Bei Weiss geschieht dies in Form der Zeilenrede: Die Freien Verse erzeugen einen Effekt der Ritualisierung, ohne dass die Figurenrede tatsächlich lyrisch wird. Die szenische Berichterstattung vom Prozess gestaltet sich damit als Oratorium: Diese traditionelle, dichterisch-musikalische Gattung mit vorwiegend religiösen Stoffen dient Weiss zur rituellen Transzendierung der unzureichenden Dramen- und Theaterform, genauer der Konzentration auf Stimmen statt auf Bühnencharaktere. Die Darstellung wahrt so in ihrem epischen Gestus der Berichterstattung durch Betroffene das Bildnisverbot. Trotz der kunstförmigen Gestaltung steht die nüchterne Bestandsaufnahme des Lagergeschehens, dessen Wahrheit im Zentrum: Ausgehend vom „Gesang von der Rampe" reicht das Szenarium bis zum „Gesang von den Feueröfen".

Die dritte thematische Ausrichtung zielt auf die Rolle bzw. das Versagen der katholischen Kirche im Nationalsozialismus. Rolf Hochhuths *Der Stellvertreter. Ein christliches Trauerspiel* (1963) setzt sich provokativ mit der Frage nach der persönlichen Verantwortung von Würdenträgern der römisch-katholischen Kirche an der Judendeportation auseinander: Der Papst protestiert dagegen nicht öffentlich, weil er fürchtet, es sich mit Hitler zu verderben. Das lange Stück betreibt seine dokumentarische Geschichtsforschung im Unterschied zu Weiss und Kipphardt in einem individualistisch konzipierten Geschichtsdrama. Schiller ist hier das Vorbild, insofern historische Konflikte personalisiert werden: einerseits in einer geschlossenen Dramaturgie mit fünfaktigem Aufbau und einem positiven Helden im Mittelpunkt, anderseits aber auch in einer offenen Form, die stoffbezogen in großem Umfang (über 350 Seiten Text) das Material erschließt. Daran ersieht man die spezifische Doppelung aus Traditionsbezug und modernen Verfahren: Der Haupttext verwandelt dokumentarisches Material zu einer fiktionalen Gestalt (mit meist erfundenen Figuren), die der Einfühlung durch Identifikation dient. Der Nebentext dagegen betreibt eine episierende Distanz: Hier finden ausführliche Selbstreflexionen des Autors auch über Probleme der szenischen Vergegenwärtigung von Auschwitz statt. Der ,historische' Anhang interpretiert dann die beiden Textebenen so, wie das Stück seine doppelte Ausrichtung zwischen Tradition (idealistisches Geschichtsdrama Schillers) und Innovation (Dokumentartechnik, Episches Theater) organisiert. Ein Tabubruch Hochhuths besteht darin, dass Akt V direkt in Auschwitz spielt. Hier stellt sich das Problem der ästhetischen Darstellung des individuellen Opfers im Verhältnis zur Unbegreifbarkeit der Massenvernichtung. Hochhuth reflektiert es in einem ausführlichen Nebentext, wahrt aber das Bildnisverbot im Unterschied zu Weiss' *Ermittlung* auf problematische Weise eben nicht. Hochhuths Drama hat eine singuläre politische Wirkung Anfang der 1960er Jahre, im Kern wegen seiner direkten politischen Klarstellung im Gegensatz zur parabolischen Verallgemeinerung noch bei Brecht, Frisch und Dürrenmatt.

Peter Weiss' *Die Verfolgung und Ermordung Jean Paul Marats dargestellt durch die Schauspielgruppe des Hospizes zu Charenton unter Anleitung des Herrn de Sade. Drama in zwei Akten* (1964) ist das wichtigste politische Stück der 1960er Jahre: ein Drama der ‚betrogenen Revolution' (Weiss) ohne dezidierte Lehrmeinung und Lösung. Es verkoppelt das politische Theater mit einer potenzierten Spiel-im-Spiel-Theatralität in der Traditionslinie Brechts, im Vergleich dazu aber ohne festen Standpunkt. Vielmehr diskutiert das Stück nur noch die Positionen zur Revolution in Gesprächen zwischen dem aktivistischen Revolutionär Marat als Vorläufer des Kommunismus und dem amoralischen, solipsistischen Agnostiker und Hedonisten Marquis de Sade. Als enttäuschter Rousseauist glaubt dieser nicht mehr an die revolutionären Ideale Gleichheit, Gerechtigkeit und Solidarität. Das letzte Wort hat de Sade und nicht der Revolutionär Marat.

Politisches Spiel im Spiel – Peter Weiss

Peter Weiss verfolgt die politische Thematik mit großer stilistischer und formaler Vielfalt im Sinne des totalen Theaters: in einer bilderbogenartigen Collage und Montage, die Vers, Musik, Pantomimen, Bänkelsang, Chor der Vier Sänger und zahlreiche andere Mittel in ostentativ ausgestellter Theatralität miteinander kombiniert. Diese Mittel gehen auf das barocke Theater (Federzeichnung des toten Marat von J. L. David vor dem Personenverzeichnis), die antike Tragödie (Chor), das Absurde Theater (Groteske, Tragikomödie), das Theater der Grausamkeit (Artaud) und das Dokumentartheater zurück, bemerkbar an den Reden Marats und an der Integration intermedialer Dokumente, indem einzelne Szenen die Ikonographie des sterbenden Marat in der Badewanne, begründet durch den klassizistischen Maler und Revolutionär Jacques-Louis David, nachstellen. Der politische Aspekt ist in dieser komplexen Brechung wiederum beziehbar auf die Frage nach der Revolution in der politisierten Bundesrepublik um 1963/64 im Verhältnis zur Restauration der Adenauer-Ära. Er wird allerdings relativiert durch das Theater auf der Bühne: Gespielte Verrückte spielen unter der Regie von de Sade Marats Ermordung in einem theaterbewussten historischen Spektakel, das keine Lösung mehr anbieten kann.

6. Tendenzen seit den 1970er Jahren – ‚Postdramatisches' Theater

Eine Haupttendenz der 1970er Jahre hat die Forschung mit Blick auf zeitgenössische Diskussionen unter den Stichworten Neue Subjektivität und Neue Innerlichkeit verbucht. Insbesondere in Lyrik und Prosa manifestiert sich zwischen 1969 und 1980 eine Neigung zur prononciert unartifiziellen Darstellung authentischer und alltäglicher Erlebnisse, die Michael Rutschky auf die Formel *Erfahrungshunger* (1980) gebracht hat. Die Neue Subjektivität bezeichnet Schreibweisen, die sich den individuellen Erfahrungen im persönlichen Alltag des Einzelnen zuwenden. Sie entsteht aus der Polemik gegen die Politisierung in der engagierten Literatur bis zu den Ereignissen um ‚1968'. Die veränderte Einschätzung resultiert aus der Diskrepanz zwischen Radikalisierung des Politischen (Radikalenerlass 1972, ‚Deutscher Herbst' 1977) und der Resignation nach dem Zusammenbruch der Utopie ‚1968'. In einem

Neue Subjektivität

Klima der Angst und der Intellektuellenverfolgung durch eine hysterisierte Öffentlichkeit zeichnet sich als Folge der Rückzug ins Private ab.

Handke: *Publikumsbeschimpfung*

Früh hat Peter Handke die Abkehr von einer politischen Literatur formuliert, am schärfsten in seiner Polemik gegen die engagierte Literatur im Essay *Ich bin ein Bewohner des Elfenbeinturms* (1967). Handke verwahrt sich gegen jede Art von Engagement und Fiktion, wobei seine Kritik nun auch Brecht und Beckett einschließt. Sein Stück *Publikumsbeschimpfung* (1966) steht in der Linie der Konkreten Poesie. Es überträgt die sprachexperimentelle Literatur (Grazer Gruppe) auf die Bühne, denn in Handkes Sprechstücken wird die Sprache zum Medium und Objekt der Aufklärung. Die *Publikumsbeschimpfung* bespricht sie als Gegenstand des Theaters in einem strengen Sprachexerzitium: Vier Schauspieler, nichts anderes mehr als „Sprecher", schöpfen geradezu systematisch das gesamte Wort- und Satzfeld des Theaters aus, um die üblichen Erwartungen bzw. Erfahrungen eines Theaterpublikums ebenso zu verneinen wie den Zeichen- und Verweisungscharakter der Bühne. Jede ihrer Reden negiert Verfahren und Modelle des Theaters. Auf diese Weise verwandelt sich die auf der Bühne normalerweise erwartete Figurenrede in einen nicht-symbolischen Sprechakt. Denn sie repräsentiert nichts mehr, wie man es vom Theater erwartet, sondern will nur noch in reiner Präsenz wirken. Im Kern handelt es sich um ein Theater der Sprechakte über das Theater. Es rhythmisiert Sprache nach Maßgabe des zeitgenössischen Beat-Sounds. Mit anderen Worten überträgt Handke den Performance-Charakter des *Living-Theatre* und des Theaters der Grausamkeit auf die performative Energie im Ereignis der Artikulation. Selbstreferentiell wird diese Dramatik, indem sie alle Elemente des Theaters negiert: Sie ist kein Spiel und auch kein Theater mehr, die Sprecher spielen keine Rolle, und es gibt keine Illusion. Dabei verkneift sich Handke auch nicht diverse Anspielungen auf die zeitgenössische Theatersituation, u. a. auf das Dokumentartheater. Insgesamt radikalisiert er die Idee vom Antitheater im Zeichen reiner Gegenwart: Alles, was besprochen wird, ist real. Es gibt kein Theaterstück, sondern nur ein Sprechen über das Theater, das sich vor einem Publikum vollzieht, das vom Text direkt angesprochen wird. Die im Titel angekündigte Publikumsbeschimpfung findet aber tatsächlich erst gegen Ende durch politische Invektiven ganz eigener Art statt (‚Ihr Saujuden, Genickschußspezialisten, KZ-Banditen'). Auf diese Weise kehrt das Stück nicht zuletzt die gängige Perspektive in einer Theateraufführung um, wenn die Attacke des Publikums zum realen Akt wird.

Situation der 1980er Jahre

In den 1980er Jahren umkreisen die ‚Stichworte zur geistigen Situation der Zeit' (Habermas) ein Gefühl des Stillstands, der Übermächtigkeit von Sachzwängen im Staat, in den gesellschaftlichen Institutionen und im Privatleben. Francis Fukuyama beschwört kurz vor Ende des Kalten Kriegs 1989 *The End of History*. Es herrscht eine apokalyptische Katastrophenstimmung, die auf Stichworte wie NATO-Doppelbeschluss, Naturzerstörung und *Risikogesellschaft* (Beck) hört. Beck formuliert in seinem Buch von 1986 die wirkungsreiche These von der Individualisierung des Risikos, die für die Bedrohung durch Tschernobyl wie für das Fragwürdigwerden sozialer Sicherungssysteme gilt. Geprägt ist der Zeitgeist der 1980er Jahre von Zukunftsangst und Konsumismus im Wohlfahrtstaat. Die letzten gesellschaftlichen Widerstände fallen, weil sich auch die Suche nach dem authentischen Subjekt der 1970er Jahre als vergeblich erwiesen hat. Diese finale ‚Paradigma-Erschöpfung'

(Christian Meier) äußert sich in der Rede vom „anything goes" (Paul Feyerabend) und im Zynismus als Dispositiv der Zeit. Peter Sloterdijks philosophischer Bestseller *Kritik der zynischen Vernunft* (1983) definiert den Zynismus als das aufgeklärte falsche Bewusstsein: als ein modernisiertes unglückliches Bewusstsein, an dem die Aufklärung erfolgreich wie vergeblich zugleich gearbeitet hat. Marquard beschreibt die Lage als *Abschied vom Prinzipiellen* (1981), Habermas als *Neue Unübersichtlichkeit* (1985), gemeint als kritischer Gegenbegriff zum Zauberwort der 1980er Jahre von der Postmoderne.

Als einer der ersten Autoren spürt Botho Strauß solchen Befunden nach. Er ist der repräsentative Dramatiker in der Bundesrepublik der 1970er und 80er Jahre, gerade was die so kompliziert und unübersichtlich gewordenen Befindlichkeiten im Alltagsleben betrifft. Strauß ist zunächst Theaterkritiker und als Dramaturg an der Berliner Schaubühne bei Peter Stein tätig. Seine Dramatik nimmt ihren Ausgang von Erfahrungen mit dem internationalen Theater, etwa in der Inszenierung von Gorkis *Sommergästen* (1905) im Jahr 1973. Der Durchbruch gelingt ihm mit *Groß und Klein. Szenen* (1978), einem Stationendrama, genauer dessen resignierte Negation: Lotte ist Zaungast in diesem Spiel mit der Randständigkeit eines Menschen, der überall anklopft, aber nirgendwo ankommt. Es folgt die *Trilogie des Wiedersehens. Theaterstück* (1978), das eine Party- bzw. Vernissagengesellschaft im Ausstellungsraum eines Museums zeigt: Die Figuren, die sich als Freunde alle näher kennen (wie die bloßen Vornamen im Personenverzeichnis signalisieren), versinken in ihrem halbbewussten Dämmer, können sich daher kaum mehr recht artikulieren. Das Stück zeigt das Undeutliche und Unklare komplizierter Psychologen bei ‚Paaren und Passanten' (1981) im Stimmenwirrwarr ihres Sprechens. In dieser Dramatik des Beiläufigen, Marginalen und Überempfindlichen bildet sich keine Handlung mehr heraus. Alle Figuren sind Besucher und Wartende, die reden, aber nicht mehr genau wissen, was sie sagen und was sie wollen. In drei Teilen präsentiert die „Blendentechnik" dieses ‚Zimmer-Theaters' (Barner 1994, 683–690, 687) Momentaufnahmen zu den psychosozialen Verhältnissen im bundesdeutschen Mittelstand.

Gesellschaftsdramatik der späten 1970er Jahre – Botho Strauß

Aufgrund ihrer ausgestellten und selbstbezüglich gebrochenen Künstlichkeit, ihres kaleidoskopartigen Zitat- und Verweischarakters hat man die Stücke von Botho Strauß der Postmoderne zugerechnet, also dem in den 1980er Jahren vieldiskutierten Leitwort für die Lage in Kultur und Literatur. Postmoderne Literatur zelebriert das ästhetische Spiel durch Fiktionsironie und Metafiktionalität. Sie zeigt den Konstrukt- und Simulationscharakter einer Welt, die zunehmend medial organisiert ist. Insofern erweist sich die Postmoderne als ein literarischer Konstruktivismus: Wirklichkeit und Geschichte sind Konstruktionen, die fiktional in variablen Modi simuliert werden. Es entstehen hybride Strukturen durch heterogene Kombinationen aus Elementen der Kunst, Gesellschaft und Wissenschaft, wobei nun auch die Natur-, Informations- und Medienwissenschaften hinein spielen. Im Kern zielt die in diesem Zusammenhang gebrauchte Formel ‚anything goes' auf die Affirmation von Pluralität als Kritik an Normen und Ordnungsprinzipien.

Postmoderne

Postmodern in diesem Sinn ist Strauß' Stück *Kalldewey, Farce* (1982), indem es zitatenreich auf alle relevanten Theatermodelle nach 1945 anspielt (Beckett, Ionesco, Artaud, Handke u. a.). In wachsendem Maße zeichnen sich in Strauß' Dramen der 1980er Jahre aber auch mythische Muster als Fo-

Botho Strauß: Dramen der 1980er Jahre

lie der Darstellung ab, z. B. der Pentheus- und Orpheus-Mythos. Noch deutlicher wird jetzt ein offen-kundiges Experimentieren mit dramatischen Sprach- und Sprechformen, an dem die Dezentralität menschlicher Haltungen und Positionen, die Entfremdung und Selbstentfremdung inmitten einer übermächtigen Medien- und Konsumgesellschaft am hilflosen Sprechen in scheiternden Versuchen von Unbehausten kenntlich wird. *Der Park. Schauspiel* (1984) reflektiert die Unmöglichkeit der poetischen Verzauberung auf der intertextuellen Folie von Shakespeares *Sommernachtstraum* in einem bundesdeutschen Stadtpark voller Müll. Noch stärker als früher organisieren diese Stücke jetzt Formen der szenischen Intertextualität, die ihre Vorlagen als Pastiche gleich einem Palimpsest ineinander blenden. In szenischer Form führt diese zersplitterte ‚Endzeitdramatik' (Barner 1994, 860–864) die endgültige Entzauberung der Welt vor.

Ausblick

Die Tragikomödie als maßgebende Tendenz der Moderne kulminiert in den Stücken von Thomas Bernhard. Tankred Dorst aktualisiert das Welttheater als Modell im groß angelegten Totaltheater *Merlin oder das wüste Land* (1981) als szenische Reflexion auf die Gegenwart als *Waste Land* (T. S. Eliot) vor der mythischen Folie mittelalterlicher Ritterepen. Der maßgebende Geschichtsdramatiker einer gesamtdeutschen Literatur zwischen Ost und West vor dem Zusammenbruch der Blöcke ist Heiner Müller. Die von Handke begründete Dramatik der Sprache treibt Elfriede Jelinek weiter, hier auch in einer gendersensiblen Kritik der Phrase. Weitere renommierte Dramatiker und Dramatikerinnen der 1990er Jahre sind u. a. Rainald Goetz, Marlene Streeruwitz, Albert Ostermeier, Werner Schwab, Urs Widmer, Dea Loher, Sibylle Berg (vgl. Schößler 2004).

Postdramatisches Theater der Gegenwart – das letzte Wort?

In den 1990er Jahren beherrscht die Formel vom postdramatischen Theater die Diskussion. Sie bringt die Entliterarisierung des Dramas durch die wachsende Aufmerksamkeit auf den Performance-Charakter seit den späten 1960er Jahren auf den Begriff. Bezeichnet wird damit die Abkehr vom Drama als Sprachkunstwerk hin zum ‚Theatertext' (Poschmann 1997). Zunehmend treten hybride Mischungen in Textformationen hervor, die wie Volker Brauns *Iphigenie in Freiheit* (1992) kaum mehr so ohne Weiteres als Dramen identifiziert werden können. Diese Tendenz schließt natürlich nicht aus, dass nach wie vor Theaterstücke geschrieben werden, die sich der altehrwürdigen Aufgabe des Dramas seit den Anfängen in der griechischen Antike verschreiben. Spätestens nach 2000 zeichnet sich eine Rückkehr zu Reality-Formaten ab, die aktuelle Probleme ihrer Zeit zwischen Krieg, Politik und Konsumgesellschaft verhandeln. Vorbereitet durch die englische Brutaldramatik von Sarah Kane (*Blasted*, dt. *Zerbombt* 1995) und Mark Ravenhill (*Shopping & Fucking* 1996), führt etwa Urs Widmers Stück *Top Dogs* (1997) die psychischen Folgen des Finanzkapitalismus an entlassenen Managern in einem Outplacement-Büro vor. Mit Rollenspielen versuchen sie ihr Versagen psychotherapeutisch zu bewältigen, indem sie sich nach wie vor zu Machern des Wirtschaftsystems stilisieren. Seit Mitte der 1990er Jahre setzt sich das Gegenwartstheater verstärkt mit wirtschaftlichen Themen auseinander, indem es das Verhältnis von Ökonomie, sozialen Lebensumständen und Ästhetik beobachtet (Schößler/Bär 2009). Auch in Zukunft wird also die Funktion des Dramas darin bestehen, die mimetische Kraft des Theaters zu nutzen, um je aktuelle Problemlagen des Menschen in Szene zu setzen.

VI. Einzelanalysen

1. Friedrich Schiller: *Kabale und Liebe*

Nach seiner Flucht aus dem Herzogtum Württemberg in die kurpfälzische Residenzstadt Mannheim wurde Friedrich Schiller im August 1783 vom Intendanten Dalberg als ‚Theaterdichter' an der dortigen ‚Teutschen Schaubühne' angestellt. Hochverschuldet war er nach seinem Publikumserfolg mit dem dramatischen Erstling *Die Räuber* (1781) auf bühnenwirksame Stücke angewiesen. Das Bürgerliche Trauerspiel *Kabale und Liebe* (1784) kann als ein populäres Unternehmen dieser Art angesehen werden, zumal sich Schillers zweites Stück, das ‚republikanische Trauerspiel' *Die Verschwörung des Fiesco zu Genua* (1783), als Misserfolg erwies. *Kabale und Liebe* bezieht sich dagegen überdeutlich auf ein Erfolgsmodell bürgerlicher Dramatik, das Lessing mit *Emilia Galotti* (1772) bereits sozialpolitisch vertieft hatte. Mit ausgeprägtem Sinn für melodramatische Theatereffekte in einer psychologisch durchaus unplausiblen Handlung an der Grenze zur Kolportage (Alt 1994, 285) bringt Schiller auf alltagsnahe Weise aktuelle politische Verhältnisse und eine neuartige, ständeübergreifende Liebe auf die Bühne. Das Familienstück bildet damit Problemlagen seiner Zuschauer im Mannheimer Nationaltheater ab und wird so zum theaterbewussten Reflexionsmedium bürgerlicher Wertvorstellungen um 1780.

Schon der Titel *Kabale und Liebe* würdigt in vielerlei Hinsicht Publikumsinteressen der Mannheimer Bühne. Den ursprünglichen Titel *Louise Millerin* änderte Schiller auf Empfehlung des Mannheimer Starschauspielers Iffland. Der neue, seinerzeit modische Doppeltitel ist auf Effekt bedacht; v. a. bringt er den Doppelcharakter von höfischem Intrigenspiel („Kabale") und empfindsamer Liebe zwischen den Kindern unterschiedlicher Stände auf den Punkt. Schiller musste Ifflands Vorschlag also wegen seiner politischen Implikationen einleuchten, die auf die Hof- und Gesellschaftskritik im Kampf der Söhne gegen die Väterwelt abzielen. Zugleich bleiben damit ästhetische Auffassungen der Geniezeit im Spiel, denkt man an Klingers Drama *Sturm und Drang*. Doppeltitel dieser Art wirken zu Schillers Zeit noch in populären Familienrührstücken wie Ifflands *Verbrechen und Strafe* (1784) fort. Bereits der ursprüngliche Titel *Louise Millerin* geht auf Erfolgskalküle zurück, insofern er deutlich an Lessings Bürgerliche Trauerspiele anknüpft. Schillers Namensgebung signalisiert aber auch, dass es sich im Vergleich mit *Emilia Galotti* um eine niedriger gestellte Hauptfigur handelt, die einem Konflikt mit dem höher gestellten Adel ausgeliefert wird. *(Titel)*

Auch der Untertitel *Ein bürgerliches Trauerspiel in fünf Aufzügen* knüpft an dieses Erfolgsmodell an. *Kabale und Liebe* versammelt sämtliche Ingredienzien des publikumswirksamen Genres: ein Standesproblem, eine melodramatische Liebesgeschichte, die durch heimtückische Intrige des bürgerlichen Haussekretärs Wurm (der damit eigene Interessen verfolgt) zerstört wird. Besonders effektvoll ist nicht zuletzt das tragische Missverständnis, das *(Nebentexte)*

Ferdinand zum Giftmord aus Eifersucht nötigt. Schiller bringt diese Elemente mit dramaturgischem Sachverstand, der auf direkte emotionale Wirkung beim Publikum abzielt, auf die Bühne.

Bereits im Personenverzeichnis schlagen sich Kennzeichen des Stücks nieder: Der sozialpolitisch begründete Familienkonflikt aus der antithetischen Gegenüberstellung der beiden Sphären – um Präsident von Walter „am Hof eines deutschen Fürsten" auf der einen, um die Familie des ‚Stadtmusikanten' Miller auf der anderen Seite – begründet die ständische Anordnung der Figuren. Die politische Sphäre, von der die gesellschaftlichen Machtverhältnisse definiert werden, platziert den Präsidenten oberster Stelle. Die weiblichen Figuren werden innerhalb der antithetischen Gruppierung stets nachgeordnet. Im Unterschied zu Wurm wird die „Kammerjungfer" Lady Milfords, Sophie, der bürgerlichen Gruppe zugewiesen. Die Anordnung erfolgt also nach der politischen Macht und damit nach den Einflussoptionen einer Figur. Bemerkenswert sind die wertenden Attribute bereits im Personenverzeichnis, die dann im Stück in kommentierenden Nebentexten wiederkehren: „Stadtmusikant oder, wie man sie an einigen Orten nennt, Kunstpfeifer"; „Favoritin des Fürsten". Zu beachten ist der Einsatz von Vor- und Nachnamen: Steht jener für das Individuelle, repräsentiert der Nachname die Familienzugehörigkeit: Nur mit Vornamen vorgestellt werden Ferdinand, Louise und Sophie; die handlungsbestimmenden Väter dagegen erscheinen nur mit Familiennamen, in der adeligen Sphäre darüber hinaus unter Angabe ihrer politischen Funktion („Präsident"). Ohne eigenen Namen wird die Frau Millers aufgeführt („Dessen Frau").

Das vielgestaltige Spiel mit ausführlichen Nebentexten (fast vor jeder Figurenrede), in denen affektive Zustände oft als gestische Regungen mitgeteilt werden, betrifft Physiognomie, Verhaltensweisen, Manieren und Haltungen, Erregungszustände und Eigenheiten der Figuren: „die Faust vor die Stirn" (Schiller 1988, I/1, 566); „lächelt dumm-vornehm" (I/2, 569); „stotternd" (Lady Milford! II/2, 593); „lacht wütend" (II/5, 604); „für Wut mit den Zähnen knirschend" (II/6, 607); „von Schauer geschüttelt" (V/7, 670) usw. Diese Regieanweisungen, die den Haupttext häufiger unterbrechen (vgl. V/5), demonstrieren Schillers theaterbewussten Anspruch, die Leidenschaften in den Regungen des Körpers selbst anschaulich werden zu lassen. Gestützt auf die zeitgenössische ‚Erfahrungsseelenkunde' (Karl Philipp Moritz), verweist das nervöse Gesten- und Mienenspiel auf den Körper des Menschen als Schauplatz psychischer und physischer Energien, auf die inneren Spannungen und unkontrollierten Affekte auch dergestalt, dass sie als Erbleichen (II/3, 599) oder Erröten im Zeichen der Scham sogar bei der höfisch kontrollierten Lady Milford sichtbar werden (IV/7, 642).

Haupttexte

Schiller differenziert die Prosa des Bürgerlichem Trauerspiels auf der Basis des realistischen Dramas im Sturm und Drang in ein reiches Spektrum zwischen alltäglichem Sprechen (Miller) und rhetorisch sich aufgipfelnder Diktion (Ferdinand): Zeigt die erste Szene am drastischen ‚Hausvater' Miller (nach dem Vorbild von Gemmingens rührendem Familienstück *Der deutsche Hausvater*, 1779) fast schon ein naturalistisches Sprechen, insofern es von sozial bedingten Denkformen durchsetzt ist, werden bei seiner Frau die Aufstiegsambitionen des Mittelstands durch Bildungsschnitzer mit schwäbischem Einschlag entlarvt („disguschtüren", I/1, 567). Die Sprachgebung charakterisiert ihren sozialen Stand und ihre psychische Verfasstheit: die pathetischen Eruptionen des Schwärmers Ferdinand oder das alberne Hoffranzösisch des Hofmarschalls von Kalb neben der zynischen Ironie des Präsidenten, während sich Luises Besonnenheit auf Tugend und religiöse Ordnung in ihrer festen Diktion niederschlägt – „gelassen und edel", heißt es etwa im Nebentext beim Gespräch mit Lady Milford (IV/7, 643). Die differenzierten Formen der Figurenrede zielen auf direkte emotionale und moralische Wirkung beim Publikum in einem theatralischen Sprachdenken, das danach drängt, sofort in Anschauung und Handlung überzugehen. In affektiver Erregtheit übereilt die Sprache das Denken und damit die Entscheidungen, v. a. bei Ferdinand. Auf der einen Seite ist sie hektisch-nervös gespannt und syntaktisch zerrüttet, abgeklärt distanziert bei den machtbewusst Figuren (Präsident, Wurm) auf der anderen.

In rhetorisch geschulter Anschaulichkeit verfügt Schiller über ein nuanciertes Spektrum an Stillagen: Das hohe Pathos Ferdinands repräsentiert die Genieästhetik, das drastische Sprechen Millers wie die falschen Bildungsansprüche seiner Frau gehen auf die realistische Diktion in Lenz' *Soldaten* oder in Wagners *Die Kindermörderinn* (1776) zurück. Die ambivalente Rede Wurms changiert zwischen höfischer Schmeichelei und machtbewusstem Intrigantentum. Sie perspektiviert damit den Zynismus des Präsidenten ebenso wie die leere höfische Galanterie des Hofmarschalls von Kalb. Lady Milford, die sich durch die tugendhafte „Stärke" Louises (III/4, 622) von den höfischen Phrasen der Mätresse zu empfindsamem Mitleid befreit, funktioniert ebenfalls als Komplementärfigur, indem sie gewissermaßen zwischen den Ständen steht. Überall werden damit die gemischten Verhältnisse des Bürgerlichen Trauerspiels sichtbar, sprachlich an der Kombination komischer und pathetischer Stilelemente: Entlarvt die Exposition die bürgerliche Familie in ihrer Engstirnigkeit (und darin den Ehrgeiz des Kleinbürgers) mit komischen Mitteln, so der Auftritt Kalbs mit ähnlich satirischem Impuls das Höfische an einer Karikatur des aristokratischen Günstlings. Schiller demonstriert damit, wie sich die antithetisch gruppierten Perspektiven komplementär zueinander verhalten. In dieser Bedingtheit zeigt er soziale Verhältnisse auf, an denen Verzerrungen und Folgen gesellschaftlicher Rollen anschaulich werden.

Hauptfigur des Stücks ist – wie der ursprüngliche Titel ankündigt – zweifellos *Louise Millerin*, weil um sie die Kabale aus den Widerständen der Väter gegen die Liebe ihrer Kinder geht. Louise gehört aber nicht in die Reihe der für das Bürgerliche Trauerspiel üblichen, unschuldig verfolgten Töchter. Vielmehr äußert sich in ihr eine eigenständige Auffassung von Liebe wie eine besonnene Kraft und moralische Stärke, insbesondere gegenüber Lady Milford, die sie zu einer bürgerlich-empfindsamen Auffassung und damit sogar zur Aufgabe ihrer Mätressenrolle überreden kann (IV/9). Andererseits wird ihr Selbstbestimmungsrecht wiederum empfindlich wegen ihrer Liebe zum Vater beschränkt. Dominant sind auch in *Kabale und Liebe* die Väter: Der ‚Hausvater' Miller unterdrückt seine Frau und hält höchst eigennützig seine Tochter vom Selbstmord ab, weil sich der 60-Jährige um den karitativen Beistand seiner 16-jährigen Tochter sorgt. Allen Tendenzen zur Typisierung zum Trotz, die in den Figuren als Repräsentanten sozialer Rollen und psychophysischer Verhaltensmuster durchscheinen, bleiben auch Dienerfiguren wie Sophie komplex gestaltet, zumal diese eine ähnliche Wirkung auf ihre Herrin ausübt wie Franziska in Lessings *Minna von Barnhelm*. Alle Handlungsträger werden jedenfalls durchaus gleichmäßig beleuchtet, so dass auch peripheren Figuren wie Kalb und Sophie Spielräume der Selbstdarstellung eingeräumt werden, denn auch sie repräsentieren menschlich interessante Schicksale.

Wie Lessing in *Emilia Galotti* verteilt Schiller seine Monologe auf signifikante Weise im Fortgang der Handlung: Bezeichnenderweise gibt es Monologe erst ab III/5 (Louise), also auf dem Höhepunkt der Handlung, als Louise nach ihrer Absage, mit Ferdinand die Flucht zu ergreifen (III/4), von Wurm erpresst wird. Monologe prägen den hektischen vierten Akt (IV/1, IV/4), nachdem Ferdinand den erpressten Brief Louises in die Hände gespielt bekommt, aus dem sich dann die Eifersuchtshandlung bis zur finalen Tötung der Geliebten begründet. Sie kommen folglich v. a. der pathetischen Affektfigur Ferdinand zu (vgl. auch V/4), während der einzige Monolog Lady Milfords (IV/8) ihre ‚Erschütterung' und ‚Entsagung' zur „Tugend" (V/8, 647) nach der Begegnung mit Louise darstellt.

Insgesamt ergibt sich die Handlung aus dem antithetischen Gegenüber zweier Sphären. Dialogsituationen, die Figuren zum Handeln nötigen, begründen die Konfliktstruktur eines geschlossenen Zieldramas bis zur Lösung durch den Tod der Protagonisten. Geschlossen bleibt das Stück auch dann, wenn man einräumt, dass die Handlung eher zufällig durch die von Wurm eingefädelte Intrige beschleunigt wird. Andererseits befördert diese Intrige die emotionale Anteilnahme des Zuschauers, weil sie mit der Abscheu über den Täter das Mitleid mit dem Opfer verstärkt. Der spezifischen Alltäglichkeit einer realistischen Dialoggestaltung kontrastieren die ebenso idealistisch wie melodramatisch sich aufgipfelnden Eruptionen im Liebesdiskurs, weil letztlich der Theatereffekt wichtiger erscheint als eine psychologisch plausible Handlung. Dabei konzentriert Schiller sein Interesse auf das menschlich interessante Moment im Kanon bürgerlicher Verhaltensformen zwischen „Laster und Tugend, Glückseligkeit und Elend" der Liebe durch soziale Schranken, „Torheit und Weisheit", so wie er sie in seiner Schaubühnenrede bespricht (Schiller 1992, 190). Das dualistische Schema neigt insgesamt zur Typisierung, die auf zeitgenössische Quellen für psychologische und szenische Motive zurückzuführen sind: Die Figuren stehen für Temperamente und Rollenstandards, die für die Mannheimer Bühne konzipiert wurden (Ritzer 1998, 247).

Bauform Auch formal knüpft *Kabale und Liebe* an Lessings *Emilia Galotti* an, indem Schiller zum klassizistisch geschlossenen Drama ohne Personenwechsel im Auftritt zurückkehrt. Im Unterschied zur offenen Dramatik der *Räuber* zwingt er seinen Konflikt in eine symmetrische, ja geometrisch geplante Bauform: In jedem Akt stehen sich die bürgerliche und höfische Sphäre gegenüber. Durchgängig regiert das Prinzip des Kontrasts mit Szenenwechseln zu Beginn und in der Mitte der Akte: Schiller setzt auf die effektbewusste Gegenüberstellung der sozialen Milieus zwischen bürgerlicher Wohnstube, höfischem Boudoir der Mätresse Lady Milford und Saal beim Präsidenten. Diesem Zweck dient das Arrangement der Szenen, die auch intern nach dem Prinzip der dialogischen Kontrastierung angeordnet werden: so in II/4–7 mit dem bei Miller auftretenden Präsidenten oder in IV/6–9 mit Louises Erscheinen im Saal der Lady Milford. 36 Szenen sind nach Sequenzen von Auftritten organisiert, die jeweils auf demselben Schauplatz spielen: I/1–4 im Zimmer beim Musikus, I/5–7 im „Saal beim Präsidenten", II/1–3 in einem Saal im Palais der Lady Milford, II/4–7 im Zimmer beim Musikanten usw. Der fünfte Akt mit acht Szenen spielt nur noch in einem Zimmer der bürgerlichen Familie. Man hat es also insgesamt nur mit drei Innenräumen zu tun, die Schiller nach Szenenblöcken arrangiert. Anfang und Schluss des Dramas handeln rahmenbildend in Millers Wohnung. Nur deshalb fällt die ganze Anlage nicht vollkommen symmetrisch aus, weil der letzte Akt durchweg bei Miller spielt. Das ist insofern konsequent, als sich in dieser Sphäre Louises Schicksal durch ihre Familienbande erfüllt.

Der Bau der Szenen folgt dem französischen Muster: Eine neue Szene beginnt innerhalb der szenischen Blöcke mit einer Änderung der Figurenkonfiguration durch Auftritt oder Abgang einer Figur, ohne dass der Fortgang der Handlung unterbrochen wird. Im Kern hat *Kabale und Liebe* insgesamt nur neun Szenen (jeweils zwei in den Akten I bis IV und eine Szene in Akt V). Die räumliche Nähe erklärt die nervöse Handlung unter Zeitnot an einem Tag. Neben allgemeinen Hinweisen auf die sozialen Sphären bleiben die Lokalitäten eher unbestimmt, so dass sie gesellschaftskritische Interpretationen über entsprechende Zustände etwa am Hof des Herzogs Karl Eugen von Württemberg zulassen, ohne dass sich das Stück darauf festnageln lässt.

Die Anzahl der Figuren bleibt überschaubar. In erster Linie repräsentieren sie soziale Rollen und Verhaltensweisen im privaten Kontext der bürgerlichen Familie (Vater, Mutter, Tochter) und im öffentlichen Feld des Politischen. In beiden Bereichen überschneiden sich aber familiäre und politischsoziale Interessen, wenn der Präsident als Stellvertreter des Herzogs *und* als Vater agiert, der mit seinem Sohn die unrechtmäßig erworbene politische Macht sichern will. Ähnlich funktioniert Lady Milford als Mätresse und als Liebende, die Ferdinand tatsächlich begehrt. Vermittelnde Funktionen übernehmen zum einen Wurm, der aufgrund seiner bürgerlichen Herkunft genau weiß, wie er Louise packen kann, zum anderen die Kammerzofe Sophie, deren Stelle Louise von Lady Milford angeboten wird.

Blickt man auf die Konfiguration der Figuren, so zeigt I/1 zunächst das Verhältnis Millers zu seiner Frau; in I/2 wird es durch Wurms Eintritt angereichert, so dass sich bereits hier die Brechung der Perspektiven durch Anhäufung der Figuren (vgl. dazu den Hinweis „Die Vorigen"; I/2, 568) ergeben: In I/3 tritt mit Louise der Grund aller Aufregung hinzu, so dass das Verhältnis Millers zu seiner Tochter erkennbar wird. Die beiden Liebenden kommen nach I/4 nur noch zweimal (III/4, V/7) alleine zusammen. Auch an dieser Verteilung erkennt man die symmetrische Anlage des Stücks, das sich von der offenen Form zugunsten effektiver Bühnenwirksamkeit verabschiedet hat. Noch deutlicher wird das Prinzip der akkumulierenden Perspektivierung im letzten Akt: Zunächst zeigt er Vater und Tochter erstmals allein (V/1), dann tritt Ferdinand hinzu (V/2), so dass nach Louises Abtritt Ferdinand und Miller sich zum ersten Mal ungestört aussprechen können (V/3/5), unterbrochen von einem Monolog Ferdinands (V/4). In der finalen Szene kommen dann alle zentralen Figuren (mit Ausnahme der bereits gestorbenen Titelfigur) zusammen, um nicht zuletzt die Vergebungsbitte des Präsidenten gegenüber seinem sterbenden Sohn im Zeichen der nun auch bei ihm greifenden bürgerlichen Moral effektvoll in Szene zu setzen.

Alle Szenen sind im Vergleich mit dem Drama des Sturm und Drang mehr oder weniger homogen gebaut: Wenige Kurzszenen (so Louises Monolog in III/5 oder die kurze Szene IV/1) unterscheiden sich von längeren Schwerpunktszenen, in denen die psychophysischen Dispositionen der Hauptfiguren, insbesondere ihre Auffassungen von Liebe und Menschlichkeit, deutlich werden: in II/3 zwischen Ferdinand und Lady Milford, in IV/7 zwischen Louise und Lady Milford, in V/1 zwischen Louise und ihrem Vater, nicht zuletzt natürlich in der vom religiösen wie pathetischen Idealismus der Liebe getragenen Sterbeszene (V/7). Die Professionalität der Anlage zeigt sich bereits in der Exposition mit Komödienelementen, die Schillers theatralisch direkten Zugriff auf die kleinbürgerliche Wirklichkeit in der Wohnstube Millers demonstriert: Die Eheleute streiten sich über die problematische Liaison ihrer Tochter mit dem adeligen Ferdinand. Der polternde Vater verwünscht die Verbindung, während die Frau törichte Hoffnungen auf ein besseres Leben hegt. Miller macht seiner Frau eine Szene, wenn er sich als Herr im Hause aufspielt, und vergrößert sich damit in seiner Vaterrolle. Gerade diese erste Szene markiert die Alltäglichkeit der Situation, wenn die Frau Millers im Nachtgewand mit Kaffeetasse auftritt. Komplementär dazu funktioniert die Exposition Lady Milfords im „reizenden Negligee" (II/1, 587). Zugleich wird deutlich, dass die Handlung am kritischen Punkt einsetzt, denn Louise könne jetzt nur noch Ferdinands Mätresse werden: „Der Handel wird ernsthaft. Meine Tochter kommt mit dem Baron ins Geschrei" (I/1, 565). Die Störung der Normalität, die in die Vergangenheit der ersten Liebesbegegnung zurückreicht, erzwingt offenbar erst jetzt schnelles Handeln. Wie in *Emilia Galotti* unterliegt das Zieldrama einer Zeitnot, die auf Seiten des Präsidenten durch seine Heiratspolitik verursacht wird.

Die Entschlüsse zu raschem Handeln laden die Figuren mit Energien auf, in denen sich moralische und soziale Kräfte nach polaren Gruppen bündeln: Edelsinn vs. Gemeinheit, empfindsame Liebe vs. politisches Machtkalkül. Die Front verläuft aber nicht nur zwischen bürgerlicher und höfischer Welt, sondern eben auch quer durch die Gruppierungen: Die Bürgerstocher ist innerlich zwischen Vater und Liebhaber gespalten; Lady Milford entdeckt nach dem Gespräch mit Louise ihre empfindsame Menschlichkeit als „Tugend" (IV/8, 647). Dabei zeigen die einzelnen Szenen, was das Drama im Ganzen ist: Entfaltung und Veränderung einer Situation, die von den Figuren nicht vorausgesehen wird, so dass sie immer wieder überrascht reagieren – so etwa Ferdinand im Blick auf seine Erwartung, in Lady Milford die lasterhafte Mätresse zu sehen, obwohl sie tatsächlich eine Liebende und eine verkannte Wohltäterin ist. Unerwartete Wendungen dieser Art erzeugen für den Zuschauer Spannung auf den Fort- und Ausgang der Handlung. Schiller hält diese Spannung nicht zuletzt durch theaterbewusste Requisiten wie die tödliche Limonade in Gang.

Epoche Das Stück problematisiert das Drama des Sturm und Drang, indem es dessen Elemente (Affektdarstellung, Vater-Sohn-Konflikt) in einer klassizistischen Dramaturgie aufklärerisch wendet. Die Darstellung steht im Zeichen der Spätaufklärung, weil sie Auskünfte über die psychosoziale Affektstruktur des ‚ganzen' Menschen aus Kopf und Herz erteilt (vgl. Alt 2000, 358–367).

Schillers Drama funktioniert als „Barometer der Seele" (III/1, 613), indem es die Wechselwirkungen von Körper und Geist in sozial bedrängten Situationen zeigt. Stets spielt bei Schiller das Verhältnis von Medizin und Aufklärung über den Menschen hinein, wenn er den Doppelcharakter aus Sinnlichkeit und Vernunft an den pathologischen Ausbrüchen seiner Figuren einsichtig macht. Diese Darstellung bietet keine trotzige Idealisierung individueller Leidenschaften mehr wie noch im Sturm und Drang, sondern ein „genau ausgeleuchtetes Psychogramm des Enthusiasmus, das den Wunschbildern der Genieperiode, genuin aufklärerisch, eine nüchtern-diagnostische Sichtweise entgegensetzt" (Alt 2000, 368). Mit skeptischem Blick zergliedert Schiller überspannte Charaktere der zeitgenössischen Affektkultur. Er entlarvt so die Widersprüche der Aufklärung, gerade was die autonome Selbstbestimmung des Menschen betrifft, indem er die Risiken individueller Ansprüche, die Freiheit als Hybris offenlegt. Das Stück zeigt die Unzulänglichkeit des Menschen auf Erden und setzt dem zum Schluss eine Metaphysik des ‚dritten Orts' im Tod resp. im Himmel entgegen (V/1, 654). Insofern ist das Stück zweigeteilt in eine sozialpolitische und metaphysische Konfliktlinie, in die Gesellschaftskritik auf der einen und die Menschheitsutopie auf der anderen Seite (Elm 2004, 88–108). Nur in diesem metaphysischen Reich zählt das Menschliche, obwohl Louise genau diese erlösende Perspektive verunmöglicht wird, indem sie von ihrem Vater mit der drohenden Pflegebedürftigkeit erpresst wird.

Schiller hat *Kabale und Liebe* nicht nach einer Stoffvorlage geschrieben. Das Stück beruht also weitgehend auf eigener Erfindung und lehnt sich damit nicht mehr, wie noch Lessing mit dem Virginia-Stoff, an eine bestimmte Vorgabe an. Zugleich ist auch nicht zu verkennen, wie Schiller die erfundene Handlung in der eigenen Zeit zur Darstellung gegenwärtiger politischer Verhältnisse an Vorbildern orientiert, die im Sturm und Drang entdeckt wurden: So erscheint der Liebeskonflikt durch Shakespeares *Romeo und Julia* inspiriert. Weitere Anregungen betreffen v. a. die zeitgenössische Dramatik, insbesondere Lessings *Emilia Galotti*. Die Parallelen auf der Ebene der Figurenkonstellation sind kaum zu übersehen: so die Unschuld Louises, die aber nicht mehr eine verfolgte Unschuld ist, sondern als aktiv Liebende handelt; der Vater-Tochter-Konflikt zwischen Odoardo und Emilia kehrt zwischen Miller und Louise wieder; die Mätressenverwandtschaft zwischen Gräfin Orsina und Lady Milford ist ebenso wenig zu übersehen wie die Gemeinsamkeit der Intriganten Marinelli und Wurm, auch wenn dieser als Bürgerlicher besser auf die Moral Louises zugreifen kann (Elm 2004, 92–95).

Stoff und Handlungszeit

Andererseits sind auch die Unterschiede zu *Emilia Galotti* nicht zu verkennen: *Kabale und Liebe* ist politisch aktuell gegenüber dem zeitfernen Renaissance-Italien Lessings. Die Handlung ist psychologisch differenzierter, v. a. ist sie gesellschaftskritisch gegenüber der Verworfenheit des Adels und seinen ‚Kabalen' angelegt, wenn etwa in der berühmten Kammerdienerszene (II/2) mitgeteilt wird, dass erst der Verkauf der Landeskinder nach Amerika den erlesenen Brillantschmuck für Lady Milford ermögliche. Im Unterschied zu *Emilia Galotti* wird die Handlung tatsächlich ständisch verankert: im Handwerkermilieu des Stadtmusikanten Miller im deutlichen Gegensatz zum Hof um Walter, ohne dass der dramatische Konflikt aber in dieser Konfliktlage aufgeht. Nicht zuletzt unterscheidet sich die spezifische Alltäglichkeit der Liebesbeziehung zwischen Louise und Ferdinand von Lessings Gestaltung.

Gattungszuordnung — Das Bürgerliche Trauerspiel zeigt gemischte Verhältnisse und damit eine bedingte Tragik, gebrochen durch komische Figuren wie Kalb, Frau Miller oder gar Wurm (Schößler 2003, 61). Andererseits entlarvt es die Gewalt des Politischen auch in der Familiensphäre. Im Kern wird die Tragik, die aus Ferdinands Schuld gegenüber Louise resultiert, durch die gemischten Verhältnisse relativiert. Zwar haben sich Ferdinand und Louise in eine unentrinnbare Situation verstrickt. Schiller hält aber am Genrecharakter des Bürgerlichern Trauerspiels fest, indem er die Veränderbarkeit der ‚Narren' und ‚Schurken' (Brief an Dalberg, 3.4.1783; Schiller 1988, Kommentar 1337) wie der sozialen Verhältnisse selbst an der Umkehr des Präsidenten zeigt. So appelliert das Stück zugleich an die Großen, insofern die Bühne „auf Sitten und Aufklärung wesentlich wirke" (Schiller 1992, 199). In diesem Rahmen wird der Konflikt der Stände psychologisiert, d. h. ins Innere der Personen verlagert: Aufgezeigt werden die inneren Schranken der bürgerlichen und höfischen Welt, gekennzeichnet durch eine realistische Sprachgestaltung auch im höfischen Bereich, wenn Figuren wie Lady Milford stottern: „Das Figurenensemble ist also nicht nur ständisch getrennt, sondern in seiner Zeitgenossenschaft auch mental vereint" (Elm 2004, 94). Wie Miller und der Präsident sind sich Lady Milford und Louise ähnlicher, als es ihre Standeszugehörigkeit erwarten lässt. Fast alle Figuren werden dabei problematisiert: Geld, Gier und Eigeninteresse bestimmen ihr Verhalten, wenn sie andere Menschen als ‚Dinge' instrumentalisieren (vgl. I/5, 577; II/1, 589; III/6, 626; V/5, 664). Besonders deutlich wird das an der in V/5 vordrängenden Geldmetaphorik gerade auf Seiten Millers (Schößler 2003, 62).

Nicht zuletzt deutet sich in *Kabale und Liebe* in der strengen Einhaltung der Einheiten der Übergang zum klassischen Drama an. Das Bürgerliche Trauerspiel lebt in dieser Zeit meist nur noch in trivialen Familienrührstücken als Schwundformen des Genres fort. Gegen diese Trivialisierung opponiert das Drama der Klassik im Zeichen der Kunst. In seiner symmetrischen Anlage wie der idealistischen Wendung zum Schluss, die sich in der Metaphysik des erhabenen Sterbens und in der universalen Menschheitsversöhnung äußert (Elm 2004, 100), zeichnet *Kabale und Liebe* das klassische Drama *Maria Stuart* vor.

Darstellungsinteresse — Das Gerüst der Handlung geht auf den Konflikt des Präsidenten mit seinem Sohn zurück. Er ist politisch begründet, im Kern stellt er jedoch kein Standesproblem dar, weil der Sohn zum Mittäter gemacht werden soll, nachdem der Vater ein Verbrechen für seinen Aufstieg begangen hat. Die Konfliktlinien laufen daher weniger zwischen den Ständen als in den Familien selbst: in der realistisch auf Machterhalt bauenden adeligen Seite einerseits, in der so christlich wie idealistisch fundierten bürgerlichen Sphäre, die um ihren Ruf gesorgt ist, andererseits. Gemeinsam ist beiden sozialen Feldern die neue Auffassung einer absoluten Liebe. Sie hat tödliche Konsequenzen, weil Ferdinand blind ist für seine eigene Situation wie für die soziale und familiäre Situation Louises. Im Kern verhandelt das Stück die durch „Sozialpolitik und Metaphysik" begrenzte Autonomie des Menschen auf der Basis gewahrter Religiosität (Theodizee) in der bürgerlichen Welt (Elm 2004, 90–95).

Die tragische Konstellation ist von Beginn an klar umrissen, indem Louise zum doppelten Opfer in diesem Konfliktfeld gemacht wird: ihres bürgerlichen Standes wie der höfischen Ordnung, wobei diese ihre Macht perfiderweise durch den Bürgerlichen Wurm exekutiert. Der kennt den bürgerlichen Wertehimmel nur zu gut und kann Louise genau deshalb moralisch unter Druck setzen. Louise verzichtet auf Ferdinand, weil sie meint, es ihrem Glauben schuldig zu sein, denn sie begreift die Standesordnung als von Gott gewollt. Dieser theologische Diskurs, den das ganze Drama durchzieht, zeigt zwei Auffassungen vom Schöpfer: Ist er für Louise der Erbauer der irdischen und damit der moralischen Welt, sieht Ferdinand in Gott eine Macht, die die Liebenden schützt. Gott erlaubt es damit, gegen die soziale Ordnung aufzubegehren, soweit Standesunterschiede das Glück der Liebe unterbinden. Ferdinand baut folglich auf eine weltlich orientierte Gefühlsreligion, auf ein säkularisiertes Liebesevangelium (vgl. Guthke 1992, 113), während Louise die Erfüllung nur im himmlischen Reich Gottes erkennen kann – eben deshalb, weil der Vater ihr diese Werte vermittelt hatte. Genau deshalb verzichtet sie auf Ferdinand. Dessen Egozentrik, die wiederum viel mit seiner höfischen Erziehung zu tun hat, treibt Louise in den Tod, obwohl er sie empfindsam-bürgerlich liebt. Der Schwärmer verharrt im absolutistischen Herrschergestus, seine bürgerliche Eifersucht macht ihn aber zugleich blind für die Intrige Wurms. Auch der Liebende zeigt keine Gnade. Louise wird so zum doppelten Opfer bürgerlicher Resignation und aristokratischer Anmaßung. Im Sterben sagt sie die Wahrheit und befreit Ferdinand von seiner Verblendung. Der vergibt ihr und selbst im Sterben sogar seinem Vater. Schiller entlarvt so auch die Gewalt der Empfindung: „Daß die Zärtlichkeit noch barbarischer zwingt, als Tyrannenwut!" (V/1, 657), lautet die Formel, die Louises Liebe zum Vater als eine Gewalt kennzeichnet, der sie nicht entrinnen kann (Schößler 2003, 60).

Bürgerliche Werte werden bei Schiller mit melodramatischen Effekten eines Familienstücks verhandelt. Auch in *Kabale und Liebe* neigt Schiller zur Überpointierung zugunsten theatralischer Wirkung. Rhetorisch aufgeladen stellt das Stück die Frage nach dem Eigensinn der Liebe und deren Anmaßung. *Kabale und Liebe* umkreist damit die großen Themen der Zeit: die Liebe zweier Menschen unabhängig von ihrer sozialen Herkunft und die politischen und sozialen Widerstände gegen deren Erfüllung. Auch adelige Figuren wie Lady Milford tragen nun nicht nur bürgerlich-empfindsame Züge, sondern sie artikulieren selbst die politischen Missstände. Die geschlossene Perspektivstruktur dieser Sozialkritik entspricht Schillers Schaubühnenrede: Das Theater sei keine Verderberin der Sitten, sondern eine Institution zur Beförderung von Humanität, Geselligkeit und Moral – eine im umfassendsten Sinne pädagogische wie aufklärerische Institution also, die „alle Stände und Klassen in sich vereinigt" und so auch die Voraussetzung für eine „Nationalbühne" schafft (Schiller 1992, 198f.). In diesem politischen Theater geht es um moralische Erziehung. Es soll die Menschenkenntnis der Zuschauer mehren, indem das Theater die Einsicht in das Laster vertieft. Mit analytischem Scharfsinn, der die medizinische Schulung verrät, hält Schiller in dieser Phase noch an einer Funktionsbestimmung des Theaters fest: Herz und Verstand sollen gleichermaßen gebildet werden durch ein Effekttheater als moralische Anstalt, das auch den Großen der Welt die Wahrheit verkünden will.

2. Georg Büchner: *Danton's Tod*

Im 19. Jahrhundert wird das Geschichtsdrama zum neuen Leitgenre. Der Dramatiker versteht sich als zweiter Geschichtsschreiber, indem er historische Stoffe aus Quellen und Darstellungen zu einer szenischen Form verarbeitet, die auf eine wahrheitsgetreue Wiedergabe historischer Ereignisse abzielt – so zumindest der Anspruch Büchners für *Danton's Tod* (1835): „[…] daß ich der Geschichte treu bleiben und die Männer der Revolution geben mußte, wie sie waren, blutig, liederlich, energisch und zynisch. Ich betrachte mein Drama wie ein geschichtliches Gemälde, das seinem Original gleichen muß" (Brief an die Familie, 5. Mai 1835; Büchner 1988, 301). Historische Treue, die auch die problematischen Züge der Figuren nicht ausblendet, wird eingelöst durch ein Panorama („Gemälde"), das den historischen Augenblick in größtmöglicher Vielfalt der Perspektiven zeigt: „[…] der dramatische Dichter ist in meinen Augen nichts, als ein Geschichtsschreiber, steht aber *über* letzterem dadurch, daß er uns die Geschichte zum zweiten Mal erschafft und uns gleich unmittelbar, statt eine trockne Erzählung zu geben, in das Leben einer Zeit hineinversetzt, uns statt Charakteristiken Charaktere, und statt Beschreibungen Gestalten gibt. Seine höchste Aufgabe ist, der Geschichte, wie sie sich wirklich begeben, so nahe wie möglich zu kommen. Sein Buch darf weder *sittlicher* noch *unsittlicher* sein, als die *Geschichte selbst*" (Brief an die Familie, 28. Juli 1835; ebd., 305).

Mit dem Geschichtsdrama wird also die Frage nach dem realistischen Drama virulent, das historische Ereignisse und Figuren nicht mehr idealisiert. Genau dies begründet Büchners Polemik gegen Schiller (und indirekt auch gegen Aristoteles): „Wenn man mir im übrigens noch sagen wollte, der Dichter müsse die Welt nicht zeigen wie sie ist, sondern wie sie sein sollte, so antworte ich, daß ich es nicht besser machen will, als der liebe Gott, der die Welt gewiß gemacht hat, wie sie sein soll. Was noch die sogenannten Idealdichter anbetrifft, so finde ich, daß sie fast nichts als Marionetten mit himmelblauen Nasen und affektiertem Pathos, aber nicht Menschen von Fleisch und Blut gegeben haben, deren Leid und Freude mich mitempfinden macht, und deren Tun und Handeln mir Abscheu und Bewunderung einflößt. Mit einem Wort, ich halte viel auf Goethe oder Shakespeare, aber sehr wenig auf Schiller" (Brief an die Familie, 28. Juli 1835; ebd., 306).

Titel Der Titel nimmt das gewaltsame Ende einer welthistorisch bekannten Figur vorweg. Im Unterschied etwa zu Schillers *Maria Stuart* wird die Aufmerksamkeit damit weniger auf die Was-Spannung gelenkt als vielmehr auf das Wie der Ausgestaltung. Dies gilt zum einen für die Reaktionen einer großen Anzahl an Figuren, zum anderen im Blick darauf, wie der Titelheld mit diesem Tod umgeht. Von Beginn an erscheint Danton handlungsgelähmt, ja lebensmüde: „Nein Julie, ich liebe dich wie das Grab. […] Du süßes Grab" (Büchner 1988, I/1, 69). Man hat es daher weniger mit einem Drama des politischen Mords als des „subtilen Selbstmords" zu tun (Frank 1998, 593; dazu Büchner an Gutzkow März 1835; Büchner 1988, 299). Aufgrund der fehlenden Tragik macht bereits der Titel auf die veränderte Form der Gestaltung aufmerksam. Es geht ihr weniger um eine auf das Ende hin gespannte Handlung als um Perspektiven in der Beurteilung politischer Zusammenhänge, die in die von Danton geradezu akzeptierte Hinrichtung münden: „Verloren" heißt es gleich zu Beginn, auch wenn sich dieses Wort einer Dame auf das Kartenspiel bezieht, mit dem das Stück einsetzt (I/1, 69). Büchner inszeniert es jedoch zugleich als Antwort auf Dantons Berauschung am süßen Tod im Schoß Julies. Verloren ist von Beginn an Danton selbst.

Der Untertitel *Ein Drama* ist zu Beginn des 19. Jahrhundert noch relativ ungebräuchlich. Er signalisiert eine Abkehr von Gattungskonventionen, zumal *Danton's Tod* weder als Tragödie noch als Komödie funktioniert. Für eine Tragikomödie sind die Ereignisse zu blutig, zu traurig und zu ernst. Darüber hinaus geht es um höchste Fragen des menschlichen Lebens auf der Basis seiner materiellen und geistigen Bedingungen, um die Abschaffung von materieller Not, um den Schmerz und die Angst vor dem Tod, um die Frage nach einem idealen Staat, der dem Willen des Volks gerecht würde, und nicht zuletzt um die Rolle des Einzelnen im Getriebe gesellschaftlicher Organisationen.

Nebentexte

Das Drama über die Revolution ist dabei ein Drama über das Drama, denn es lässt sich auf Robespierres Phrase beziehen, der das „erhabne Drama der Revolution" nicht ‚parodieren' lassen will (I/3, 77). Büchner parodiert dessen Rhetorik, um ähnlich wie später Karl Kraus das öffentliche Reden als lügnerisches Theater zu entlarven: Ihrer Theatralität zum Trotz ist die Revolution eben kein ästhetischer Schein, sondern blutige Wirklichkeit, die ihre Figuren „im Ernst" liquidiert. „Geht einmal Euren Phrasen nach, bis zu dem Punkt wo sie verkörpert werden", meint der mit Danton gefangene Mercier (III/3, 110), der Büchners Anspruch auf den Punkt bringt. Vermittels seiner Theatermetaphorik, die das Stück leitmotivisch variiert, problematisiert Büchner nicht zuletzt die ästhetische Gestaltung eines blutigen Grauens.

Das Personenverzeichnis führt an die 30 Figuren neben dem „Volk" auf, dem erstmals eine besondere Rolle zukommt. Gruppiert werden sie nach den politischen Konfliktparteien im historischen Augenblick: An erster Stelle der „Deputierte[n]" steht Georg Danton, der wie alle anderen historisch überlieferten Figuren nicht näher charakterisiert werden muss. Dies gilt auch für die Gruppe um Robespierre als „Mitglieder" des gerade mächtigen „Wohlfahrtsausschusses" (den Danton einst gründete). Intern sind die beiden „Heereshaufen" (I/3, 77) nach der Bedeutung für ihre beiden Führer geordnet, also St. Just direkt nach Robespierre oder Legendre (als zwiespältiger Redenführer im Jakobinerklub) und Desmoulins (als Freund Dantons *und* Robespierres) im Anschluss an Danton. Der Vorname Georg ist in der Handschrift H links abgesetzt (Büchner 2000, 3.1, 7), während bei den Dantonisten sonst nur noch Camille Desmoulins und Thomas Payne mit Vornamen aufgeführt werden. Übernimmt Payne im Stück v. a. die philosophischen Reflexionen über Gottesbeweise („Es *gibt keinen Gott*"; III/1, 105), artikuliert Desmoulins in den Kerkerszenen seine existentielle Todesangst, seinen Wahnsinn und seine Liebe zu Lucile in so traurigen wie melancholischen Worten (III/7; IV/4), über die seitens der Männer sonst nur Danton verfügt.

Im Anschluss an die Gruppe um Robespierre folgen historische Figuren der Revolution, die den Parteiungen nicht angehören, sodann Dantons Freund Paris und mit der erfundenen Figur Simon ein exponierter Vertreter des Volks (als „Souffleur"), schließlich die Frauen Dantons und Desmoulins, die wie die Grisetten allein mit Vornamen vorgestellt werden. Neben den historisch verbürgten Figuren sind die Frauen teils erfunden, im Blick auf die historische Überlieferung zum Teil umgeschrieben. Wie zu den politischen Funktionen sind auch zu diesem Aspekt (Quellenverarbeitung vs. Erfindung) die umfangreichen Kommentare der maßgebenden Ausgaben zu konsultieren. Ganz zum Schluss listet Büchner summarisch „Männer und Weiber aus dem Volk, Grisetten, Deputirte, Henker e:c.t." auf (Büchner 2000, 3.1, 9). Besonders in den Promenadenszenen (I/2; II/2) markieren sie die Rolle des Volks für die revolutionären Ereignisse.

Die Nebentexte fallen spärlich aus, auf jeden Fall weitaus weniger ausführlich als etwa bei Lenz oder noch in Schillers Bürgerlichem Trauerspiel. Zu beachten ist, dass aufgrund der schwierigen Überlieferungslage zahlreiche Nebentexte durch Editoren eigenmächtig hinzugefügt worden sind (Poschmann 1992, 441–444). Seitenweise findet man bis auf die Ortsangabe überhaupt keine Nebentexte vor (vgl. VI/5, 128f.). Daran zeigt sich Büchners Anspruch auf Sprachlichkeit in einer extrem anspielungsreichen, teils poetisierenden Figurenrede. Zu beachten sind Nebentexthinweise wie „allein" (I/6, 87; I/6, 90) oder „an's Fenster" bzw. „am Fenster" (I/6, 87; II/5, 98), weil sie mit der Einsamkeit (auch Robespierres) auf das vorherrschend Monologische aufmerksam machen, ohne dass diese Monologe von Büchner szenisch isoliert werden. Überhaupt darf nicht übersehen werden, dass Büchner auf eine Nummerierung der Szenen verzichtet. Er folgt darin Goethes *Götz* und *Egmont* (vgl. Büchner 2000, 3.2, 214).

Bei den Ortsangaben ist der mehr oder weniger alternierende Wechsel zwischen öffentlichen Räumen im Freien („Gasse", „Promenade", „Straße"), halböffentlichen Räumen in Häusern („Jakobinerklub", „Nationalkonvent") und geschlossenen Räumen auffällig. Hier wird wiederum zwischen rein privaten und halböffentlichen Lokalitäten unterschieden: So benennt „Ein Zimmer" zum einen intime Räume (I/5 Danton-Marion), zum anderen Lokalitäten, in denen sich die verfeindeten Parteien begegnen (I/6 Robespierre-Danton). Ab III/3 verengen sich die geschlossenen Räume im Zeichen der vordrängenden Gefängnismetaphorik („Ein Kerker", „Die Conciergerie"), die sich bereits früh im leitmotivisch aufgeführten Fenster als Bild der Isolation ankündigt (I/5, 81; II/3, 95; II/4, 97; II/5, 98f; IV/4, 126; IV/5, 127; IV/6, 130). Der einzige szenisch isolierte Monolog Dantons, der seinen Lebensüberdruss und seinen Wunsch nach „*Vergessen!*" im ‚Kokettieren' mit dem Tod artikuliert, wird eingeleitet durch die einmalige Ortsangabe „Freies Feld" (II/4, 97f.). Sie bildet den Gegenpol zur Gefängnismetaphorik vor dem faktischen Tod durch die Guillotine, der auf dem öffentlichen „Revolutionsplatz" (IV/9) vor Voyeuren stattfindet.

Haupttexte

Mit der Prosa wendet sich Büchner gegen den idealisierenden Blankvers des Klassischen Dramas. Die realistische Sprache, die auch das ‚Liederliche' und ‚Unsittliche' nicht ausspart, knüpft an die sozialen Dramen von Lenz an. Im Unterschied dazu handelt es sich aber um eine Figurenrede, die durch Anspielungen, Wortspiele, (Form-)Zitate aus unterschiedlichen Traditionen (Bibel, Mythologie) und sonstige intertextuelle Bezugnahmen hochgradig literarisiert wird. Büchner verfügt über einen komplexen, satirisch-sarkastischen wie poetisch-zarten und nicht selten metonymisch verdichteten Bilderwitz, der die Sinnlichkeit und Körperlichkeit seiner Themen unmittelbar plastisch und damit anrührend plausibel macht. „[D]eine Lippen haben Augen", lässt er etwa die Grisette Marion zu Danton sagen (I/5, 82), so dass in diesem völlig schlichten Satz die verschiedenen Sinne synästhetisch verschmelzen: der kalt distanzierende Sehsinn des Manns mit der unmittelbaren Berührung im Tastsinn, der zugleich schmecken kann und der mit den Lippen das Organ benennt, mit dem man küsst und lügt (als Revolutionär) oder mit dem man singt, soweit man über „melodische Lippen (I/1, 71) verfügt, die den Körper erklingen lassen.

Insgesamt sind bei der Literarisierung (auch durch Volksliedeinlagen, z.B. I/2, 74) zwei Gruppen auszumachen: Lyrisch-pathetische Passagen im privaten Bereich mit den Frauen oder bei Dantons Freund Camille im Gefängnis stehen komisch-satirischen Sprachformen gegenüber, die das phrasenhafte Sprechen der Revolutionäre und des Volks vorführen. Auch die Volksszenen zeichnen sich durch Witz und Gedankenfülle aus, so dass die variantenreichen Formen witzigen und poetischen Sprechens auf verschiedenen sozialen Ebenen anzutreffen sind. Folgerichtig ist die durchsexualisierte Rede, die im ersten Satz des Stücks am Kartenspiel zwischen „cœur" (für das Herz) und „carreau" (für die weibliche Scham) anklingt (I/1, 70), nicht selten schmutzig und lasterhaft. Wie alles in diesem Stück wird auch die Sexualität von den zotigsten Witzen bis zu den zartesten Worten der Liebe (I/5) perspektivisch gebrochen.

Nicht zuletzt wird die Figurenrede mit Bildungsreminiszenzen aufgeladen, etwa dort, wo Simon das Römertum theatralisch reinszeniert (I/2, 72f.). Der Zynismus seiner mythologischen und religiösen Bezugnahmen entblößt die rhetorisch geschulte Sprache als Phrase. Phrasenhaft ist ein Sprechen im Namen des Allgemeinen, das über das Individuelle hinweggeht, um die Gewalt zu legitimieren – so St. Justs Rede, die sich auf den Zug der Israeliten durch das „rote Meer" beruft: „Die Revolution ist wie die Töchter des Pelias; sie zerstückt die Menschheit, um sie zu verjüngen. Die Menschheit wird aus dem Blutkessel wie die Erde aus den Wellen der Sündflut [...] sich erheben, als wäre sie zum Erstenmale geschaffen" (III/1, 104). Die Dokumentation dieser Rede versteht sich als Ideologiekritik der Phrase, die im Gewand der Bildung „hurt, lügt, stiehlt und mordet" (II/5, 100).

Stets werden all diese Formen der Literarisierung auf das zentrale Thema des Stücks bezogen: auf die Folgen der Revolution, die den Menschen zerstückelt. „Es ist ein Jammer, daß die Natur die Schönheit, wie Medea ihren Bruder, zerstückelt und sie so in Fragmenten in die Körper gesenkt hat" (I/4, 80). Stärker als bei Grabbe, bei dem sich vergleichbare Tendenzen abzeichnen, sprechen Büchners Figuren einerseits in poetisch evidenten Bildern (wie komplex die Metaphern und Metonymien auch immer tatsächlich angelegt sind), andererseits forciert witzig, sarkastisch und zynisch. In dieser Sprachvirtuosität äußeren sich politische, soziale und anthropologische Verhältnisse stets sinnlich konkret, als Körperregung, denn im Körper spürt der Mensch den „Riß in der Schöpfung" (III/1, 107): seine Angst und den schreienden Schmerz (IV/8, 132; III/6, 114) durch die Guillotine, die ihn zerstückelt. So korrespondiert eine Metaphorik der Löcher – als Wunden der Erde (IV/8, 132; II/3, 95) oder in den hungernden Körpern und Kleidern (II/6, 100; I/6, 86; I/2, 73) – den Bildern der Zerstückelung (vgl. u.a. I/6, 88; II/1, 91; III/4, 112) gegenüber der Einheit und Ganzheit des Menschen. Das Getriebe der Revolution ‚zerfetzt' den Menschen (II/1, 91), so dass er wie Marion eine unstillbare Sehnsucht nach der „Glut" bzw. dem „Strom" (I/5, 82) hat, wo alle „Glieder" „wieder in Eins" „verschmölze[n]" (ebd., 81). So durchziehen Bilder des Glühens, Verbrennens, Verschmelzens (I/1, 72) das Stück komplementär zur „Lava der Revolution" (III/3, 110; III/6, 116), zur „gliederlösende[n] Liebe" (I/1, 71) und zur Ruhe und zum Vergessen im Tod (IV/6, 130), wobei auch der Geruch der Verwesung und die Würmer der Zersetzung nicht ausgespart bleiben (74, 101, 108, 119, 123, 131).

Die Phantasmen der Ganzheit betreffen nicht nur den privaten Körper. Gemeint ist auch der politische Körper des Staates, von dem Camille eine Utopie formuliert, die ihn als arbeitsteilig zersplitterte Organisation aufheben würde: „Die Staatsform muß ein durchsichtiges Gewand sein, das sich dicht an den Leib des Volkes schmiegt. Jedes Schwellen der Adern, jedes Spannen der Muskeln, jedes Zucken der Sehnen muß sich darin ausdrücken" (I/1, 71). Die Zerstückelung durch die Revolution dagegen wird evident an ihrer Grammatik und Syntax: an der dysfunktional gewordenen Konjunktion „und" etwa („ein langes Wort, es hält uns ein wenig weit auseinander"; I/1, 71 f.) oder an der Lüge, dass der *terreur* notwendig sei, wenn aus einer Kette vermeintlicher Schlussfolgerungen („ergo") zuletzt das „[T]otschlagen" gerechtfertigt wird (I/2, 73 f.), nicht zuletzt an den Satzzeichen der Revolution selbst: „Jedes Glied dieses in der Wirklichkeit angewandten Satzes hat seine Menschen getötet. Der 14. Juli, der 10. August, der 31. Mai sind seine Interpunktionszeichen" (III/1, 104) – „Ja, geh St. Just und spinne deine Perioden, worin jedes Komma ein Säbelhieb und jeder Punkt ein abgeschlagener Kopf ist" (III/6, 116).

Die Fragmentierung des Menschen, die sich in der offenen Form des Dramas anzeigt, höhlt auch den Dialog aus (Kafitz 1982, 153). Folgerichtig herrscht in diesem Stück ein hoher Monologanteil vor. Die Männer erweisen sich meist als witzig-geistreiche Pointen- bzw. Aphorismenmaschinen (Eibl 1981, 420), während die Frauen davon unbeeindruckt scheinen. Die öffentlichen Szenen sind geprägt von den Rededuellen zwischen den Gruppierungen, in denen sich v.a. die scheinhafte Theatralik der Revolution entlarvt. Dieser lügnerischen Rhetorik, *in nuce* verdichtet am Souffleur Simon in der Promenadenszene (II/2, 92 f.), kontrastiert die intime Rede, in der Büchner die Gebrechlichkeit des Menschen zeigt: im Gefängnis etwa an Camilles existentieller Angst vor dem Tod und an seiner Liebe zu Lucile, die ihn in den „Wahnsinn" treibt (IV/3, 125; IV/5, 127).

So leuchtet Büchner seine Figuren in den Grenzbereichen zwischen zynischer Tugendwahrung (Robespierre), hedonistischem Laster (der „Epicuräer" Danton; I/6, 86), melancholischer Todesverfallenheit und existentieller Todesangst aus. Auch Danton rückt dabei ins Zwielicht: Er war während der Septembermorde selbst an der revolutionären Gewalt beteiligt und ist seitdem traumatisiert (II/5, 98 f.). Büchner bricht mit Sprachkonventionen, indem er die ganze Natur des Menschen mit all ihren sinnlichen, geistigen und obszön-lasterhaften Aspekten körperlich anschaulich macht. Im Unterschied zum kalten Oberflächenblick Grabbes äußert sich noch das Mitleid mit der leidenden Kreatur, mit ihrem Schmerz, ihrem Hunger und ihrer Angst, auch wenn das Stück keine Idee mehr davon hat, wie damit politisch umzugehen wäre.

Bauform

Büchners Geschichtsdrama knüpft an die exemplarischen Ausschnitte im Sturm und Drang an, angezeigt bereits durch die Vieraktigkeit, die als solche

Traditionsvorgaben negiert. Trotz ihrer Offenheit in einem Panorama höchst verschiedener Perspektiven, die sich in unterschiedlich organisierten Szenen selbst bespiegeln, umfasst die Handlung eine überschaubare Zeitspanne: vom 24. März (Hinrichtung der ultrarevolutionären Hébertisten) bis zum 5. April 1794 (Hinrichtung der Dantonisten), gestaltet in einem durchaus kausalen Handlungszusammenhang. Bis auf den dritten Akt ist jeder Akt als Einheit eines Ablaufs von 24 Stunden denkbar. Obwohl kaum eine Äußerung der Figuren nicht von diesem zielstrebigen Gang bestimmt ist, diesen reflektiert oder auf ihn einwirkt, tritt die Aktion hinter der Darstellung des revolutionären Widerspiels zurück. Soziale Zwänge determinieren die Vorgänge: „Wir haben nicht die Revolution, die Revolution hat uns gemacht" (II/1, 91), angezeigt durch das Bild von der „Lava der Revolution" (110, 116), die auf das „Gesetz der Physik" verweist, das St. Just anruft (II/7, 103).

Die Akte sind nicht nach Szenen nummeriert, aber im Gefolge Shakespeares intern nach Auftritten mit wechselnden Personen und Schauplätzen gegliedert. Entsprechend fallen die Szenen unterschiedlich lang und unterschiedlich komplex gebaut aus. Die alternierende Abfolge von öffentlichen Szenen (mit hoher Figurenanzahl) und privaten Szenen (mit gelegentlich nur zwei Personen) bestimmt den Rhythmus im Spektrum der Sprachformen zwischen Satire und Poesie. Episodische Überkomplexität spiegelt sich in den langen Panoramaszenen, deren Anlage in der Gleichzeitigkeit verschiedener Perspektiven das Darstellungsprinzip des Stücks noch einmal verdichtet vorführt. So werden in II/2 („Eine Promenade") verschiedene Vorgänge synchronisiert: Ein Bürger und Simon gehen spazieren und unterhalten sich, ein ‚erster Herr' und ein ‚zweiter Herr', ebenfalls Spaziergänger, sprechen mit einem Bettler und geben Almosen für sein Lied (II/2, 93); der eine hilft dem anderen aus der Pfütze. Ein ‚junger Herr' kokettiert mit Eugenie (in Begleitung ihrer Mutter) und macht sich lustig über andere Gruppen (Herr mit Dame). Schließlich kommen Danton und Camille im Gespräch vorbei. Die Verknüpfung dieser Szene mit einer anderen öffentlichen Szene (I/2; „Eine Gasse") erfolgt über das Personal (Simon, erster und zweiter Bürger), auch wenn dort dann zum Schluss Robespierre auftritt.

Das Ganze der Revolution wird folglich in einer Art Ein- und Ausblendtechnik als Abfolge fragmentarischer Ausschnitte gezeigt. Insofern spiegelt sich die Zerstückelung durch die Guillotine in der Vereinzelung der Dramenelemente. Im Vergleich zur geschlossenen Form erzeugt das offene Drama seine Kohärenz auf andere Weise: etwa durch die Wiederkehr Marions in einer neuen Konfiguration (I/5, 82–85) oder durch die leitmotivische Variation von Bildkomplexen mit gemeinsamer Semantik, also durch Isotopieketten (Blut, Natur, Gesellschaft und Theater), an denen das Drama die zerstückelnde Grammatik der Revolution durchdekliniert. Kraft dieser offen perspektivischen Struktur präsentiert das Stück ein Panorama der Widersprüche ohne jede Lösung.

Büchners Revolutionsdrama repräsentiert die literaturgeschichtliche Phase zwischen 1830 und 1850, in der sich die Autoren von der ‚Kunstperiode' (Heine) abkehren. Sie wird in der Literaturgeschichte unter verschiedenen Namen diskutiert, weil sie tatsächlich nur schwer auf einen Nenner zu bringen ist (Frank 2007): Markiert der Begriff Vormärz die aktuellen politischen Umstände im Vorlauf zur scheiternden Märzrevolution von 1848, so ver-

Epoche

weist der ebenfalls vorgebrachte Begriff Frührealismus auf die neuen Darstellungsformen, die im Unterschied zu Lenz die materialistischen Aspekte (Hunger, Verarmung durch die Industrialisierung usw.) berücksichtigt. Durch die Integration von Quellenmaterial kommt bei Büchner eine geradezu wissenschaftliche Absicherung dieser Darstellung hinzu.

Im Drama reflektiert sich die neue literarhistorische Lage besonders in solchen Passagen, die explizit die Abkehr von der idealistischen Kunst formulieren und die ähnlich im sog. Kunstgespräch in Büchners Novelle *Lenz* wiederkehren. Büchner polemisiert hier insbesondere gegen das idealistische Drama Schillers „in fünffüßigen Jamben" (II/3, 95), das statt Menschen nur „Marionette[n]" aufführt, „wo man den Strick hereinhängen sieht, an dem sie gezerrt" werden: „welch ein Charakter, welche Konsequenz!" (II/3, 95) – „ein Ideal [...] – ach die Kunst! [...] ach, die erbärmliche Wirklichkeit" (II/3, 96). Büchner kritisiert ein idealistisches Theater, das in seiner falschen Poetisierung und Idealisierung des Todes im Pathetisch-Erhabenen den materiellen Realitäten des Lebens nicht entspricht.

Stoff und Handlungszeit

Das Postulat der Wirklichkeitsnähe, das den Dichter zum zweiten Geschichtsschreiber erklärt, zeichnet Büchner als „ungewöhnlich quellenorientierte[n] Autor" aus (Büchner 2000, 3.2, 254). Quellenexzerpte gehen bei ihm der Niederschrift stets einher, weil erst so die Verbindung von „Imagination mit Genauigkeit" (ebd., 209) gewährleistet und die moralische Indienstnahme der Literatur abgewehrt werden kann: „Der Dichter ist kein Lehrer der Moral, er erfindet und schafft Gestalten, er macht vergangene Zeiten wieder aufleben, und die Leute mögen dann daraus lernen, so gut, wie aus dem Studium der Geschichte und der Beobachtung dessen, was im menschlichen Leben um sie herum vorgeht" (Brief an die Familie, 28. Juli 1835; Büchner 1988, 306). In *Danton's Tod* verarbeitet Büchner zahlreiche historische und biographische Darstellungen sowie Memoiren zur Französischen Revolution: Etwa ein Sechstel des Textes (Reden, Situationen, Charakterisierungen) ist wörtlich den Quellen entnommen, v. a. aus Louis-Adolphe Thiers *Histoire de la Révolution Française* (1823–27), Louis-Sébastien Merciers *Le nouveau Paris* (1799) und aus der populären Heftchenreihe *Unsere Zeit, oder geschichtliche Übersicht der merkwürdigsten Ereignisse von 1789–1830* von Carl Strahlheim (1826–1830). Längere Partien übernahm Büchner etwa für die politischen Reden Robespierres vor dem Jakobinerklub (I/3) und vor dem Nationalkonvent (II/7) oder für die Gerichtsreden Dantons (III/4, III/9). Neben dem historisch verbürgten Material herrscht das Erfundene in den privaten Szenen vor, wenngleich hier wiederum mit literarischen Anspielungen zu rechnen ist, die kaum vollständig zu kontrollieren sind (vgl. Büchner 2000, 3.4, 3 ff.).

Für die dramatische Gestaltung der Revolution wählte Büchner einen ganz bestimmten historischen Augenblick im Frühjahr 1794: Die Handlung setzt zu einem Zeitpunkt ein, als die Girondisten (Fraktion des Großbürgertums) und zuletzt die Hébertisten (Ultrarevolutionäre) hingerichtet sind und der Kampf zwischen der Partei Dantons und Robespierres mehr oder weniger entschieden war: Es ist die Zeit der Dantonistenprozesse im Frühjahr 1794 nach der Hungersnot im Winter 1793/94, die wegen der Unentschlossenheit in der Fraktion Héberts Robespierre an die Macht bringt. Dennoch ist *Danton's Tod* kein politisches Drama, denn es befragt das Drama der Politik auf seine materiellen, körperlichen und psychischen Grundlagen, wenn es die Macht und Askese Robespierres dem Genuss Dantons gegenüberstellt, um die Aporien der Revolution zu reflektieren. Dabei spielt der Mediziner Büchner seine fortgeschrittene psychologische Einsicht in das höchst Widersprüchliche im Menschen aus. Genau diese Einsicht lähmt Danton und begründet sein Bedürfnis nach Ruhe, Vergessen und Entgrenzung im Rausch der Liebe und im Tod. Die Revolution kann die sozialen Probleme nicht mehr lösen. Vielmehr frisst sie sich und ihre Kinder selbst auf, ohne dass sich eine Perspektive andeutet, wie dem Zwang ihrer Betriebsamkeit zu entgehen wäre.

Büchner wählt diesen markanten historischen Augenblick nicht zuletzt auch deshalb, um mit seinem historischen Gemälde die eigene, vorrevolutionäre Situation im Vormärz und ihre politischen und philosophischen Debatten um 1830 zu reflektieren (Funk 2002, 16–29). Insofern handelt es sich fast schon um ein Zeitstück, wenn danach gefragt wird, ob die Interessen des Volks vereinbar sind mit dem einmal mehr anstehenden Umsturz nach den Ereignissen der Pariser Julirevolution von 1830. Zur neuen Begründung der revolutionären Gewalt, die Büchner im Brief an die Familie vom 6. April 1833 für notwendig erklärt (Büchner 1988, 278), spielen Heines Berichte und Stellungnahmen aus Paris und Börnes Gegenpositionen hinein (Funk 2002, 17). Trotzdem ist Büchners Stück nicht, wie von der Forschung gelegentlich behauptet (vgl. ebd., 17), als Zustimmung zur Jakobinerdiktatur aufzufassen: „Aber ich bin kein Guillotinenmesser", schreibt er an seine Braut im März 1834 (Büchner 1988, 288). Im Kern geht es um das materielle Elend und darum, wie sich die zeitgenössischen Positionen zwischen Materialismus im Gefolge Saint-Simons, Neojakobinismus bzw. Spiritualismus und Sensualismus kraft ‚Emancipation des Fleisches' (Frank/Kopp 1999) dazu verhalten.

In *Danton's Tod* richtet die Revolution die Titelfigur hin. Danton ist keine tragische Figur, denn das Drama zeigt, dass die überwältigende Dynamik der revolutionären Ereignisse für die beteiligten Personen keine Handlungsoptionen offen lässt – auch nicht für Dantons Gegenspieler Robespierre. Insofern kann man zurecht von einem Geschichtsdrama sprechen (Zeller 1990; Schröder 1994). Im Unterschied zur ideologischen, meist nationalen Funktionalisierung des Genres meidet Büchner Deutungen der historischen Ereignisse. Er macht sich vielmehr die multiperspektivischen Möglichkeiten des Dramas zunutze, um die Geschichte als widersprüchlichen und sinnlosen Prozess ohne Ziel zu reflektieren. Büchner nutzt das Theater als Erkenntnisfeld für eine neue soziale Wahrnehmung, indem es theatralische Strukturen im öffentlichen und im privaten Umgang aufdeckt. Das Geschichtsdrama der Revolution als Drama über das Drama ihrer Darstellung schärft so den Blick dafür, das Ästhetische von der Wirklichkeit zu unterscheiden. Es stellt sich der historischen Wahrheit des Widrigen und Hässlichen im historischen wie politisch-sozialen Zusammenhang und schockierte damit die Zeitgenossen.

Gattungszuordnung

In *Danton's Tod* gibt es daher keine einzige Perspektive, die Büchner selbst als Sprachrohr nutzt, so dass sich die offene Perspektivstruktur des modernen Dramas ankündigt. Wie Danton als problematische Figur erscheint, weil er den Kampf gegen den Hunger und für soziale Gleichheit aufgegeben hat und nur noch genießen und sterben will, so präsentiert sich auch Robespierre, obwohl er die *terreur* exekutiert, als Melancholiker. Trotz der blasphemischen Selbstberufung zum „Blutmessias" (I/1, 90) nähert sich sein Selbstzweifel auch sprachlich seinem Antagonisten an: „Ich weiß nicht, was in mir das Andere belügt" (I/6, 87). Darauf antwortet Dantons berühmte Frage: „Was ist das, was in uns lügt, hurt, stiehlt und mordet?" (II/5, 100) Selbst die Utopie einer Ganzheit der Liebe, die Marion formuliert, bestätigt die Fragmentierung des Menschen, zumal ihrer Zeitlosigkeit gerade das Intellektuelle, Politische und Historische als Dimensionen des Fortschritts abgeht (Voges 1990, 50–56). Sämtliche Figuren sind daher Demonstrationsfiguren sozialer, politischer, philosophischer und anthropologischer Problemlagen. Danton handelt amoralisch, privatistisch und hedonistisch, wenn er seine politische Rolle preisgibt, wie auch immer er sie tatsächlich nicht mehr erfüllen kann.

Darstellungsinteresse

In szenischer Form diskutiert das Stück die zentralen politischen und philosophischen Themen seiner Zeit im Hinblick auf die soziale Frage (Heine-Börne-Debatte), indem es diese auf ihre Antinomien, ja Aporien hin reflektiert. Den Antagonismus zwischen reich und arm erweitert Büchner um den zwischen den Optionen, zu genießen und sich zu bilden oder deren Unterdrückung. Als Privilegierte genießen die Dantonisten dieses Glück und verraten es damit an alle, obwohl sie dafür eintreten. So stellt das Stück das Falsche dar, ohne eine positive Konsequenz formulieren zu können. Eine Lösung der unübersichtlich komplizierten Konfliktlagen scheint angesichts der öffentlichen Gewalt in historisch markanten Augenblicken (1794/1835) nicht mehr möglich. Trotz aller nihilistischen Züge im Räsonieren Dantons über das „Nichts" (III/8, 119) – „Die Welt ist das Chaos. Das Nichts ist der zu gebärende Weltgott" (V/5, 129) – besteht noch die Idee, wie es anders sein müsste, damit es besser wäre (Camilles Staatsutopie, Marions Utopie der Liebe). Jede einseitige Indienstnahme aber ist „erbärmlich. So ein armseliges Instrument zu sein, auf dem eine Saite immer nur einen Ton angibt!" (II/1, 91). Stattdessen wird der Körper zum „Instrument", das alle Töne des Menschlichen erklingen lässt und dabei auch die „häßlichen Töne" nicht ausspart (IV/5, 129).

Büchners dramatische Denkschule der Wahrnehmung öffentlicher und privater Verhältnisse reflektiert die Funktionsübergänge von Politik und Theater, Revolution und Drama, brutaler Realität und inszeniertem Schein in einem komödienhaften Spiel mit blutigem Ernst, in dem jede Figur dem „gräßlichen Fatalismus der Geschichte" ausgeliefert ist (Büchner 1988, 288). Die präzise ausschneidende und kombinierende Zitattechnik in der Interpretation der Quellen (Frank 1998, 292) nimmt historische Figuren beim Wort: Das Drama befragt auf diese Weise ihre Rollen. Es kritisiert, dass die Katastrophe in der Inflation öffentlichen Sterbens gewöhnlich geworden ist. Der einzelne Leib aber spürt den Schmerz und die Angst. Insofern votiert Büchner stets für den Einzelnen gegen das Ganze, basierend auf einer Poetik des Mitleids (Schings 1980), die über den Verbesserungsoptimismus der Aufklärung allerdings nicht mehr verfügt.

Dennoch lässt sich die Darstellung nicht als politische Resignation verbuchen. Sie prüft vielmehr das neue Wissen (die neue, materialistisch fundierte Psychologie) auf dessen lebensweltliche Tragweite: als Ideologiekritik eines skeptischen Realisten in einem radikalen Denkspiel der Perspektiven. Auch wenn Büchner den Anspruch auf eine soziale Revolution nicht preisgibt, solange der Hunger besteht, hat er keine positive Idee mehr davon, wie ein besserer Zustand auszusehen hätte. Vielmehr reflektiert das Stück Bedingungen und Möglichkeiten politischen Handelns, soweit die Verstaatlichung der *terreur* gerade das Volk zum Zuschauer der Revolution macht. Darin äußert sich nicht zuletzt Büchners Kritik des Bürgerlichen. Aber auch hier bleibt es bei der „Negation vorgefundener Verzerrungen gesellschaftlicher Wirklichkeit" (Voges 1990, 41). Sie ermöglicht die Ausbildung eines realistischen Sinns durch neues Sehen und Hören, indem es idealistische Geschichtskonzepte negiert und gegenüber abstrakten Entwürfen jedweder Art das konkrete Leben verteidigt: den Schmerz, das Leid, die Angst, die Sexualität und den Witz des Menschen, damit anthropologische Grundfragen, deren kulturhistorische Tiefendimension durch den Kosmos literarischer Verweise spürbar wird. In der Vivisektion dieser Verhältnisse wird das Drama zum Seziermesser der Analyse revolutionärer Zeiten.

3. Gerhart Hauptmann: *Vor Sonnenaufgang*

Mit Gerhart Hauptmanns sozialem Drama *Vor Sonnenaufgang* (1889) gelangt der Naturalismus zum Durchbruch: durch einen Theaterskandal in der neugegründeten *Freien Bühne* (Theaterverein und Zeitschrift) in Berlin, die mit Ibsens analytischem Drama *Gespenster* eröffnet wurde. Die szenische Milieustudie brachte bislang unerhörte Dinge wie soziales und psychisches Elend und die erbgenetisch begründeten Folgen des Alkoholismus auf die Bühne: Suff, sexuelle Ausschweifung, Ehebruch, versuchter Inzest und Tierquälerei – Sachverhalte des sozialen Lebens also, die das Literatursystem des Realismus nicht gestalten konnte, weil es für seine poetische Ordnungsstiftung all das ausschließen musste, was bürgerlichen Wertvorstellungen widerspricht. Bei Hauptmann ist die „Degeneration" durch den Alkohol (Hauptmann 1966; V, 86, 88) Folge des sozialen Aufstiegs einer Bauernfamilie in Schlesien (I, 26), die durch den Kohlebergbau reich geworden ist: „Moderner Luxus auf bäuerische Dürftigkeit gepfropft" (I, 15), heißt es in der ersten Szenenanweisung, die in das geschmacklos pompöse Leben des *parvenues* Hoffmann einführt. Als schwangere Alkoholikerin bringt seine Frau Martha zum Schluss ein totes Kind zur Welt. Unerhörtheiten dieser Art haben dem Stück Aufmerksamkeit, aber auch den Vorwurf der „Kunstlosigkeit" eingetragen. Bereits der Realist Fontane erkannte in seiner Besprechung in der *Vossischen Zeitung* (22.10.1889) jedoch, dass die vermeintlich unmittelbare Darstellung dieser Verhältnisse als ein „Beweis höchster Kunst" zu gelten hat, weil die „naturalistischen Derbheiten" eben „richtig angewandt" worden seien (zit. n. Scheuer 2002, 55).

Schon der Titel des Stücks ist für den Neueinsatz im Naturalismus bezeichnend, denn er führt nicht mehr eine Figur, sondern eine Tageszeit auf, die zugleich sozialpolitisch gelesen werden kann. Genauer ist es die Zeit morgens um 4 Uhr, wenn der alkoholisierte Bauer Krause nach Hause torkelt (II, 39). Einerseits verweist diese Tageszeit damit auf den Wiederholungszwang in einem dumpfen, von Alkohol zerrütteten Leben. Andererseits ist es die Zeit des neu aufbrechenden Tages, eine Zeit der Hoffnung also gegenüber dieser

Titel

Perspektivlosigkeit: für Krauses Tochter Helene auf der einen Seite, die nach dem Liebesgeständnis mit Loth am Ende des dritten Akts eine Möglichkeit sieht, der Determination ihres Milieus zu entrinnen; für Loth auf der anderen Seite, weil der Titel den Aufbruch zu einer zukünftigen, sozialistisch orientierten Gesellschaftsordnung indiziert (Bellmann 1988, 38).

Dieser sozialpolitische Aspekt begründet wiederum den ursprünglichen Titel *Der Säemann* (mit Bezug auf Mt. 13,3–23), den Hauptmann ausdrücklich „nach der Gestalt von Alfred Loth" gewählt hatte (Hauptmann 1974, 532). Loth wird zum Säemann einer sozialistischen Zukunft, weil er die Ausbeutung und das Laster bekämpft (vgl. 1. Mose 19). Genau deshalb macht er sich als „Redakteur der Arbeiterkanzel" (I, 20) in die schlesischen Kohlebergwerke auf, um die Arbeitsverhältnisse der Bergleute zu „studieren" (III, 60): „Mein Kampf ist ein Kampf um das Glück aller" im „Interesse des Fortschritts" (I, 47). Loth attackiert die „Verkehrtheiten unserer Verhältnisse", bei denen der „im Schweiße seines Angesichts Arbeitende hungert und der Faule im Überflusse leben darf" (I, 47). Diesem Überfluss begegnet er nun aber ausgerechnet in seinem Studienkollegen Hoffmann, der, seinerzeit selbst Sozialist, nun im pompösen Luxus mit Champagner und Austern schwelgt.

Mit der von außen eintretenden Figur des sozialistischen Reformers kommt die wissenschaftliche Untersuchung der sozialen Frage ins Spiel. Das Drama versteht sich einerseits selbst als ein Beitrag zu dieser Frage, indem es eine szenische ‚Studie' zu einem Milieu liefert. Andererseits akzentuieren die biblischen und mythologischen Bezüge, etwa auf den Raub Helenas (vgl. Schößler 2003, 71), die anthropologische Basis dieser Darstellung, die Hauptmanns Metaphysik vom ‚Urdrama' trägt (vgl. Hauptmann 1965a, 882). Für Hauptmann kommt dem Drama daher die Aufgabe zu, antagonistische Grundsituationen des Lebens abzubilden, denn der ‚Ursprung alles Dramatischen' ist die Störung der Einheit des Menschen durch seine Entfremdung von Natur und Gesellschaft und damit ein ‚modernes' Phänomen (vgl. Scheuer 2002, 38f.).

Nebentexte

Auch der Untertitel *Soziales Drama* ist in diesem Sinn zu verstehen, selbst wenn er vordergründig auf die soziale Frage verweist, die das Stück mit seinem Sprachrohr Alfred Loth an der Ausbeutung der Natur und der Kohlebergarbeiter verhandelt. Gezeigt wird Bauer Krause, der durch die Kohlevorräte auf seinen Gründstücken reich geworden ist und jetzt ein degeneriertes Leben führt. Man sieht ihn ausschließlich am frühen Morgen ‚vor Sonnenaufgang', wenn er torkelnd das Wirtshaus verlässt: „Hoa iich nee a poar hibsche Madel?" lallt er bei seinem ersten Auftritt (II, 39), und genauso endet das Stück auch: „Hoa iich nee a poar hibsche Tächter?" (V, 98). Markiert wird damit der dumpfe Wiederholungszwang in einem sozialen Milieu, aus dem es kein Entrinnen gibt. Der Untertitel betrifft darüber hinaus die Umstände der Aufführung (den Eklat, weil Erwartungen an ein heroisches Geschichtsdrama nicht erfüllt wurden), daneben die gesellschaftsbezogene Darstellung menschlicher Lebensverhältnisse und schließlich die Struktur des Stücks. Denn der Raum selbst drückt bereits soziale Gesetzmäßigkeiten aus: Er wird zum Akteur des Dramas, weil die Figuren durch ihn völlig determiniert sind.

Entsprechend ausführlich fallen die Regieanweisungen aus. Die Interpretation der Szenerie durch expandierende Nebentexte, die in Hauptmanns *Die Weber* eine ganze Seite überschreiten können, gehört zu den zentralen

Kennzeichen naturalistischer Dramatik. Insbesondere an den detailgenauen Beschreibungen des Orts und seiner Figuren erkennt man die Episierung des modernen Dramas. Interpretierende Adjektive, modale Partikel und die narrative Mitteilung ganzer Handlungssequenzen (v. a. im Eingang von II) zeigen die gewissermaßen auktoriale Ausdeutung des Geschehens am präzise erfassten sozialen Ort an: „Das Zimmer ist niedrig [!]; der Fußboden mit guten [!] Teppichen belegt. Moderner Luxus auf bäuerische Dürftigkeit gepfropft. […] Miele, eine robuste Bauernmagd mit rotem, etwas [!] stumpfsinnigen Gesicht; sie öffnet die Mitteltür und läßt Alfred Loth eintreten. Loth ist mittelgroß, breitschultrig, untersetzt, in seinen Bewegungen unbestimmt, doch ein wenig [!] ungelenk […]. Er ist ordentlich, jedoch nichts weniger als modern gekleidet" (I, 15). So wird im ersten Nebentext an Einrichtung und Kleidung der ‚moderne' Reichtum ins Verhältnis zur bäuerischen Herkunft auf der einen, zu Loths reformerischer Askese auf der anderen Seite gesetzt – und damit die Opposition zwischen alt und neu eröffnet, die auf die sozialen Umbrüche der Moderne zurückgeht: auf das dumpfe Bauernleben auf dem Land (Branntwein) gegenüber den Distinktionen des *parvenues* Hoffmann („Veuve Cliquot" und „Hummer"; I, 28, 32: „chacun à son goût"; III, 62), aber auch gegenüber den geistigen Interessen Helenes, die in Herrnhut pietistisch erzogen wurde und Goethes *Werther* liest (II, 46). Die ‚aufgepfropfte' Moderne zeigt sich am elektrischen Licht im Bauernhaus oder am Telefon, das nun das Kommunikationsverhalten des Unternehmers Hoffmanns steuert (III, 66). Andere Nebentexte machen genaue Zeitangaben, die auf die Einheit der Zeit verweisen: „wenige Minuten nach dem Vorfall" des ersten Akts (III, 53); „Zeit: eine Viertelstunde nach Helenes Liebeserklärung" (IV, 70); „Zeit: gegen zwei Uhr nachts" (V, 82).

Zum Schluss bei Helenes Flucht – sie läuft „wie eine halb Irrsinnige" (V, 97) mit dem Hirschfänger davon, wobei unklar bleibt, ob sie sich damit wirklich tötet – überwuchern die Nebentexte den Haupttext derart, dass sich das Drama in der narrativen Mitteilung von Gebärden fast schon in das Textbuch einer Pantomime verwandelt. Auch dort, wo Bauer Krause im Eingang des zweiten Akts in schäbiger Kleidung und anzüglicher Annäherung an seine Tochter nach Hause wankt, besteht das Drama vornehmlich aus dem epischen Bericht über den Vorgang (II, 39f.). Ebenso ausführlich wird von der idyllischen ‚Pracht' der Landschaft erzählt, wie sie Loth an diesem Morgen als Paradies erfährt (II, 42). Und auch der episodische Charakter der Mitteilungen über die Arbeiten am Hof zu Beginn des Tages (II, 39) signalisiert die „Revuestruktur" des Stücks (Sprengel 1998, 494).

Bemerkenswert sind darüber hinaus weitere Paratexte, die Hauptmann vor dem Personenverzeichnis platziert: Sie reichen von einer Widmung an Arno Holz als Hommage an *Papa Hamlet* über eine Vorbemerkung zur zweiten Auflage bis hin zu zwei Bühnenskizzen, auf denen die Einrichtung der beiden ersten Akte festhalten wird.

Das Personenverzeichnis ist nicht nach der Bedeutung der Figuren für das Geschehen geordnet, sondern nach dem erlangten Reichtum der Familie: Entsprechend wird die Bauernfamilie Krause von einer Gruppe aus Figuren abgegrenzt, die von außen kommen (Alfred Loth) und die in dieser Gegend wie Dr. Schimmelpfennig ihr Auskommen gefunden haben („fette Weide"; V, 85). Es schließen sich die abhängig Beschäftigten an, die auf dem Gut

Krauses arbeiten und wie Beibst und die Mägde Guste, Liese und Marie entlassen werden können. Übrigens ist allein der Bauer als Figur eines ernsten Dramas im 19. Jahrhundert bemerkenswert.

Der ‚Familienbande' (Karl Kraus) – mit der am stärksten durch den Alkohol degenerierten Figur des Bauern Krause an der Spitze – steht also die Gruppe familienexterner Figuren mit Loth an erster Stelle gegenüber. Insofern deutet bereits das Personenverzeichnis darauf hin, dass man es auch mit einem Familiendrama zu tun hat. Vom überlieferten Modell bürgerlicher Trauerspiele hat es sich jedoch abgewandt, weil nun der Vater seiner Tochter (aus „erster Ehe") sexuell zusetzt. Wird die Gruppe der Familienmitglieder v. a. durch ihre Stellung in der Familie näher charakterisiert („Hoffmann, Ingenieur, verheiratet mit Martha"), dominieren in der zweiten Gruppe Berufsbezeichnungen bzw. Arbeitsverhältnisse. Nur Alfred Loth (mit Vorname wie Helene) und Dr. Schimmelpfennig (nur mit Nachname wie Hoffmann) werden nicht weiter charakterisiert: der Säemann, weil er aus der Fremde kommt und daher nicht durch das Milieu determiniert ist; der Arzt, weil er mit seinem akademischen Titel als wissenschaftliche Autorität zur Frage nach der Vererbbarkeit des Alkoholismus ausgewiesen ist. Loths Position in der Mitte des Personenverzeichnisse, das durch die Anordnung Familie vs. externe Figuren in zwei Hälften getrennt wird, signalisiert nicht zuletzt, dass es in diesem Stück tatsächlich keine Hauptfiguren mehr gibt. Zwar wird durch Loth als Figur von außen ein Geschehen in Gang gebracht. Dies hat aber überhaupt keine Folgen: Als er das von ihm aufgesuchte Milieu wieder verlässt, hat sich an den Verhältnissen nichts geändert.

Haupttexte

Gegenüber dem zeitgenössischen Vorwurf, kunstlos zu sein, demonstriert Hauptmanns Stück auf höchst kunstfertige Weise, wie man den Realitätseffekt (Roland Barthes) zur unmittelbaren Abbildung des Lebens inszeniert. Dies gelingt ihm dadurch, dass er den Kunstcharakter der sprachlichen Gestaltung eben unsichtbar macht. Ein objektives Bild von Lebensverhältnissen entsteht in erster Linie dadurch, dass das Stück sprachlich gestaltet, was man in diesem Milieu zu hören bekommt. Arno Holz sprach von der ‚phonographischen Methode', durch die sich die Personen selbst charakterisieren und demaskieren sollen (Schanze 1983, 464). Das Hörbare wird anschaulich durch die lautmalerische Charakterisierung der Figuren: sei es das torkelnde Lallen des Bauern Krause, seien es dialektale Eigenheiten im Schlesisch der Mägde, Frau Krauses oder des Arbeiters Beibst („A läßt a verludern ... a ganza Acker, reen verludern läßt a'n, d'r Pauer"; II, 42), sei es das onomatopoetisch nachgeahmte Stottern des tumben Wilhelm Kahl („D..d..die M..mm..maus, das ist'n in..in..infamtes Am..am..amf..ff..fibium"; I, 31), sei es schließlich, dass an Frau Spillers spitzlippigen „m" zur Imitationen des Adels Marotten der Distinktion vorgeführt werden (I, 30). Hoffmann, Helene und Loth dagegen sprechen Hochdeutsch, sind also auch sprachlich als Figuren gekennzeichnet, die in gewisser Distanz zum Milieu stehen.

In der Schrift werden die Eigenheiten der Artikulation durch typographische Mittel akzentuiert: Punkte oder Gedankenstriche signalisieren Leerstellen des Sprechens; sie zerklüften die Syntax, wenn die Figuren erregt sind und keine vollständigen Sätze mehr herausbringen oder wenn sie mitten im Satz unterbrochen werden. Der Sperrdruck zeigt Festigkeit und Überzeugung an, wenn Loth seinen Willen zur Erbschaft bekundet (I, 35). Das Milieu wird so v. a. sprachphysiognomisch differenziert, wenn an den Sozio- und Dialekten im Ineinander individueller und sozial bedingter Sprachformen die gesellschaftliche Umbruchsituation zwischen moderner Gegenwart und bäurischem Untergrund hörbar wird.

Entsprechend der Darstellung von Zuständen gibt es in diesem Drama im strikten Sinn keine Dialoge mehr. Es präsentiert hauptsächlich Konversationen (Gespräche über Alkohol, Sozialismus, die Jugend und soziale „Verkehrtheiten"), oder es lässt Figuren ihre Gesinnungen mitteilen. Meist erzählen Loth, Hoffmann und Helene von sich und ihren Lebensverhältnissen. In dieser „Dramatik des Erzählens" (Elm 2004, 164) tritt die Figurenrede nicht selten zugunsten episierender Nebentexte zurück. Kennzeichnend ist eine nervöse Gehetztheit, wenn keiner dem anderen mehr so recht zuhört („Was meintest du eben?"; III, 67) oder wenn das Sprechen mitten Satz abbricht (I, 16). Hauptmanns Sprache reagiert so auch auf den zeitgenössischen Diskurs über Nervosität in den Städten: Der „Städter" Loth (II, 41) beruft sich auf sein „Nervensystem" (I, 33). Gerade sein Scheitern zeigt, dass jede Aufklärung durch Rede und Gegenrede sinnlos geworden ist. Vielmehr geht es nicht selten sogar nur noch darum, eine „peinliche Situation" wie beim Tischgebet (I, 30) oder nach dem Wutausbruch der Frau Krauses durch Schweigen (I, 36) bzw. durch geschäftige Gebärden zu überspielen. Monologe gibt es in *Vor Sonnenaufgang* nicht. In der zeitgenössischen Diskussion über die *Technik des realistischen Dramas* (Alfred Kerr, 1891) werden sie wegen ihrer Unwahrscheinlichkeit verworfen.

Auf den ersten Blick scheint Hauptmanns soziales Drama konventionell in fünf Akte (ohne Szenen) gegliedert. Die drei Einheiten werden zwar eingehalten, sie entsprechen aber in keiner Weise mehr dem Pyramidenschema nach Freytag, weil statt einer Handlung statische Zustände gezeigt werden. Alles, was noch als Handlung zu bezeichnen wäre, insoweit sich Perspektiven auf eine Veränderung dieser Zustände eröffnen, wird durch eine Figur aus der Fremde initiiert: Der Sozialreformer Loth, der die sozialen Verhältnisse erforschen will, tritt dabei fast schon als Botenfigur von außen in das Milieu ein. Mit seiner Aufklärung irritiert er die naive Helene und verschafft ihr durch das Liebesgeständnis am Ende des dritten Akts (III, 69) eine Option auf Entrinnen. Im Kern begehrt die ‚verhärmte' Helene („na, häßlich ist sie auch gerade nicht"; V, 91) gegen die Zustände aber nicht auf, wiewohl sie als Figur, die abstinent lebt, tatsächlich „handlungsfähig" und damit „wandlungsfähig" erscheint (Elm 2004, 160 f.). Loth verlässt sie nach einem punktuellen *Tristan*-Glück im (entsprechend kurzen) vierten Akt, weil er seiner weltanschaulich begründeten Verantwortung gegenüber den eigenen Nachkommen gerecht werden will (I, 34 f.). Gegen diese naturwissenschaftlich beglaubigte Auffassung hat Helene keine Chance.

Bauform

Auch wenn die drei Einheiten eingehalten werden, entspricht die Organisationslogik dieser Darstellung von Zuständen nicht mehr dem Drama der geschlossenen Form. Vorab durch das Milieu determiniert, gibt es keine handlungsmächtigen Figuren mehr. Andererseits handelt es sich aber auch nicht mehr um ein Drama der offenen Form, selbst wenn das Stück in seiner episodischen Revuestruktur daran teilhat. Kaum mehr aber werden verschiedene Perspektiven auf eine Problematik, sondern vielmehr nur der eine Blick Loths auf die entsprechend eindimensional bewerteten Zustände am Nebeneinander verschiedener Figuren gezeigt. Gerade indem sie klassizistische Kriterien zugrundelegt, hält schon die zeitgenössische Rezension von Karl Küchenmeister sehr hellsichtig fest, dass die fehlende Verdichtung der Handlung eine „künstlerische Folge des gesteigerten Verismus" sei, genauer der „Nachgestaltung des Nebeneinander, Miteinander, Stockenden, Strebenden – der *grandiosen Planlosigkeit* des Lebens" (zit. n. Scheuer 2002, 55). Die „Spannungslosigkeit" werde durch die „Stimmung" ausgeglichen, erregt durch „das Mittel der Ideenverbindung" und durch die „passive Gestaltung der Anklage" (ebd., 56).

Weil ein herausragender Held fehlt, wird die Aufmerksamkeit auf die Nebenfiguren in der Fülle genauer Porträts gelenkt. Die episodische Struktur kraft dieser Zerstreuung auf individuelle Aspekte erklärt die Nähe zum Roman. Genau diese Tendenz der Auflösung von Gattungsgrenzen in aneinandergereihten Stimmungsbildern ist ein entscheidender Grund dafür, dass die Opposition zwischen offenem und geschlossenem Drama nicht mehr greift. In der episodischen Struktur haben Nebensächlichkeiten denselben sinnlichen Wert wie die Hauptsachen. Die Aufhebung der Konzentration, die das Drama kennzeichnet, macht Unterschiede zur Epik hinfällig: „Das Epische und Dramatische ist nie rein zu sondern" (Hauptmann 1965b, 917), so Hauptmann zum *Problem des Dramatischen*. Aufgrund der Ausschnitthaftigkeit seiner Momentaufnahmen hat das Stück folgerichtig auch keinen rechten Schluss mehr.

Epoche

Der Naturalismus setzt Mitte der 1880er Jahre in der Lyrik ein, erlangt seinen Durchbruch aber erst im Drama und in der Prosa um 1890. Neben *Papa Hamlet* von Johannes Schlaf und Arno Holz ist v. a. deren Familienstück *Familie Selicke* (1890), das in der Großstadt Berlin spielt, für den ‚konsequenten' Naturalismus einschlägig. Die neue Strömung geht auf programmatische Gruppenbildungen in den urbanen Zentren Berlin und München zurück. Als Stil- bzw. Verfahrensbegriff zielt der Naturalismus auf die möglichst objektive, detailgetreu illusionistische Nachahmung der äußeren, d. h. empirisch wahrnehmbaren Lebenswirklichkeit ab – und zwar in *allen* Aspekten und Details ohne Poetisierung bzw. Verklärung, die noch der Realismus betrieb, um die Kunstfähigkeit der Abbildung von Wirklichkeit zu erweisen. Genau deshalb musste Fontane Hauptmanns Drama gegen den Vorwurf der Kunstlosigkeit verteidigen.

Auch Hauptmann betont in seinen dramenpoetischen Äußerungen immer wieder den Charakter des Kunstwerks, das dem Ausdruck des elementaren ‚Urdramas' dient. Die Gemeinsamkeiten mit der ‚phonographischen Methode' sind indes kaum zu verkennen, wenn in Hauptmanns Kunst des facettierten Augenblicks Nuancen des Hörbaren festgehalten werden. Und auch bei ihm schlägt sich die zeitgenössische Milieutheorie nieder, wonach erbgenetische, soziale, historische und materielle Faktoren (‚race', ‚milieu', ‚moment') den Menschen determinieren. Taines Theorie ist mit Hauptmanns Idee vom ‚Urdrama' vereinbar, „weil sie das Individuum in ein festes Koordinatensystem von Abhängigkeiten stellt" (Scheuer 2002, 41).

Stoff und Handlungszeit

Die sozialen Gegebenheiten in Schlesien, wie sie das Stück thematisiert, sind Hauptmann aus dem Kohlerevier um Weißstein bekannt. Mehr noch für die *Weber* hat er selbst intensive Sozial- und Lokalstudien getrieben, die den Wahrheitsanspruch dieser Dramatik als Milieustudien beglaubigen sollen.

Darin schlägt sich die empirische Orientierung auf Grundlage der zeitgenössischen Wissenschaften (Comte, Taine) nieder, auch wenn das Stück selbst mit „Witzdorf" (I, 26) einen fiktiven Ort aufbringt und keine genauen Zeitangaben jenseits seiner Anspielungen auf die ‚Moderne' macht. Für den Zeitgenossen aber bleiben die empirischen Gegebenheiten der eigenen Gegenwart wiedererkennbar.

Darüber hinaus fließen die vom Stück diskutierten politischen und philosophischen Fragen der Zeit (Sozialismus, Emanzipation der Frauen, Darwin, Haeckel) ebenso ein wie die wissenschaftlichen Debatten um den Alkohol, etwa in Gustav Bunges *Die Alkoholfrage* von 1887 (I, 34; vgl. Bellmann 1988). Diese wissenschaftlichen Diskurse werden zum einen vermittelt mit biblischen wie mythisierenden Bezugnahmen, die auf das Allgemeinmenschliche und Modellhafte der Darstellung hindeuten (vgl. Schößler 2003, 71), zum anderen mit der Diskussion über die Aufgaben der neueren Literatur: Loth wendet sich gegen die Empfindsamkeit in Goethes *Werther* („ein Buch für Schwächlinge"; II, 46) und setzt Felix Dahns Roman *Kampf um Rom* dagegen, der einen „vernünftigen Zweck" verfolge, denn dieses Buch male „die Menschen nicht, wie sie sind, sondern wie sie einmal werden sollen. Es wirkt vorbildlich" (II, 46). Zola und Ibsen als Vertreter des Naturalismus seien dagegen nur als Heilmittel für die Krankheiten der eigenen Zeit zu betrachten: „Es sind gar keine Dichter, sondern notwendige Übel. […] Ich bin ehrlich durstig und verlange von der Dichtkunst einen klaren, erfrischenden Trunk. – Ich bin nicht krank. Was Zola und Ibsen bieten, ist Medizin" (II, 46). Auch hier bezieht Hauptmann Stellung zum Naturalismus, indem er das „Kunstwerk" (Vorbemerkung zur zweiten Auflage, 10) gegen das „notwendige Übel" der Aufklärung über soziale Missstände setzt.

So wie in dieser epischen Dramatik die Opposition nach den Idealtypen von Klotz irrelevant wird, so unentscheidbar wird die Frage nach der Zuordnung im Gattungssystem des Dramas. *Vor Sonnenaufgang* ist weder eine Tragödie noch eine Komödie. Helene ist kaum eine tragische Figur (ganz abgesehen davon, dass ihr Tod nicht feststeht), sondern schuldloses Opfer der Verhältnisse. Sie kann ihrem Milieu aufgrund der erbgenetischen Veranlagung nicht entrinnen, soweit diese Determination als naturwissenschaftliches Gesetz für gültig erklärt wird. Der torkelnde Bauer ist nicht mehr als komisches Element zu verbuchen (wie noch in der traditionellen Behandlung des Motivs), sondern im dumpfen Wiederholungszwang seiner Besäufnisse nur noch trostlos und traurig. Insofern neigt der Naturalismus grundsätzlich zum ernsten Drama (vgl. Schulz 2007, 73) mit offenen Schlüssen. Das utopische Moment der Liebe zwischen Helene und Loth scheitert an dessen Gesinnung, so dass ein Aufbegehren, das den tragischen Untergang herbeiführte, verhindert wird. Zwar ist für Helene das Leben in dieser Familie „so öde hier. So…gar nichts für den Geist gibt es. Zum Sterben langweilig ist es" (I, 26). Ihr Selbstmord, der sich mit ihrer Flucht im Wahnsinn andeutet, ist aber tatsächlich keine notwendige Konsequenz – es sei denn, sie erkennt die Gültigkeit des erbgenetischen Naturgesetzes an, das sie zur Alkoholikerin erklärt, so dass sie dieser Determination tatsächlich nur durch den Tod entgehen kann.

Mit dem sozialen Drama stellt sich Hauptmann in eine Linie von Lenz bis Büchner (*Woyzeck*), den er 1887 für den Naturalismus wiederentdeckte.

Gattungszuordnung

Trotz solcher Rückbezüge auf Büchners sozialkritische Dramatik, auf Ibsens Familiendramen und auf Tolstois derb-realistische Bauerntragödie *Die Macht der Finsternis* (1886) kann Hauptmann als Begründer einer neuen sozialen Dramatik in Deutschland gelten, die als „Postulat in der Luft" lag: Sie „real ins Leben zu rufen war damals eine Preisaufgabe, die gelöst zu haben so viel hieß wie der Initiator einer neuen Epoche sein" (Hauptmann 1962, 1078). Neu ist sie auch deshalb, weil sie Elemente des Familiendramas im ‚neuen Mittelstand' (Elm 2004, 172–178) mit dem ‚Seelendrama' der Jahrhundertwende verbindet. Für Hauptmann stellt dies keinen Gegensatz dar, weil er in Stücken wie *Hanneles Himmelfahrt* (1893) bereits früh zur Neuromantik neigt und weil das „Seelische" bei ihm ohnedies „immer zugleich Chiffre für das Soziale" gewesen ist (Scheuer 2002, 44). Das naturalistische Drama Hauptmanns ist darüber hinaus immer zugleich „‚Gesellschafts-, bzw. ‚Zeitdrama'" (ebd.).

Darstellungsinteresse

Neben der Frage des Milieus und neben den Folgen der Erziehung (Helenes pietistische Sozialisation in Herrenhut, die ihre empfindsame Weltfremdheit gegenüber den sozialen Verhältnissen in ihrer Umgebung erklärt) verhandelt das soziale Drama eine ganze Reihe aktueller Themen seiner Zeit. Dabei stellt sich die Frage, wie Loth als Vertreter reformsozialistischer Ideen und als Beobachter der Verhältnisse zu beurteilen ist: Ist er als Identifikationsfigur Träger einer sozialistischen Zuversicht (Bellmann 1988, 38)? Oder dient er als Demonstrationsfigur der szenischen Mitteilung sozialer Missstände, so dass er in erster Linie zum Instrument einer dramatischen ‚Studie' gemacht wird?

Die Antwort auf diese Frage ist nicht leicht zu geben, denn einerseits erscheint Loth als Sprachrohr seines Autors, weil sein missionarisch dozierender Eifer als Abstinenzler und Sozialreformer Ende der 1880er Jahre von Hauptmann selbst getragen wurde, so dass das Stück fast schon als „Lehr-Stück" über seine Idee vom richtigen Leben anzusehen wäre (Elm 2004, 156). Andererseits sind auch die Züge einer sozialen Mitleidsdramatik kaum zu verkennen. Hat man es also mit einem Tendenzstück zu tun, oder geht es doch eher um das Entlarven mitleidloser Zustände durch eine szenische „Tiefseeforschung" (V, 84)? Die Metaphorik des Grabens, Wühlens, Untergrabens im Dreck ist ja wiederholt im Stück anzutreffen: Unten in der Tiefe findet die Ausbeutung des Bodens statt, oben sieht man den Reichtum und die „prächtig[e] Landschaft (II, 46). Gegenüber dieser Idylle entblößt das Drama die wahren Verhältnisse. Es unterhöhlt den *status quo* in der Erforschung der Untiefen und Abgründe im Menschen, so dass es zur „Maulwurfsarbeit – wühlen, wühlen" (I, 24) durch genaue Beobachtung wird: und zwar genau so, wie Loth den „Boden" ‚unterwühlt', auf dem sein alter Freund Hoffmann „festen Fuß gefasst hat" (III, 66).

Aus diesen widersprüchlichen Befunden ergibt sich die Frage nach der Wirkungsabsicht dieser Dramatik, die mit Loth als denkbarem Sprachrohr Hauptmanns (Schößler 2003, 70) zur a-perspektivischen Form neigen würde: Geht es um Mitleid und die entsprechende Einsicht in das Soziale oder um den kritischen Aufruf zur Veränderung der Verhältnisse nach Maßgabe der sozialistischen Ideen Loths? Hauptmann bleibt in dieser Frage letztlich indifferent bzw. nicht greifbar. Auch die These, er formuliere eine Theoriekritik, indem er die zeitgenössischen Diskussionen möglicherweise gerade an

Loth zur Disposition stellt (so Bellmann 1988), ist kaum abweisbar (vgl. Schößler 2003, 70). Damit bestätigt sich aber nur die paradoxe Widersprüchlichkeit, die das Stück zwischen sozialistischer Programmatik und existentieller Erfahrung, sozialer Milieustudie und individueller Dramenhandlung in einer Familientragödie kennzeichnet. Auf jeden Fall zeigt das soziale Drama einer Familie die widersprüchlichen Lebensverhältnisse in der Moderne an der Widersprüchlichkeit zweier Figuren (Loth und Helene) und an der modernen Attacke auf den guten Bürgergeschmack im Gewand einer Familientragödie (Elm 2004, 166–169). Unauflösbar gewordene Ambivalenzen prägen Darstellungsintention und Struktur dieser neuartigen Dramatik, die zwischen den Widersprüchen genauso schwebt wie zwischen der epischen und dramatischen Form am Beginn der Moderne.

4. Bertolt Brecht/Kurt Weill: *Aufstieg und Fall der Stadt Mahagonny*

Sein Konzept des Epischen Theaters entwickelt Brecht Ende der 1920er Jahre im Rahmen der mit Kurt Weill konzipierten Oper *Aufstieg und Fall der Stadt Mahagonny* (1930), deren Uraufführung den größten Theaterskandal in der Weimarer Republik auslöste. Mit der Epischen Oper entsteht etwas völlig Neues. Entsprechend wird das Stück auch in der Brecht-Forschung als *opus magnum* gehandelt (Knopf 2001b, 194). Nach 1930 fällt Brechts Dramatik wieder konventioneller aus, denn v.a. das Exil erzwingt die Rückkehr zu konventionelleren Dramentexten, weil die für Brechts Stücke konstitutive Theatralität nicht mehr gewährleistet war. Bemerkenswert ist an den Songspielen, dass sie trotz ihrer experimentellen Anlage bis heute ungebrochen populär sind. Ungeachtet dessen enthält die neue „Medienästhetik", die Brecht mit den Opern in den späten 1920er Jahren entwickelt, bereits „alle wesentlichen Techniken des epischen Theaters" (Knopf 2001a, 4).

Die Textverhältnisse sind im *Mahagonny*-Komplex einigermaßen unübersichtlich, weil Brecht in ‚Kollektivarbeit' mit anderen Künstlern ständig Änderungen vornahm oder gar neue Fassungen schrieb, geschuldet u.a. der prekären Situation des Theaters im Vorschein des Nationalsozialismus (zum Status der Texte im einzelnen Nyström 2005). Zuerst entstand ein Songspiel von Kurt Weill aus den *Mahagonnygesängen* Brechts (1927) mit instrumentalen Zwischenspielen und einem Finale von Brecht. Daraus entwickelte sich die abendfüllende Oper (1930). Das Konzept der Epischen Oper geht der *Dreigroschenoper* voraus und präsentiert in der Abfolge einzelner Nummern einen neuartigen Typ der ‚Opernrevue' (Knopf 2006, 295). Im Folgenden geht es in erster Linie nicht um das reduzierte Songspiel *Mahagonny* (1927), auch wenn es eine durchaus radikale Keimzelle der späteren Oper darstellt, indem sich die marginale Handlung aus der Abfolge von Songs herausbildet. Zugrunde gelegt wird die „Oper" in der Fassung der *Versuche*, die in der ‚Großen Brecht-Ausgabe' gedruckt ist. Zitate aus der ‚Urfassung' in drei Akten erfolgen nach dem Materialienband zum *Mahagonny*-Komplex (Brecht/Weill 2006, 41–100).

Im Epischen Theater spielt die Handlung eine untergeordnete Rolle. Der Titel *Aufstieg und Fall der Stadt Mahagonny* nimmt ihre Kernelemente vorweg. Vor allem aber markiert er die Abkehr von herkömmlichen Dramen, wenn das kollektive Schicksal einer Stadt im Mittelpunkt steht – also weniger die Probleme des Individuums, wie auch immer die Geschichte des Holzfällers Paul Ackermann damit verknüpft wird. Die Aufmerksamkeit zielt in erster Linie nicht mehr auf den Gang des Geschehens, sondern auf die Art und Weise seiner Darstellung; genauer auf eine experimentelle Behandlung, die alle multimedialen Möglichkeiten des Theaters zu nutzen unternimmt, die in den 1920er Jahren zur Verfügung standen. Der simple Verlauf der Handlung – die Gründung und der Niedergang einer Glücksstadt, an der vorgeführt wird, wie der Kapitalismus funktioniert – ist an sich bedeutungslos.

Nebentexte
Die Gattungsbezeichnung *Oper* signalisiert die konstitutive Rolle der Musik. Im Gegensatz zur Operette (und auch zur *Dreigroschenoper* als Bühnenstück mit Musik) trifft sie auf *Mahagonny* zu, weil keiner Figur mehr eine reine Sprechpartie zukommt. Musik und Text gehören unabdingbar zusammen, wie überhaupt Brechts Stücke nicht „losgelöst von ihrer Musik" betrachtet werden dürfen (Knopf 2001a, 13). Als ein gesungenes Drama, das durchgehend als Gesang (teilweise solistisch, teilweise im Chor) präsentiert wird, erfüllt *Mahagonny* sämtliche Strukturprinzipien der Oper (dazu Fricke/Würffel 2000).

Wie die Namensgebung ist die Anordnung der Personen von Fassung zu Fassung verschieden: In der Urfassung, ausgewiesen als „Oper in drei Akten", tragen die Figuren amerikanische Namen (Brecht/Weill 2006, 42); in der gekürzten ‚Pariser Fassung' von Weill (1932), ausgewiesen als „Songspiel", das auch konzertant aufgeführt wurde, werden zum Teil wiederum andere Namen einzelnen Solistenstimmen zugeordnet (Sopran, Alt, Tenor usw.) (Brecht/Weill 2006, 22). Diese Zuweisung von Operfunktionen verzeichnet auch die Urfassung (Brecht/Weill 2006, 42). In der Fassung der *Versuche* (1930) fällt sie weg. Die Figuren haben hier zudem teils deutsche Namen (dazu Brecht 1988a, Kommentar 459). Auch solche Veränderungen signalisieren Darstellungsprinzipen des Stücks: Die Figuren sind keine festen Charaktere, sondern austausch- bzw. aktualisierbare Platzhalter für gesellschaftliche Funktionen, die beiläufig mitgeteilt werden: „Holzfäller", „Willy, der Prokurist" (Brecht 1988a, 334). Je nach den akuten Bedürfnissen einer Bühne können sie nationalen Verhältnissen angepasst und darüber hinaus mit neuen Implikationen aufgeladen werden, wenn aus Johann Ackerman etwa Paul Ackermann wird, um auf Paul Hindemith anzuspielen (Brecht 1988a, Kommentar 459, zu Bedeutung Hindemiths vgl. Streim 2009, 111).

Auch bei den Nebentexten unterscheiden sich die Fassungen: Die Fassung der *Versuche* leitet ihre 20 Nummern mit Überschriften ein, die Elemente der Handlung vorab mitteilen: „1 Gründung der Stadt Mahagonny" (Brecht 1988a, 335). Durch Kapitälchen als Überschriften markiert, fassen diese Inhaltsangaben das Geschehen zum Teil in ganzen Aussagesätzen zusammen, was ihren epischen Gestus noch deutlicher hervortreten lässt: „2 Rasch wuchs in den nächsten Wochen eine Stadt auf, und die ersten ‚Haifische' siedelten sich in ihr an" (ebd., 337); „20 Und in zunehmender Verwirrung, Teuerung und Feindschaft aller gegen Alle demonstrierten in den letzten Wochen der Netzstadt die noch nicht erledigten für ihre Ideale – unbelehrt" (ebd., 386). Diesen Überschriften folgen Nebentexte, die sowohl Figurenaktionen – „Es kommen mit großen Koffern Jenny und sechs Mädchen, setzen sich auf die Koffer und singen den Alabama-Song" (ebd., 337) – als auch die eingesetzte Bühnentechnik benennen. Projektionen, Photographien, Filme und Schrifttafeln verweisen auf Formen einer nicht illusionistischen Darstellung, die ihre Künstlichkeit ausstellt: „Eine Projektion zeigt die Statistik der Verbrechen und Geldumläufe in Mahagonny" (Nr. 7; ebd., 346). „Eine Projektion zeigt die Ansicht einer Millionenstadt sowie die Photographien vieler Männer" (Nr. 3; ebd., 338). Auch die Nebentexte, die zwischen den Songs stehen, verweisen auf den Einsatz dieser Verfahren, etwa in Form von Mädchenbildern, die wie „Moritatentafeln" aufgestellt werden (ebd., 342), oder in Regieanweisungen, in denen die Bühne präsent gehalten bleibt: „Er tritt an die Rampe" (ebd., 358).

Andere Nebentexte halten Schriftbänder auf „Tafeln" fest (Nr. 10; ebd., 355). Im ausführlichsten Nebentext der *Versuche*-Fassung (zu Nr. 12) melden Lautsprecher den Hurrikan (ebd., 361). In der Urfassung sind die Nebentexte von Beginn an ausführlicher, indem die in Kapitälchen gesetzten Überschriften in Details zur Projektion auf einer Gardine eingebettet werden: „Dann läuft über diese Projektion in roter Schrift die Überschrift der ersten Szene: GRÜNDUNG DER STADT MAHAGONNY" (Brecht/Weill 2006, 43). Auch der Einsatz des Films wird hier deutlicher: „HURRIKAN ÜBER FLORIDA!! WOMÖGLICH ANSCHLIESSEND FÜNFZIG METER FILM MIT TAIFUN-AUFNAHMEN" (ebd., 63).

Das Konzept des Epischen Theaters transformiert den Status des dramatischen Texts: Er ist eher als Partitur denn als Vorgabe für die Inszenierung konzipiert, weil sich alle Energien auf die theatrale Umsetzung richten. Die Figurenrede besteht in dieser Oper meist aus Songs und Chorpassagen, die den Chor der traditionellen Oper parodieren: „O wunderbare Lösung/Die Stadt der Freude ward verschont" (Brecht 1988a, 361). Der Song ist eine Liedform des 20. Jahrhunderts, die im Unterschied zum europäischen Kunstlied an anglo-amerikanischen Vorbildern orientiert ist: ein gesungenes, singbares oder als singbar dargestelltes Gedicht, das in der Regel strophisch mit Refrain organisiert ist (Burdorf 2003). Orientiert an der modernen Populärkultur (Kabarett, Musical, Jazz-/Rockmusik), bleibt der Song im Unterschied zum Volkslied individuell und kunstfertig gestaltet, zumal er von namentlich bekannten Produktions- und Reproduktionsinstanzen (Autor, Komponist, Sänger) realisiert wird. Im Unterschied zum Chanson kann er permanent aktualisiert werden. Darin artikuliert sich sein gesellschaftskritischer Anspruch wiederum im Unterschied zum Schlager.

Neu ist seit Brecht und Weill das Songspiel als Genre, aus dem dann die Epische Oper hervorgeht: Beide Formen bieten mit der ebenso neuartigen politischen Instrumentalisierung eine innovative Synthese von ernster und unterhaltender Musik, die z. B. auch Formen der Zwölftonmusik von Schönberg popularisiert, ohne das Dissonantische preiszugeben. Folgt man Adornos früher Rezension zu *Mahagonny* (1930), so ist auch Weills Musik aufgeladen mit Zitaten und Traditionsbezügen. Sie wird einerseits nicht selten verzerrt (z. B. durch einen schrägen Walzerrhythmus) und dabei zum Teil gezielt als Kitsch für den schlechten Geschmack in Mahagonny eingesetzt. Andererseits inszeniert die Musik aber auch einen Wohllaut im Kontrast zum Wort: „Alles ist in eine regelhaft verschobene Optik gebracht" (Adorno 2006, 356). Die Oper sei aus „Dreiklängen und falschen Tönen zusammengestoppelt", verbunden mit „den guten Taktteilen alter Music-hall-songs",

Haupttexte

dabei „mit dem stinkenden Leim aufgeweichter Opernpotpourris geleimt". So entsteht eine „Musik aus Trümmern der vergangenen Musik", die „gänzlich gegenwärtig", aber weder als sachlich noch als klassisch anzusehen sei (ebd., 360), sondern vielmehr die „erste surrealistische Oper" begründe (ebd., 359).

Der gedruckte Text ist primär als Libretto aufzufassen (dazu Nyström 2005), d. h. als Textbuch eines zur Vertonung bestimmten dramatischen Werkes (Nieder 2000, 416). Er ist in *Mahagonny* noch weniger autonom als im Drama, weil sich das Libretto erst in der Aufführung durch Musik und Gesang und bei Brecht/Weill v. a. durch den gesamten Theaterapparat erfüllt. Nach diesen Vorgaben ist die Figurenrede in *Mahagonny* zu beurteilen, insbesondere was die Einfachheit und Künstlichkeit der Sprache betrifft. Im Unterschied zur traditionellen Oper soll sie in *Mahagonny* beim Hören direkt verständlich sein. Geht es dort primär um den kulinarischen Genuss, so dass Inhalte des Librettos sekundär (wenn nicht unsinnig) sind, so kommt es bei Brecht tatsächlich auf die gesellschaftskritischen Aussagen an. Die Sprache ist daher gleichrangig mit der Musik, ihr gilt eine eigene Aufmerksamkeit, denn das Sprechen erfolgt auch hier in die Musik hinein (Knopf 2001b, 183). Im Unterschied zur *Dreigroschenoper* ist *Mahagonny* durchkomponiert, d. h. alle Sprechpassagen erfolgen mit Musikbegleitung bzw. im Sprechgesang. Daneben gibt es rein instrumentelle Passagen, auch diese gekennzeichnet durch musikalische Zitate (Tanz-, Shanty-, Jazzrhythmen u. a.).

Der Opernlogik entspricht die Struktur der Figurenrede. Es geht in *Mahagonny* nicht mehr um den dialogischen bzw. zwischenmenschlichen Bezug. Der Figurengesang – sei es als Song in Strophen, sei es in Sprechpassagen mit Musikbegleitung – teilt vielmehr Befunde zur Lage des Menschen in der Glücksstadt mit. Er hat in erster Linie referierende Qualität und bezieht sich damit auch nicht auf das vorher Gesagte, weil er wie alles in der Epischen Oper isoliert steht, um deren Bestandteile sich wechselseitig kommentieren zu lassen. Mitgeteilt werden Einsichten in die Folgen des herrschenden Geldprinzips, die in gleicher Weise von verschiedenen Figuren bzw. Gruppen artikuliert werden können: „Denn wie man sich bettet, so liegt man/Es deckt einen keiner mehr zu./Und wenn einer tritt, dann bin ich es/Und wird einer getreten, dann bist's du!" (Paul: Brecht 1988a, 360; Jenny: ebd., 373; „Dritter Zug": ebd., 388). Ähnliche Transformationen betreffen Sequenzen, die zunächst als Gedichte konzipiert waren und dann wie das berühmte Gedicht *Die Liebenden* („Sieh jene Kraniche in großem Bogen!") in ein Duett umgestaltet wurden (ebd., 364 f.).

Bauform

Die Urfassung ist in drei Akte bei fortlaufender Nummerierung der Abschnitte gegliedert, hier noch als „Szene" ausgewiesen: „Anstelle des üblichen Vorhangs fungiert eine kleine weiße Gardine" (Brecht/Weill 2006, 43). In der *Versuche*-Fassung gibt es dagegen nur Nummern mit Inhaltsangaben. „Es ist eine Folge von 21 abgeschlossenen musikalischen Formen", schreibt Weill in den *Anmerkungen zu meiner Oper „Mahagonny"*: Jede Form ist eine geschlossene Szene, und jede wird durch eine Überschrift in erzählender Form eingeleitet. Die Musik ist hier also nicht mehr handlungstreibendes Element, sie setzt da ein, wo Zustände erreicht sind" (Weill 2006b, 171). Weill hat deshalb auch von einer „Nummernoper" gesprochen (Weill 2006c, 173), organisiert nach Maßgabe einer Montagetechnik, mit der er und Brecht gegen die organische Einheit des Kunstwerks polemisieren. Auch das Libretto ist inhaltlich und formal aus disparaten Einzelteilen zusammengesetzt, so dass sowohl in der Musik als auch im Text der Revuecharakter ausgestellt wird. Dieser Aspekt wird u.a. daran kenntlich, dass die isolierten Songs durchaus dominant wirken. Zwar sind sie handlungsbezogen angelegt, sie können wie etwa der berühmte *Alabama-Song* aber auch selbständig konsumiert werden.

Die Revue (von frz. *revoir*: wiedersehen) ist als Gattungsbegriff seit Ende des 19. Jahrhunderts gebräuchlich und bezeichnet ein handlungsarmes Bühnenspektakel von musikalischer und optischer Opulenz, das Musik-, Tanz-, Artistiknummern (,Bilder') mit Spielszenen, die von Conférencen eingeleitet bzw. kommentiert werden, lose miteinander verknüpft (Vogel 2003). Die Conférence ist eine „Ansage, Einleitung oder Überleitung in Kabarett, Varieté und sonstigen aus einzelnen Darbietungen (Nummern) bestehenden Programmen" (Fleischer 1997, 321). Im Unterschied zum Kabarett ist die Revue vorwiegend nichtsprachlich angelegt. Im Unterschied wiederum zur handlungsfreien Show arbeitet sie mit szenisch fiktionalen Mitteln, wenn sie ihren Unterhaltungscharakter effektvoll zur Schau stellt. Konjunktur hatte die Revue in Berlin seit den 1920er Jahren im Gefolge der amerikanischen Revuen, indem sie Formen der Tanzrevue mit Schlagerelementen und Motiven des amerikanischen Jazz kombinierte.

In der Urfassung von *Mahagonny* zeigen die drei Akte die Handlungseinschnitte deutlicher an: Im ersten Akt scheint die Gründung der Stadt erfolgreich, bis der Hurrikan droht. Der zweite Akt schildert den eigentlichen „Aufstieg", nachdem der Hurrikan die Stadt gemieden hat, angezeigt durch den leitmotivischen Refrain „Du darfst es" (Brecht/Weill 2006, 66). In einer lockeren Nummernfolge wird dann an einzelnen Figuren das selbstzerstörende Leben („Fressen", „Lieben", „Boxen", „Saufen") demonstriert (Nr.13–16), denn Jimmy Mahonney wird dabei zahlungsunfähig. Der dritte Akt verhandelt schließlich seinen Fall. Er erzählt von seiner Verurteilung und Hinrichtung und vom „Fall" der Stadt: Das Todesurteil wird „wegen Mangel an Geld" vollstreckt; im Vergleich mit dem Totschlag sei dies „das größte Verbrechen [...]/das auf dem Erdenrund vorkommt" (ebd., 90). Die „Teuerung und Feindschaft aller gegen alle" führt den Untergang der Stadt herbei (Brecht 1988a, 386). Sie brennt zum Schluss mit den letzten ‚Unbelehrbaren' ab.

Die Dramatik der Weimarer Republik lässt sich an Brechts Stücken in drei Phasen einteilen. Zwischen 1919–1923 herrscht die noch vom Expressionismus beeinflusste Zeit des ‚guten' Chaos: *Baal* (UA 1923), *Trommeln in der Nacht* (UA 1922) und *Im Dickicht der Städte* (UA 1923) thematisieren das egoistische, spontan materialistische Glücksverlangen des Menschen. *Im Dickicht der Städte* schließt allerdings bereits resignativ, denn das „Chaos ist aufgebraucht", die Möglichkeiten scheinen verspielt: „Es war die beste Zeit" (Brecht 1989, 497). Die Stabilisierungskrise bis 1929 ist dann geprägt von den Songspielen als ersten Experimenten mit dem Epischen Theater: Erfasst werden insulare Glückszustände, deren transitorischer und problematischer Charakter bereits im Genuss klar wird. Bis 1933 entstehen auf der Basis der Marxismus-Rezeption die Lehrstücke *Heilige Johanna der Schlachthöfe* (entst. 1929/39), *Der Jasager* (UA 1930) und *Die Maßnahme* (UA 1930).

Epoche

Vor der *Dreigroschenoper* konzipiert, begründet Brecht mit dem *Mahagonny*-Komplex das Epische Theater als populäre, d. h. kulinarisch konsumierbare Bühnenform ohne Volkstümelei. Die allgemeine Kehrtwende zur Komödie und zum Boulevardstück findet um 1925 statt (Kreidt 1995, 253). Bei Brecht kommt dem ‚Lustspiel' *Mann ist Mann* (1926) ein gewisser Vorläuferstatus für *Mahagonny* zu, zumal er neben dem selbstbezüglichen Spielen im Spiel (vgl. Brecht 1988a, 123) auch Figuren wie Begbick und Mahoney daraus für die Oper übernimmt.

Stoff und Handlungszeit

Ausgangspunkt ist das Wort Mahagonny, das Brecht Anfang der 1920er Jahre aufgeschnappt hat (Knopf 2001b, 180) und zunächst im Songspiel für einen rein utopischen Ort benutzt: „Mahagonny – das gibt es nicht/Mahagonny – das ist kein Ort/Mahagonny – das ist nur ein erfundenes Wort" (Brecht/Weil 2006, 18). Bereits der Name bringt den Amerikanismus der 1920er Jahre ins Spiel. Er steht als semantischer Komplex für den Konsum wie für den ‚Fordismus', der als arbeitsteilige Produktion und montageförmige Organisation in die Darstellung der Oper selbst eingeht. Mit Bezügen auf amerikanische Filme wie Chaplins *The Gold Rush* von 1925 (Weil 2006, 153) und auf zahllose andere Quellen (Knopf 2001b, 180–182) bringt Brechts Materialcollage die neue amerikanische Populärkultur nach Maßgabe ihrer spezifischen Organisationslogik auf die deutsche Bühne, kontaminiert mit traditionellen Elementen der Oper.

Die Handlungszeit wird nicht präzisiert, was den Modellcharakter der Darstellung betont. Erkennbar wird aber, dass die Oper aktuelle gesellschaftliche Verhältnisse in der Weimarer Republik reflektiert, die sie in einem „ästhetisch-theatralischen Anschauungsmodell aufzudecken" versucht (Knopf 2001, 2). Dies gelingt ihr dadurch, dass die Dramentexte sprechen sollen wie „die Wirklichkeit selber", so Brecht im abschließenden Gedicht seines *Lesebuchs für Städtebewohner* (Brecht 1988b, 165). In diesem Sinn versteht sich auch *Mahagonny* als Zeitstück, weil es von konkreten gesellschaftlichen Umständen ausgeht, um diese „beispielhaft und als gesellschaftlich ‚typisch' zu transzendieren" (Knopf 2001a, 2).

Gattungszuordnung

Bis Brecht gelten im Großen und Ganzen noch die Prinzipien des Illusionstheaters, versteht man unter Illusion eine ästhetische Erfahrung, „in der die (dargestellte) Gegenständlichkeit vom Rezipienten [...] so wahrgenommen wird, als ob sie wirklich sei" (Strube 2000, 125). Das Illusionstheater, das noch den Naturalismus beherrscht, täuscht die Sinne und bannt die Gefühle des Zuschauers, insoweit er sich in die Fiktion hineinversetzt fühlt, ohne die tatsächliche Distanz der ästhetischen Simulation zu spüren. So ermöglicht die ästhetische Illusion einen Zustand der emotionalen Anteilnahme im Medium der Kunst. Mit einer gewissen Vorläuferschaft von Wedekind und Kaiser (und weiter zurückreichend von Tieck, Eichendorff, Büchner und Grabbe) kehrt sich das Epische Theater Brechts endgültig von diesem Prinzip ab, indem es den Zuschauer durch Techniken der Verfremdung vom Geschehen distanziert.

Zu den Mitteln der Verfremdung gehört die Projektion der Szenentitel. Die *dramatis personae* können sich verfremden, indem der Schauspieler die Rolle zeigt, statt sie zu spielen. Der Zuschauer soll sich mit der Figur nicht mehr identifizieren, denn der Zweck der Darstellung besteht in „Sittenschilderungen": „‚Jetzt trinken wir noch eins' [...]. Was hier singt, das sind subjektive Moralisten. Sie beschreiben sich selbst!" (Brecht 2006b, 135). Schließlich verweist die nichtillusionistische Kulisse auf die Verfremdung etwa in Form einer Bühne, die mit Scheinwerfern aus dem Kreis der Zuschauer als Zeichen dafür beleuchtet wird, dass hier etwas gezeigt werden soll. Es soll keine wirkliche Örtlichkeit vorgetäuscht werden, sondern die Bühne will „selber Stellung zu den Vorgängen" nehmen, indem sie ‚zitiert, erzählt, vorbereitet und erinnert' (Brecht 1959, 227). Wie bei Piscator kommentieren Texte und Bilddokumente auf einer Leinwand die Zusammenhänge. Schließlich wird die Verfremdung auf der Ebene der ‚Handlung' erzeugt: Eine lineare Zielstrebigkeit und damit Notwendigkeit ist nicht mehr gewünscht, wenn Nummern, Songs, projizierte Zwischentexte und Chöre das Geschehen unterbrechen und kommentieren. Nicht zuletzt wird die Rolle des Zuschauers verfremdet, denn er soll dem Geschehen, wie es in *Mann ist Mann* heißt, rauchend beiwohnen.

Eine zentrale Ansatzstelle ist für *Mahagonny* die „Kritik der Oper" (als einer bildungsbürgerlichen Einrichtung) durch deren Parodie (Knopf 2001b, 192–194). Brecht überführt die überlieferte Form des Musikdramas in deren Kritik durch vielfältige Mittel der theatralischen Selbstbezüglichkeit, etwa durch einen auktorialen Wir-Erzähler, der sich direkt an das Publikum wendet: „*Schrift*: Damals kam unter anderem auch Jimmy Mahoney in die Stadt Mahagonny, und seine Geschichte ist es, die wir Ihnen erzählen wollen" (Brecht/Weill 2006, 49; Brecht 1988a, 341). Mahagonny wird als künstliches, d. h. irreales und deshalb utopisches Paradies vom vollkommenen Genuss gebaut, als Gegengründung zu den großen Städten. Diese Utopie wird indes nur zum Schein auf der Bühne verwirklicht, denn Mahagonny gibt es nicht wirklich. Weil das Epische Theater nicht anstrebt, Wirklichkeit abzubilden, stellt die durchgängig antinaturalistische Darbietung vorab ihre Künstlichkeit aus. Diese Künstlichkeit soll verdeutlichen, dass alles nicht so ernst gemeint ist: „Schöner grüner Mond von Mahagonny" (Brecht/Weill 2006, 489). Darüber hinaus wird das Irreale der Kunstwelt durch zahlreiche ‚Spiele im Spiel' (Billard u. a.) selbstreferentiell gebrochen (Beispiele bei Streim 2009, 117), d. h. die ohnedies künstliche Handlung wird nochmals „künstlich verdoppelt" (Knopf 2001b, 187). All dies geschieht in Form der Oper, die ja selbst bereits zu den künstlichsten aller Künste gehört, indem sie Menschen auf die Bühne bringt, die einen kunstfertigen Gesang darbieten.

Darstellungsinteresse

Insofern geht es in *Mahagonny* um die szenische Reflexion einer Scheinwelt mit eigenen Gesetzen: Die Vergnügungen finden in durch Verbotstafeln abgesteckten Räumen statt; sie machen tatsächlich nicht frei, wie es die Gründer versprechen. Das Illusionäre des Glücksversprechens wird u. a. dort deutlich, wo sich „die Toten" auf „Banknoten" reimen (Brecht/Weill 2006, 52). Von Beginn an ist die Utopie zum Untergang verurteilt, denn der Genuss durch Geld hat durchweg zerstörerische Konsequenzen. In den Nummern 13–16 findet dann der Kampf aller gegen alle statt. Erst dieser ermöglicht den scheinbaren Aufstieg der Glückstadt bis zum grotesken Gericht am Schluss, das als Satire auf die Korruption in einer Klassenjustiz angelegt ist. Ohne Geld gibt es kein Anrecht auf Leben: Das falsche Paradies erweist sich als Hölle ohne Ausweg und ohne Solidarität. Im Zeichen von Entfremdung, Verdinglichung und Kampf führt es zur Vernichtung Paul Ackermanns.

So nutzt das Stück die Künstlichkeit der Oper, um diese mit ihren eigenen Mitteln zu kritisieren. Aus dieser Grundidee entwickelt Brecht in den *Anmerkungen zur Oper „Aufstieg und Fall der Stadt Mahagonny"* (1930/31) sein Konzept des Epischen Theaters. Eine tabellarische Gegenüberstellung verdeutlicht hier den Bruch mit der traditionellen Dramenform (Brecht 2006a, 127): „Der Einbruch der Methoden des epischen Theaters in die Oper führt hauptsächlich zu einer radikalen *Trennung der Elemente*"; Musik, Wort und Bild werden „alle gleichermaßen degradiert" (ebd., 128). Genau diese Trennung erzwingt eine „neue Haltung des Publikums" (ebd., 129). Für die Musik ergibt sich eine „Gewichtsverschiebung", die in einer tabellarischen Gegenüberstellung ‚Dramatische Oper' vs. ‚Epische Oper' aufgelistet wird (vgl. ebd., 128). Im Bereich des ‚Worts' führt die Trennung der Elemente dazu, dass aus dem Spaß „etwas Lehrhaftes, Direktes" wird (ebd., 128). Ebenso wichtig wie der Gehalt der Songs ist die Schrift auf der Bühne: In Form von Projektionen eingeblendet, muss sie gelesen werden. Auch dies unterbindet die Identifikation: „Beim Lesen gewinnt das Publikum wohl am ehesten die bequemste Haltung dem Werk gegenüber" (ebd., 128f.). Die Trennung der Elemente im Bereich des ‚Bildes' wird schließlich dort bemerkbar, wo selbständige Photographien und Filme ausgestellt werden. Auch diese Bilder nehmen „Stellung zu den Vorgängen auf der Bühne": „Die Szene wiederholt gleichermaßen von sich aus im Fluß, was im Bild steckt" (ebd., 129).

Die arbeitsteilige Isolierung aller Elemente, die an der Aufführung beteiligt sind, begründet ein „Spiel der Desillusionierung" (Knopf 2001b, 180): Die Stadt als Gegengründung ist ein zerstörerisches Paradies, weil sie auf Geld gebaut ist. Daran entlarvt sich die Tauschabstraktion, die den Menschen in eine Ware ohne Überlebenschance verwandelt. Gezeigt wird die Zerstörung des Kapitalismus in kulinarisch konsumierbaren Bildern und in einer verknappten Sprache, die Nuancen ausspart und das Geschehen auf die brutalen Höhepunkte reduziert, so dass auch Moral und zwischenmenschliche Wärme ausgeschaltet werden. Mahagonny ist nicht zuletzt Modell für den Nationalsozialismus, der seit der Weltwirtschaftskrise 1929 mit dem aufstrebenden Militarismus im Anmarsch ist. Im Opernfinale konnten die zeitgenössischen Zuschauer eine „Parodie militärischer Begräbniszeremonien" erkennen (Hauff 2000, 667). „Können uns und euch und niemand helfen", heißt es so unversöhnlich und ohne Moral im Vorschein des nächsten Massensterbens im letzten Chor ‚Aller' (Brecht 1988a, 389) – „GEGEN DEN MENSCHEN" noch markanter in der letzten Schrift auf einer „Riesentafel" in der Urfassung (Brecht/Weill 2006, 96).

Brechts *Anmerkungen* zufolge wird durch die Parodie der Oper der Konsum parodiert, denn der „Inhalt dieser Oper […] *ist der Genuß*" (Brecht 2006a, 126). „*Mahagonny* ist ein Spaß" (ebd., 125) und daher als „Form" und als „Gegenstand […] durch und durch kulinarisch" (ebd., 126). Dieser Spaß bekommt aber eine unversöhnliche Grundierung mit Zügen eines Endspiels, bedenkt man die unsichere Gegenwart außerhalb der Opernhäuser. Stilistisch entsteht er aus der Übernahme von Elementen der Unterhaltungs- wie Kunstmusik. Diese Musik wird gerade in den 1920er Jahren für die Schallplatte und den Rundfunk, d. h. für neue Massenmedien aufbereitet, die eine bislang unbekannte Verbreitung ermöglichen. Auch in *Mahagonny* wird die Abkehr vom traditionellen Konsumverhalten im Form einer neuen

Medienästhetik angestrebt, die auf Breitenwirkung mittels einfacher Stoffe und ebenso einfacher Ausdrucksmittel baut, wie ästhetisch raffiniert diese Mittel auch immer gehandhabt werden. Die Epische Oper erlaubt dem Hörer kulinarischen Genuss, weil er sie konsumieren kann wie einen Schlager. Ihr Erfolg gibt dieser Strategie recht, denn bis heute sind Songs wie der *Alabama-Song* (den u. a. die *Doors* gespielt haben) trotz ihrer virtuosen Verfremdung im kollektiven Gedächtnis verankert.

Im Grunde genommen handelt es sich bei *Mahagonny* kaum mehr um ein Drama im überlieferten Verständnis, weil Brecht seine Texte lediglich als Partituren für die Aufführung ansah. Am Theaterabend wird der Text verbraucht: „Das Wichtigste war der Theaterabend, der Text hatte ihn lediglich zu ermöglichen; in der Aufführung fand der Verschleiß des Textes statt, er ging in ihr auf wie das Pulver im Feuerwerk!" (Brecht 1994, 12). Folgerichtig kann der dramatische Text permanent umgearbeitet und aktuellen Bedürfnissen angepasst werden.

5. Thomas Bernhard: *Der Theatermacher*

Thomas Bernhards Tragikomödie *Der Theatermacher* (1985) schließt den Rahmen dieser Darstellung, denkt man an die Ursprünge des Theaters zurück: Von Beginn an hieß Theatermachen, Illusionen der Wirklichkeit vor Augen zu stellen, um sich zu unterhalten und die Zeit zu vertreiben, um die Götter zu besänftigen und sich für die Jagd und die Schlacht zu wappnen. Früh war die Familie eine Schule des Theaters, weil sie Nachahmung, Beobachtung, Verhandlung und Rollenspiel, damit soziale Reaktionen und ästhetische Einschätzungen erzwingt. Nicht zuletzt bedeutet Theatermachen natürlich *Much Ado About Nothing* (Shakespeare).

Der Theatermacher bespricht all diese Aspekte. Bereits mit dem Titel deutet Bernhard an, wie historisch bewusst er in diesem Stück Bedingungen und Möglichkeiten, Grenzen und Faszinationen des Dramas auf dem Theater reflektiert: „das Theater ist eine jahrtausendealte Perversität/in die die Menschheit vernarrt ist/und deshalb so tief in sie vernarrt ist/weil sie in ihre Verlogenheit so tief vernarrt ist/und nirgendwo sonst in dieser Menschheit/ist die Verlogenheit größer und faszinierender/als auf dem Theater" (Bernhard 1988; 1, 31). Bernhards sprechtheatralische Exerzitien über das Theatermachen bilden einen gewissen Endpunkt des Dramas, blickt man auf die maßgebenden Kategorien der Gattung zurück: Handlung, Figur und Sprache. Das Stück liefert eine absolute Reduktionsstufe der Handlung. Bei Bernhard zerfällt sie im monologischen Sprechen einer Kunstfigur, die ein Gegenüber in der zwischenmenschlichen Aktualität nicht mehr benötigt. Jenseits der monomanischen Suada des Theatermachers Bruscon passiert nichts mehr: Die Aufführung seiner „Menschheitskomödie" (1, 15) *Das Rad der Geschichte*, die er permanent auf Umstände, Bedingungen und theaterpraktische Details ihrer Inszenierung bespricht, findet nicht statt.

Hatte Beckett in seinen Tragikomödien neben der Handlung das Sprechen reduziert, präsentiert Bernhards Stück nur noch ein monologisches Gerede über das Theater: genauer über dessen Themen, Motivationen, generische Varianten (Tragödie vs. Komödie) und über die großen Dramatiker der Weltliteratur: „Shakespeare/Goethe/Bruscon/das ist die Wahrheit" (4, 115). Die höchste Kunst steht dabei im Kontrast zu den alltäglichen Widrigkeiten während der Vorbereitung einer Aufführung. Diese betreffen das Essen und andere Bedürfnisse des Körpers, für den Schluss der Aufführung v. a. die absolute Finsternis, die durch das Ausschalten der Notbeleuchtung herzustellen sei: „Der Höhepunkt meiner Komödie/ist die absolute Finsternis" (1, 22). Wiederholt stellt sich für Bruscon daher die Frage nach der Erreichbarkeit des Feuerwehrhauptmanns, der allein diese ultimative Dunkelheit garantieren könne. Am Ende wird der paradoxerweise ganz anderweitig nötig: Ein Unwetter zwingt die Zuschauer zur Flucht, „der Pfarrhof brennt" (4, 116), und Bruscon blickt von der Bühne in den leeren Zuschauerraum, in den es „bis zum Äußersten verstärkt" hereinregnet (4, 116).

Im Kern besteht das Stück aus der szenischen Besprechung einer Aufführung und deren Vorbereitung, aufgeladen mit Anspielungen auf die Theatergeschichte von Shakespeares *Hamlet* über die Wanderbühnen vor Gottsched, das Bürgerliche Trauerspiel und das Geschichtsdrama bis hin zum Atomstück und Absurden Theater der 1950er Jahre: Bruscons „Lederknödelsuppe/oder Frittatensuppe/das war immer die Frage" (1, 38f.) parodiert Hamlets berühmten Monolog; die „Maskenkiste" (1, 50) versammelt Personen der Weltgeschichte, die im *Rad der Geschichte* offenbar wie in der *commedia dell'arte* auftreten sollen – Tyrannen (Nero, Caesar, Napoleon, Hitler, Stalin) und Wissenschaftler (Einstein, Madame Curie). Zum Schluss schminkt Bruscon seine Frau „vollkommen schwarz": „Atomzeitalter meine Liebe/das ganze Atomzeitalter/muß in diesem Gesicht sein/*es donnert fürchterlich*/Mehr oder weniger/das Ende der Welt/in deinem Gesicht" (4, 109). Dies alles tritt dem Zuschauer aber nur im Sprachereignis der monologischen Besprechung vor Augen: „wie alle große dramatische Literatur/existiert meine Komödie/aus dem Wort" (3, 99).

Titel   Bereits der Titel signalisiert eine szenische Reflexion des Dramas im Gewand eines Theaterstücks, in dem das Scheitern der Kunst aus der Perspektive des Theatermachers besprochen wird. Mit wenigen Ausnahmen redet ausschließlich Bruscon, während seine Frau, wiewohl Schauspielerin wie der Sohn Ferruccio und die Tochter Sarah, kein einziges Wort herausbringt: „Der einzige Reiz an dir/ist der Hustenreiz" (4, 105); „alle Augenblicke verliert sie den Text/wir spielen jahrelang dasselbe/und sie verliert immer noch den Text" (1, 28). Die Tochter ist für die Kostüme verantwortlich, sie muss Schuhe putzen, Perücken ausbessern oder den Schweiß von der Stirn Bruscons abwischen (also Maskenbildnerin spielen). Ferruccio sei ein „Krüppel" (1, 50) und nach seinem Armbruch zu allem unfähig, auch wenn er „wenigstens italienisches Blut" in sich habe (1, 51): „Unser Bürgerlicher/Im Grunde bist du nicht für das Theater" (1, 55) – „Du bist meine größte Enttäuschung/das weißt du/aber du hast mich nie enttäuscht/Du bist mein Nützlichster" (1, 56).

Theatermachen bezieht sich folglich auf Familienverhältnisse und auf das Theaterspielen, in beiden Feldern darauf, viel ‚Lärm um nichts' zu machen: „Frauen *machen* Theater/Männer *sind* Theater" (1, 41). Der Theatermacher ist Hauptdarsteller (Napoleon), Stückeschreiber, Prinzipal und Organisator (Requisiten, Masken, Bühnenbild) einer Wandertruppe in Personalunion. Er vereint alle Funktionen des Theaters nicht zuletzt darin, dass er sogar die Rolle des Theaterkritikers und Zuschauers einnimmt, wenn er sein Stück und dessen Aufführung rezensiert. Bruscon ist daher eine Allegorie des Theaters selbst, indem sich der „Topos Welttheater resp. ‚Weltkomödie' in einer Person" zusammenzieht (Greiner 2006, 481): bezogen auf die sozialen Verhältnisse (zwischen festem Haus und Wandertruppe in der Provinz, Familie), auf die Genres und Themen (Weltgeschichte, Atombombe, Kunst), schließlich auf das Spiel Bruscons in der theatralischen Rezension seiner „Weltkomödie" (1, 49) resp. „Schöpfungskomödie" (1, 18) als „ein Jahrhundertwerk" (1, 18). Wie in Tiecks romantischer Komödie *Ein Prolog* (1796) findet deren Aufführung aber tatsächlich nicht statt (vgl. Geißler 1999).

> Nebentexte

Dem Stück steht ein Motto voran, das in der interpunktionslosen Zeilenrede wiedergegeben wird, die das Stück selbst praktiziert: „Ein gewisses Talent für das Theater/schon als Kind/geborener Theatermensch wissen Sie/Theatermacher/Fallensteller schon sehr früh". Genauer bestehen ist das Motto dem Stück selbst entnommen (vgl. 1, 24), so dass es dessen Darstellungsprinzipien parodiert. Das Fallenstellen, das sich auf die Jagd auf den Zuschauer und das Hineinlocken in die „Theaterfalle" (1, 16) als „Kunstfalle" (1,47), auf das Theater als Illusions-, Bedeutungs- und Sinnstiftungsmaschine beziehen lässt, konterkariert das Stück durch seine Künstlichkeit. Im Kern fällt die theatralische Illusion ja aus, weil sie im Stück nur wortreich besprochen wird.

Die Ortsangabe „Schwarzer Hirsch in Utzbach" bringt mit dem Wirtshaus in der Provinz die sozialen Verhältnisse mobiler Theatertruppen ins Spiel, darüber hinaus denjenigen Ort, der im Bürgerlichen Trauerspiel prominent wurde. Als Familiendrama stellt sich das Stück bereits im Personenverzeichnis aus, indem es auf ein Minimum aus Vater, Mutter, Sohn und Tochter und dem Wirt mit Frau und Tochter reduziert ist. Zum Schluss küsst Sarah ihren Vater im Napoleon-Kostüm „umarmend [...] sehr zärtlich auf die Stirn" (4, 116). Neben den Hinweisen auf die Familienzugehörigkeit gibt es nur die Attribute „Theatermacher" und „Theatermacherin", mit denen soziale und ästhetische Aspekte eines Berufsstands ins Spiel kommen: Bernhards Künstlerfiguren sind also auch hier als künstliche Figuren angelegt, in denen soziale Rolle (Familie, Theatermacher als Beruf) und ästhetische Rolle (Theatermacher als Künstler) zusammenfallen, so dass sie sich in ihnen selbst bekämpfen. Der Nebentext „Tanzsaal", der für alle vier Szenen gilt, steht isoliert auf einer eigenen Seite vor dem Personenverzeichnis. Einen Tanzsaal kann man als Raum für populäre Unterhaltung in einer Gaststätte anmieten, und er steht symbolisch für den Tanz der Worte, den die musikalisierte Figurenrede in diesem Stück aufführt. Wie viele andere Dramen Bernhards hat *Der Theatermacher* keinen Untertitel. Typisch ist auch hier der hermetisch abgeschlossene Raum, in dem die Außenwelt zur Bedrohung wird (Mittermayer 1995, 136).

Die Nebentexte geben Bruscons Vorbereitung der Bühne, meist aber Aktionen der Figuren wieder, die seinen Monologen ausgeliefert sind. Diese Aktionen erfolgen in teils slapstickhafter Komik, teils auf pantomimenartige Weise, so bei den „Massagebewegungen" Ferruccios (1, 59). Der komische Effekt resultiert hier aus der Diskrepanz zwischen den Reden des „größten aller Staatsschauspieler" (1, 59) und seiner Massagebedürftigkeit, die von Tochter und Sohn bedient und zugleich als Pantomime ausgestellt wird. Meistens drücken sich die von den Tiraden Bruscons zum Schweigen gebrachten Figuren daher nonverbal, durch Gesten, Mimik oder Geräusche aus: so der Wirt, indem er Staub und Spinnweben im Saal entfernt, oder Sarah und Ferruccio, der bei der Vorhangprobe die Spezialvorhänge aufhängt oder das Inventar im Saal abräumt, nicht zuletzt natürlich die Theatermacherin, die nur hustet.

Haupttexte Wie in allen anderen Stücken Bernhards sprechen die Figuren in einer Form der Zeilenrede, die unterschiedlich lange Zeilen ohne Interpunktion aneinanderreiht. Diese Vershaftigkeit rhythmisiert das Sprechen und erzeugt eine Musikalität, die Bernhard bewusst als Vorlage für die Arbeit der Schauspieler einsetzt (vgl. Mittermayer 1995 141). Seine Stücke sind „Sprechpartituren" (ebd.), die ihre Hauptfiguren in einer atemlos monologischen Suada räsonieren lassen. Trotz des ausgestellten Kunstwillens liefern die unvollständigen Sätze nur Bruchstücke zu Bruscons Komödie, arrangiert nach Maßgabe ihrer performativen Energie, die sich aus den ständigen Wiederholungen speist. „Das auffällige Ungleichgewicht zwischen Sprachvorgang und äußerem Geschehen führt zu einer beinahe autonomen Strukturierung der Szenenfolge anstelle eines durchgehaltenen Handlungszusammenhangs" (Mittermayer 1995, 141).

Typisch ist für Bernhard die paradoxe Kontrafaktur: Einer apodiktischen Setzung folgt ebenso apodiktisch ein gegenteiliger Satz, so dass sich Setzung und Gegensetzung wechselseitig aus den Angeln heben: „ich hasse Mineralwasser/Es ist eine Köstlichkeit/Aber ich hasse Mineralwasser" (2, 76). Allenthalben äußert sich bei Bernhard das Prinzip der paradoxen Gleichsetzung von Gegensätzen: Paradoxien sind unauflösbare Widersprüche, die Sinn machen (Japp 1999, 291). Höchste Themen des Stücks im Stück (Weltgeschichte) werden den provinziellen, ebenso stumpfsinnigen wie dilettantischen Bedingungen seiner Aufführung entgegengesetzt. Bruscon attestiert sich, der größte Staatsschauspieler zu sein, ist aber nur Leiter einer Wandertruppe, die allein aus seiner Familie besteht und praktisch ohne Requisiten auskommt („Unsere Dekoration/ist ja gleich Null"; 1, 19), obwohl diese wiederum aus ‚Spezialanfertigungen' von höchster Qualität bestehen (1, 36). Äußerste Gegensätze sich also ständig wechselseitig relativieren sich also: „Wenn wir ehrlich sind/ist das Theater an sich eine Absurdität/aber wenn wir ehrlich sind/können wir kein Theater machen/weder können wir wenn wir ehrlich sind/ein Theaterstück schreiben/noch ein Theaterstück spielen" (1, 30) – und machen es doch ohne Ende. „Die Natur der Sache/ist immer die entgegengesetzte mein Herr/Wir gehen auf eine Tournee/und gehen doch nur in eine Falle/sozusagen in eine Theaterfalle" (1, 16).

So ist Bernhards Sprache auch im *Theatermacher* von Wiederholungen, Wortspielen und der theatralischen Übertreibung einer Sprechsprache geprägt, die durch Alliterationen, Reime und Sprichworte vereindringlicht wird: „Wo ein Wille ist/da ist auch ein Weg" (4, 106); „Utzbach wie Butzbach" (1, 61); „Buchen sollst du suchen" (I, 27). Bruscons Schimpfrede neigt zur Nominalisierung und Bildung von Neologismen, die sich zu regelrechten Wortungeheuern auswachsen können: „Atlantikküstenbekanntschaft" (1,24). Auch die Komposita verstärken den Charakter der bloßen Setzung von Sachverhalten gegenüber der argumentativen Rede. „Aber das Einfache/hat mich nie gereizt/Immer aus dem Widerstand existiert/aus dem Anstrengungsmechanismus" (2, 89).

Der unregelmäßige, durch die Zeilenlänge regulierte Duktus erzeugt in

Verbindung mit den Wiederholungen einen spezifischen Rhythmus. Musikalität und Rhythmus stehen in einem besonderen Verhältnis zu den redenden Figuren, weil sich darin die Reflexionsform der Paradoxie im Aneinander von Setzung und Negation dieser Setzung vollziehen kann: Wie selbstverständlich überspielt das Musikalische den fehlenden kausalen Zusammenhang zwischen den nebeneinander gestellten Behauptungen. Akzentuiert wird im Redezwang die Dominanz der Sprache. Deren Musikalisierung bedroht aber nicht die Semantik der Rede. Stets handelt es sich im Einzelnen um klare, d. h. unmittelbar verständliche Aussagen. Davon lebt die Paradoxie. Keine der getroffenen Feststellungen kann allerdings Geltung beanspruchen, wenn sie sogleich durch ihr Gegenteil dekonstruiert wird. Erst so gerät die Sprache in eine irritierende Schwebe zwischen Oppositionen, die in sich zusammenfallen.

Die autoritären Monologe von Bernhards „Kunstfiguren" (Schmidt-Dengler 1986, 107) demonstrieren ihren Anspruch auf Herrschaft: Bruscons verbale Tyrannei und sein Streben nach Macht und Kontrolle unterwerfen seine Familie zu einer widerspruchslosen Position. Alle Nebenfiguren treten meist als stumme Figuren auf. Es gibt keinen Austausch, kein Gespräch, sondern meist nur monologische Hasstiraden, angetrieben von Herrschsucht, Frauenverachtung und Verfolgungswahn. Diese Rede will nicht überzeugen, sondern das Gegenüber überwältigen. Die Frau spricht im Stück kein einziges Wort, sie wird „nur vom Mann *be*sprochen" (Mittermayer 1995, 163).

Wie alle Stücke Bernhards ist auch *Der Theatermacher* homogen gebaut. Seine vier Szenen umfassen die Zeit zwischen 3 Uhr Nachmittag bis zum Beginn der Aufführung um „Zehnvorhalbacht" (4, 115). Die eingehaltenen drei Einheiten lassen erkennen, dass es sich um „kunstvolle und formbewußte Versuche [...] einer beinahe klassizistischen Bändigung destruktiver Affekte" handelt (Sorg 192, 152). Dabei werden die Szenen immer kurzatmiger: Nimmt die erste Szene noch etwa die Hälfte des Stücks ein (50 Seiten), werden die nachfolgenden Szenen jeweils etwa um die Hälfte kürzer (29 Seiten, 16 Seiten, 11 Seiten). Hier schlägt sich das für Bernhard typische „*Volumenverhältnis* seiner Szenen" (Huntemann 1990, 148) nieder, indem die Länge Gliederungszwecken dient, ohne damit Handlungsabschnitte zu markieren. `Bauform`

Das Stück war eine Auftragsarbeit für die *Salzburger Festspiele* (UA 17. August 1985). Die Preisgabe jedes politischen Anspruchs (trotz zahlreicher Anspielungen auf politische Verhältnisse in Österreich) und die ironische Relativierung aller Gewissheiten und Gegensätze zwischen Erhabenem und Lächerlichem, zwischen höchstem Kunstanspruch und alltäglicher Wirklichkeit in einer Darstellung, die nicht mehr auf eine bestimmte Darstellungsintention bezogen werden kann, haben die Forschung dazu bewogen, das Stück unter dem Rubrum der Postmoderne zu diskutieren (Joyce 1991). Die völlig offene Perspektivstruktur geht auf das Absurde Theater zurück, das im Stück sowohl thematisch als auch durch Verwendung des Attributs immer wieder aufgerufen wird. Wiederholt wurden Bezüge zu Sartres ‚geschlossener Gesellschaft' (*Huis clos*, 1944) und zu Becketts Endspielen diskutiert (vgl. Mittermayer 1995, 133). Die Unterschiede zwischen Becketts sprachlichem Minimalismus und Bernhards ausufernden Sprachlichkeitsgesten sollten indes nicht übersehen werden, auch wenn das Absurde und das Existentielle tatsächlich einen Vergleichsmaßstab bildet: bei Bernhard v. a. im Ge- `Epoche` wand der paradoxen Rede, die auch existentielle Gegensätze auf groteske Weise aneinanderrückt. In der besonderen Aufmerksamkeit auf die Sprache sind wiederum Traditionen der österreichischen Literatur zu bemerken, die vor dem Hintergrund der Sprachspiele Wittgensteins von der Konkreten Poesie über Handkes Sprechtheater bis hin zu den sprachexperimentellen Theaterstücken Elfriede Jelineks reichen.

Stoff und Handlungszeit

Stoff des Stücks ist das Theater in all seinen Implikationen und Traditionen. Im *Theatermacher* spielen zudem autobiographische Details hinein, so etwa der Skandal, als man sich bei der Salzburger Festspielaufführung von *Der Ignorant und der Wahnsinnige* (1972) weigerte, die Notbeleuchtung auszuschalten. Die autobiographischen Hintergründe im Motto, die auf entsprechende Texte wie *Der Keller* beziehbar sind (Meyerhofer 1988, 111), markieren Bernhards frühen Hang zur Selbstinszenierung und Schauspielerei: „Ein gewisses theatralisches Talent/schon als Kind" (2, 80). Nicht zuletzt gibt es auch in diesem Stück wiederholt Hinweise auf den Nationalsozialismus in Österreich. Im *Theatermacher* ist es das Hitlerbild im Wirtshaus (1, 45) oder Hitler als Figur in Bruscons Komödie: „Möglicherweise geht es/ohne Hitler/Nein/hier nicht/Ohne Hitler geht es hier nicht" (1, 40f.; vgl. auch 1, 55; 2, 81). Die Handlungszeit ist zwar unbestimmt, mit dem Provinznest Utzbach und seinen 280 Einwohnern werden aber im Blick auf die Virulenz nationalsozialistischen Denkens „in der Eiterbeule Europas" (1, 47) aktuelle politische Verhältnisse kommentiert.

Gattungszuordnung

Auch im *Theatermacher* schlägt sich die Tendenz Bernhards nieder, Künstlerdramen durch die groteske Wechselblockade vom Komik und Tragik als Tragikomödien anzulegen. Bereits in Künstlerdramen wie *Der Ignorant und der Wahnsinnige* (1972), *Die Macht der Gewohnheit* (1974) oder *Minetti* (1976) lehnt sich der Künstler gegen die schäbige Wirklichkeit auf. Er scheitert aber kläglich an ihr, ohne damit seinen absoluten Kunstanspruch preiszugeben. Die Monologe alternder Künstler, die Probleme der Kunst in einer kunstfeindlichen Welt auf höchst künstliche und damit künstlerische Weise verhandeln, stellen den zweiten Formtyp von Bernhards Dramen neben der Familiengeschichte dar (Sorg 1992, 154). Was auch immer ihre Profession ist, stets handelt es sich um Geistesmenschen, deren Reden um ihre vergangene Größe kreisen. In diese Erinnerung an ihre frühere Macht eingeschlossen, artikulieren sie unermüdlich ihre eingebildete oder tatsächliche künstlerische bzw. philosophische Relevanz meist in hermetisch abgeschlossenen Räumen. Das „Zerfallen des Prinzips der Unterscheidung" (Greiner 2006, 484) – „In meinem Rad der Geschichte ist alles gleich wichtig" (1, 41) – resultiert aus dem „Missverhältnis von Anspruch (größter Schauspieler, Komödie, die alle Komödien der Welt einbegreift) und faktisch Gegebenem (dilettantische Schauspieler, dilettantisches Publikum, offenbar sinnloses Stück, das alle weltgeschichtlichen Akteure willkürlich kombiniert), von Figur und Umwelt, Tiefsinn und Blödsinn usw." (Greiner 2006, 486). Aus diesen paradoxen Gegensätzen – „immer ganz und gar/gegensätzliches Theater gemacht" (3, 101) – entsteht die ambivalente Koppelung tragischer und komischer Elemente: Das *Rad der Geschichte* ist eine „Menschheitskomödie", eine „Geschichtsstandpauke" (4,112), „in der alle Komödien enthalten sind/die jemals geschrieben worden sind" (3, 99) – „die in Wahrheit/eine Tragödie ist/wie Sie sehen werden" (1, 16).

Begriffe wie Komödie und Tragödie werden damit austauschbar (Greiner 2006, 477). Komische Effekte ergeben sich aus einer Sprache der Wiederholungen mit zahllosen Korrespondenzen, Spiegelungen, Paradoxien und überraschenden Pointen (insofern etwa die Aufführung nicht stattfindet). In vielfältigen Varianten exekutiert Bernhard die Komik des Grotesken: Ferruccio hängt mit eingegipstem Arm die Vorhänge auf; die Vorbereitungen werden durch unentwegtes Schweinegrunzen und Schweinegruch gestört (1, 37; 3, 93 ff. u. a.); die Tochter des Wirts, Erna, „wirbelt ungeheuren Staub auf/Alle fangen zu husten an" (1, 62). Ständig kontrastiert die übertriebene Leidenschaft für die Kunst und der Perfektionszwang des Geisteshelden den Umständen, die vom Essen über das „Wasserlassen" (1, 13) bis zu den Spinnweben der Provinz reichen. Komisch sind absurde Sachverhalte wie das dauernde Husten der lungenkranken Frau Bruscons, nicht zuletzt das künstliche wie künstlerische Arrangement der Wörter, das im Missverhältnis zu den Umständen ihrer Artikulation steht.

Die tragischen Elemente lassen sich auf das Bürgerliche Trauerspiel beziehen. Im Mittelpunkt steht eine Familie als Wandertruppe, die für Gottsched mit der Etablierung des Theaters als moralische Anstalt der Hauptgegner war: „Wenn wir auf Tournee gehen/hatte ich gedacht/ist es ein Erneuerungsprozeß/für das Theater/sozusagen" (3, 101). Der unlösbare Konflikt zwischen Anspruch des Familienoberhaupts und mangelhafter Umsetzung durch seine dilettantische Familie deutet das finale Fiasko früh an. Zum Schluss kommt die Aufführung aufgrund der Übermacht der Natur (Schicksal resp. Mythos) nicht zustande. Das Scheitern bestätigt die Sinnlosigkeit im Bemühen des Einzelnen. Der leidende Künstler, der wegen seiner unentrinnbaren Lage so tragisch wie lächerlich wirkt, hat von Anfang an ein Vorgefühl seiner Niederlage: „Als ob ich es geahnt hätte" (1, 13; 4, 116). Tragisch ist folglich Bruscons höchste Kunstanstrengung, die dennoch nie gelingt. Vorausgesetzt wird die Negativität bzw. Absurdität der Welt, die allein durch Kunst zu überwinden sei: „Alles Unsinn" (1, 19). Dagegen begehrt Bruscon auf, um den Unsinn durch sein Scheitern dann doch zu bestätigen.

Der Theatermacher ist ein Theaterstück über das Theater in all seinen Dimensionen, gezeigt am Theater, das sein Protagonist in der theatralischen Besprechung des Theatermachens macht. Dessen Alltäglichkeiten reichen vom Ausmessen des Raums (1, 18) über das Überprüfen der Feuchtigkeit (1, 32) und der Lichtverhältnisse bis hin zur Beleuchtungsprobe und Markierung der Kulissen mit Kreidestrichen (3, 92). Bruscon schimpft über zu hohe Saalmieten (2, 88) und denkt über die Preise der Theaterkarten nach (4, 111). Er prüft die Stabilität des Bühnenbodens, macht eine Vorhangprobe und erwägt Streichungen, überlässt also nichts dem Zufall. „Das Stück stellt auf sinnfällige Weise die Grundlagen des Fiktionalen dar, führt vor Augen, was die Sphäre des ästhetischen Scheins ausmacht und den Kunstzauber hervorruft. Wie Bruscon die Wirtshausbühne ausschreitet und abmisst, wie er sich bückt und prüft, ob die Bretter auch tragen, wie er Sätze aus seinem Drama in den Saal ruft, um die stimmliche Resonanz zu prüfen, […] das ist sinnlichstes Theater über die Grundlagen der ästhetischen Scheinwelt, über die abgegrenzte Sphäre des Fiktionalen, über Fallhöhe und Hinausgehobensein über den Alltag" (Höller 1995, 404).

Nicht zuletzt betreibt Bernhard ein Spiel mit dem Rezipienten, indem er

Darstellungsinteresse

die Grenzen zwischen Realität und Fiktion auslöscht, weil sich Theatermachen und dessen Rezeption vermischen: In den ersten drei Szenen hält sich Bruscon, während er die Bühne aufbaut, im Tanzsaal und auf dem Podium auf. Der Saal im Wirtshaus verwandelt sich dabei sukzessive in den Illusionsraum des Theaters, bestehend aus Zuschauerraum und Bühne. In der vierten Szenen blickt Bruscon „hinter dem Vorhang" auf den sich füllenden „Zuschauerraum" (1, 106), von dem er in Teichoskopien berichtet. Diese Zuschauer sind Bestandteil des Stücks, gehören folglich zum Theater, das im Fortgang des Stücks mit der Besprechung der Aufführung aufgebaut wurde. Sie sind vom realen Zuschauer während der Aufführung des Stücks *Der Theatermacher* zu unterscheiden, der sich darin gespiegelt sieht.

Bruscon scheitert, er stirbt aber nicht: „wer lebt/hat sich mit dem Leben abgefunden/so lächerlich kann die Rolle gar nicht sein/die wir spielen/daß wir sie nicht spielen" (1, 36) – „lebenslänglich treten wir auf/und kein Mensch versteht uns/[…]/Lebenslängliche Theaterkerkerhaft" (3, 100). So bleibt ihm trotz aller Sinnlosigkeit des Theatermachens auch in Zukunft nichts anderes übrig, als Theater zu machen.

Kommentierte Bibliographie

1. Zitierte Quellen

Aischylos: Orestie. In: ders.: Tragödien und Fragmente, übers. u. hrsg. v. Oskar Werner, Darmstadt 1988, S. 5–255.

Aristoteles: Poetik. Griechisch/Deutsch, übers. u. hrsg. v. Manfred Fuhrmann, Stuttgart 1982. [Basistext europäische Poetik]

Bachmaier, Helmut (Hrsg.): Texte zur Theorie der Komik, Stuttgart 2005. [Quellensammlung]

Bernhard, Thomas: Der Theatermacher. In: ders.: Stücke 4: Der Theatermacher/Ritter, Dene, Voss/Einfach kompliziert/Elisabeth II., Frankfurt a. M. 1988, S. 9–116. [Leseausgabe]

Brecht, Bertolt: Anmerkungen [zu *Die Mutter*]. In: Versuche 13–19, Heft 5–8, Berlin/Frankfurt a. M. 1959, S. 227–242.

Brecht, Bertolt: Aufstieg und Fall der Stadt Mahagonny. Oper. In: ders.: Werke. Große kommentierte Berliner und Frankfurter Ausgabe, hrsg. v. Werner Hecht, Jan Knopf, Werner Mittenzwei, Klaus-Detlef Müller, Bd. 2: Stücke 2, bearb. v. Jürgen Schebera, Frankfurt a. M. 1988, S. 333–392 (a). [Studienausgabe]

Brecht, Bertolt: Aus dem Lesebuch für Städtebewohner. In: ders.: Werke. Große kommentierte Berliner und Frankfurter Ausgabe, hrsg. v. Werner Hecht, Jan Knopf, Werner Mittenzwei, Klaus-Detlef Müller, Bd. 11: Gedichte 1. Sammlungen 1918–1938, bearb. v. Jan Knopf, Gabriele Knopf, Frankfurt a. M. 1988, S. 155–176 (b).

Brecht, Bertolt: Im Dickicht der Städte. Der Kampf zweier Männer in der Riesenstadt Chicago. In: ders.: Werke. Große kommentierte Berliner und Frankfurter Ausgabe, hrsg. v. Werner Hecht, Jan Knopf, Werner Mittenzwei, Klaus-Detlef Müller, Bd. 1: Stücke 1, bearb. v. Hermann Kähler, Frankfurt a. M. 1989, S. 437–497.

Brecht, Bertolt: Aufbau einer Rolle. Laughtons Galilei. In: ders.: Werke. Große kommentierte Berliner und Frankfurter Ausgabe, hrsg. v. Werner Hecht, Jan Knopf, Werner Mittenzwei, Klaus-Detlef Müller, Bd. 25: Schriften 5. Theatermodelle, „Katzgraben"-Notate 1953, bearb. v. Werner Hecht unter Mitarb. v. Marianne Conrad, Frankfurt a. M. 1994, S. 7–69.

Brecht, Bertolt/Weill, Kurt: *Mahagonny*, hrsg. v. Fritz Hennenberg, Jan Knopf, Frankfurt a. M. 2006. [Fassungen, Materialienband]

Brecht, Bertolt: Anmerkungen zur Oper *Aufstieg und Fall der Stadt Mahagonny*. In: *Mahagonny*, hrsg. v. Fritz Hennenberg, Jan Knopf, Frankfurt a. M. 2006, S. 123–133. (a)

Brecht, Bertolt: Notizen und Entwürfe zu den *Anmerkungen zur Oper „Aufstieg und Fall der Stadt Mahagonny"*. In: *Mahagonny*, hrsg. v. Fritz Hennenberg, Jan Knopf, Frankfurt a. M. 2006, S. 134 f. (b)

Büchner, Georg: Werke und Briefe. Münchner Ausgabe, hrsg. v. Karl Pörnbacher, Gerhard Schaub, Hans-Joachim Simm, Edda Ziegler, München 1988. [Studienausgabe]

Büchner, Georg: Danton's Tod. In: ders.: Sämtliche Werke und Schriften. Historisch-kritische Ausgabe mit Quellendokumentation und Kommentar (Marburger Ausgabe). Im Auftrag der Akademie der Wissenschaften und der Literatur, Mainz, hrsg. v. Burghard Dedner, Thomas Michael Mayer; Bd. 3.1: Text, hrsg. v. Thomas Michael Meyer; Bd. 3.2: Text, Editionsbericht, bearbeitet v. Burghard Dedner, Thomas Michael Mayer; Bd. 3.3: Historische Quellen, bearbeitet von Burghard Dedner, Thomas Michael Mayer, Eva-Maria Vering; Bd. 3.4: Erläuterungen, bearbeitet von Burghard Dedner unter Mitarb. v. Eva-Maria Vering, Werner Weiland, Darmstadt 2000.

Eschenburg, Johann Joachim: Beispielsammlung zur Theorie und Literatur der schönen Wissenschaften, Bd. 7, Berlin/Stettin 1793.

Goethe, Johann Wolfgang von: Noten und Abhandlungen zu besserem Verständnis des West-östlichen Divans [1819]: In: Hamburger Ausgabe in 14 Bänden, Bd. 2: Gedichte und Epen II. Textkritisch durchges. u. komment. v. Erich Trunz, München 1982, S. 126–267.

Goethe, Johann Wolfgang von/Schiller, Friedrich: Der Briefwechsel zwischen Schiller und Goethe, hrsg. v. Emil Staiger, 2 Bde., Frankfurt a. M. 1977 [¹1966].

Gottsched, Johann Christoph: Versuch einer Critischen Dichtkunst durchgehends mit den Exempeln unserer besten Dichter erläutert, vierte sehr vermehrte Auflage Leipzig 1751 (Reprint Darmstadt 1977).

Grabbe, Christian Dietrich: Werke und Briefe. Historisch-kritische Gesamtausgabe in sechs Bänden, Bd. 2, hrsg. v. der Akademie der Wissenschaften in

Göttingen, bearb. v. Alfred Bergmann, Emsdetten 1963.

Gryphius, Andreas: Absurda Comica Oder Herr Peter Squentz. Schimpfspiel. Kritische Ausgabe, hrsg. v. Gerhard Dünnhaupt, Karl-Heinz Habersetzer, Stuttgart 1983.

Hauptmann, Gerhart: Das Abenteuer meiner Jugend. In: ders.: Sämtliche Werke, hrsg. v. Hans-Egon Hass, fortgeführt v. Martin Machatzke, Bd. 7: Autobiographisches, Frankfurt a. M./Berlin 1962, S. 451–1082.

Hauptmann, Gerhart: Das Drama im geistigen Leben der Völker. In: ders.: Sämtliche Werke, hrsg. v. Hans-Egon Hass, fortgeführt v. Martin Machatzke, Bd. 6: Erzählungen. Theoretische Prosa, Frankfurt a. M./Berlin 1965, S. 882–887. (a)

Hauptmann, Gerhart: Das Problem des Dramatischen. In: ders.: Sämtliche Werke, hrsg. v. Hans-Egon Hass, fortgeführt v. Martin Machatzke, Bd. 6: Erzählungen. Theoretische Prosa, Frankfurt a. M./Berlin 1965, S. 917–918. (b)

Hauptmann, Gerhart: Vor Sonnenaufgang. Soziales Drama. In: ders.: Sämtliche Werke, hrsg. v. Hans-Egon Hass, fortgeführt v. Martin Machatzke, Bd. 1, Frankfurt a. M./Berlin 1966, S. 9–98. [Studienausgabe]

Hauptmann, Gerhart: Nachlese zur Autobiographie. In: ders.: Sämtliche Werke, hrsg. v. Hans-Egon Hass, fortgeführt v. Martin Machatzke, Bd. 11: Nachgelassene Werke. Fragmente, Frankfurt a. M./Berlin/Wien 1974, S. 459–750.

Hegel, Georg Wilhelm Friedrich: Vorlesungen über die Ästhetik. Dritter Teil: Die Poesie, hrsg. v. Rüdiger Bubner, Stuttgart 1971. [maßgebend für Poetik des 19. Jh.]

Holz, Arno: Sozialaristokraten. Komödie, hrsg. v. Theo Meyer, Stuttgart 1980.

Horaz: Ars Poetica/Die Dichtkunst. Lateinisch/Deutsch, übers. u. mit einem Nachwort hrsg. v. Eckhart Schäfer, Stuttgart 1972. [Basistext europäische Poetik]

Kant, Immanuel: Kritik der Urteilskraft. In: ders.: Werkausgabe, Bd. 10, hrsg. v. Wilhelm Weischedel, Frankfurt a. M. 1974.

Kleist, Heinrich von: Die Familie Schroffenstein. Ein Trauerspiel in fünf Akten [Erstdruck]. In: ders.: Sämtliche Werke und Briefe in vier Bänden, Bd. 1: Dramen 1802–1807. Die Familie Ghonorez/Die Familie Schroffenstein/Robert Guiskard/Der zerbrochne Krug/Amphitryon, unter Mitw. v. Hans Rudolf Barth hrsg. v. Ilse-Marie Barth, Hinrich C. Seeba, Frankfurt a. M. 1991, S. 123–233. [Studienausgabe]

Lazarowicz, Klaus/Balme, Christopher (Hrsg.): Texte zur Theorie des Theaters, Stuttgart 1991. [Quellensammlung]

Lenz, Jakob Michael Reinhold: Die Soldaten. Eine Komödie. In: Werke und Briefe in drei Bänden, Bd. 1, hrsg. v. Sigrid Damm, Frankfurt a. M. 1987, S. 191–246 (a). [Studienausgabe]

Lenz, Jakob Michael Reinhold: Rezension des neuen Menoza von dem Verfasser selbst aufgesetzt. In: Werke und Briefe in drei Bänden, Bd. 2, hrsg. v. Sigrid Damm, Frankfurt a. M. 1987, S. 699–704 (b).

Lenz, Jakob Michael Reinhold: Anmerkungen übers Theater. In: Werke und Briefe in drei Bänden, Bd. 2, hrsg. v. Sigrid Damm, Frankfurt a. M. 1987, S. 641–671 (c).

Lenz, Jakob Michael Reinhold: Gedichte und Briefe. In: Werke und Briefe in drei Bänden, Bd. 3, hrsg. v. Sigrid Damm, Frankfurt a. M. 1987 (d).

Lessing, Gotthold Ephraim: Hamburgische Dramaturgie. In: ders.: Werke und Briefe in zwölf Bänden, Bd. 6: Werke 1767–1769, hrsg. v. Klaus Bohnen, Frankfurt a. M. 1985, S. 181–694.

Lessing, Gotthold Ephraim: Das Theater des Herrn Diderot. Aus dem Französischen. In: ders.: Werke und Briefe in zwölf Bänden, Bd. 5/1: Werke 1760–1766, hrsg. v. Wilfried Barner, Frankfurt a. M. 1990, S. 9–230.

Lessing, Gotthold Ephraim: Emilia Galotti. Ein Trauerspiel in fünf Aufzügen. In: ders.: Werke und Briefe in zwölf Bänden, Bd. 7: Werke 1770–1773, hrsg. v. Klaus Bohnen, Frankfurt a. M. 2000, S. 291–371. [Studienausgabe]

Lessing, Gotthold Ephraim: Briefwechsel über das Trauerspiel zwischen Lessing, Mendelssohn und Nicolai. In: ders.: Werke und Briefe in zwölf Bänden, Bd. 3: Werke 1754–1757, hrsg. v. Conrad Wiedemann unter Mitw. v. Wilfried Barner, Jürgen Stenzel, Frankfurt a. M. 2003, S. 662–736.

Opitz, Martin: Buch von der Deutschen Poetery (1624). Studienausgabe. Mit dem *Aristarch* (1617) und den Opitzschen Vorreden zu seinen *Teutschen Poemata* (1624 und 1625) sowie der Vorrede zu seiner Übersetzung der *Trojanerinnen*, hrsg. v. Herbert Jaumann, Stuttgart 2006.

Profitlich, Ulrich (Hrsg.): Komödientheorie. Texte und Kommentare. Vom Barock bis zur Gegenwart, Reinbek bei Hamburg 1998. [gut kommentierte Quellensammlung]

Profitlich, Ulrich (Hrsg.): Tragödientheorie. Texte und Kommentare. Vom Barock bis zur Gegenwart, Reinbek bei Hamburg 1999. [gut kommentierte Quellensammlung]

Scaliger, Julius Caesar: Poetices libri septem/Sieben Bücher über die Dichtkunst, Bd. 1: Buch 1 und 2, hrsg., übers., eingel. u. erl. v. Luc Deiz, Stuttgart/Bad Cannstatt 1994. [einflussreich für die europäische Dramendiskussion]

Schlegel, August Wilhelm: Vorlesungen über dramatische Kunst und Literatur. Zweiter Teil. In: ders.: Kritische Schriften und Briefe, Bd. 6, hrsg. v. Edgar Lohner, Stuttgart/Berlin/Köln/Mainz 1967.

Schlegel, Friedrich: Über Lessing. In: ders.: Kritische Schriften und Fragmente, Bd. 1: 1794–1797, hrsg. v. Ernst Behler, Hans Eichner, Paderborn u. a.1988, S. 207–224.

Schlegel, Johann Elias: Gedanken zur Aufnahme des dänischen Theaters. In: ders.: Canut. Ein Trauerspiel. Im Anhang: Johann Elias Schlegel: Gedanken zur Aufnahme des dänischen Theaters, hrsg. v. Horst Steinmetz, Stuttgart 1967, S. 75–111.

Schiller, Friedrich: Kabale und Liebe. Ein bürgerliches Trauerspiel [Erstausgabe]. In: ders.: Werke und Briefe in zwölf Bänden, Bd. 2: Dramen 1, hrsg. v. Gerhard Kluge, Frankfurt a. M. 1988, S. 559–677. [Studienausgabe]

Schiller, Friedrich: Theoretische Schriften. In: ders.: Werke und Briefe in zwölf Bänden, Bd. 8, hrsg. v. Rolf-Peter Janz u. Mitarb. v. Hans Richard Brittnacher, Gerd Kleiner, Fabian Störmer, Frankfurt a. M. 1992.

Schopenhauer, Arthur: Die Welt als Wille und Vorstellung. Erster Band. Vier Bücher, nebst einem Anhange, der die Kritik der Kantischen Philosophie enthält. In: ders.: Zürcher Ausgabe. Werke in zehn Bänden, Bd. 1, hrsg. v. Arthur Hübscher, Zürich 1977.

Sulzer, Johann Georg: Drama. Dramatische Dichtkunst. In: ders.: Allgemeine Theorie der schönen Künste, in einzelnen, nach alphabetischer Ordnung der Kunstwörter aufeinanderfolgenden Artikeln abgehandelt, Bd. 1, 2. Aufl. Leipzig 1792 [^{1}1777], S. 705–743.

Tieck, Ludwig: Minnelieder aus dem schwäbischen Zeitalter, Berlin 1803 (Reprint Hildesheim 1966).

Turk, Horst (Hrsg.): Theater und Drama. Theoretische Konzepte von Corneille bis Dürrenmatt, Tübingen 1992. [Quellensammlung]

2. Dramenforschung

Folgende Abkürzungen werden für das z. Zt. beste Nachschlagewerk zu systematischen Aspekten der Literaturwissenschaft verwendet:
– Reallexikon I 1997: Reallexikon der deutschen Literaturwissenschaft. Neubearbeitung des Reallexikons der deutschen Literaturgeschichte, gemeinsam mit Harald Fricke, Klaus Grubmüller und Jan-Dirk Müller hrsg. v. Klaus Weimar, Bd. 1: A–G, Berlin/New York 1997.
– Reallexikon II 2000: Reallexikon der deutschen Literaturwissenschaft. Neubearbeitung des Reallexikons der deutschen Literaturgeschichte, gemeinsam mit Georg Braungart, Klaus Grubmüller, Jan-Dirk Müller, Friedrich Vollhardt und Klaus Weimar hrsg. v. Harald Fricke, Bd. 2: H–O, Berlin/New York 2000.
– Reallexikon III 2003: Reallexikon der deutschen Literaturwissenschaft. Neubearbeitung des Reallexikons der deutschen Literaturgeschichte, gemeinsam mit Georg Braungart, Harald Fricke, Klaus Grubmüller, Friedrich Vollhardt und Klaus Weimar hrsg. v. Jan-Dirk Müller, Bd. 3: P–Z, Berlin/New York 2003.

Abel, Julia: Katharsis? Über die Wirkung der attischen Tragödie, die tragische Lust und die Poetik des Aristoteles. In: Anthropologie der Literatur. Poetogene Strukturen und ästhetisch-soziale Handlungsfelder, hrsg. v. Rüdiger Zymner, Manfred Engel, Paderborn 2004, S. 255–281.

Alt, Peter-André: Tragödie der Aufklärung, Tübingen/Basel 1994.

Andreotti, Mario: Traditionelles und modernes Drama. Eine Darstellung auf semiotisch-strukturaler Basis, Bern/Stuttgart/Wien 1996. [strukturalistisch, Theatersemiotik historisch selektiv]

Andronikashvili, Zaal: Die Erzeugung des dramatischen Textes. Ein Beitrag zur Theorie des Sujets, Berlin 2009.

Arntzen, Helmut: Die ernste Komödie. Das deutsche Lustspiel von Lessing bis Kleist, München 1968. [Standardwerk]

Asmuth, Bernhard: Einführung in die Dramenanalyse, 3., durchges. u. erg. Aufl. Stuttgart 1990 [^{1}1980]. [wichtige Einführung, Beispiel *Emilia Galotti*]

Asmuth, Bernhard: Drama. In: Historisches Wörterbuch der Rhetorik, Bd. 2: Bie–Eul, hrsg. v. Gert Ueding, Tübingen 1994, S. 907–921.

Balme, Christopher: Theatercoup. In: Reallexikon III 2003, S. 625–627.

Balme, Christopher: Einführung in die Theaterwissenschaft, 4. Aufl. Berlin 2008 [^{1}1999].

Bauer, Roger: „The fairy way of writing". Von Shakespeare zu Wieland und Tieck. In: Das Shakespeare-Bild in Europa zwischen Aufklärung und Romantik, hrsg. v. R. B. in Verb. mit Michael de Graat, Jürgen Wertheimer, Bern/Frankfurt a. M./New York/Paris 1988, S. 143–161. [Grundlagenaufsatz Shakespearerezeption Romantik]

Birgfeld, Johannes/Conter, Claude D. (Hrsg.): Das Unterhaltungsstück um 1800. Literaturhistorische Konfigurationen – Signaturen der Moderne. Zur Geschichte des Theaters als Reflexionsmedium von Gesellschaft, Politik und Ästhetik, Hannover 2007. [Sammelband populäres Theater]

Birkenhauer, Theresia: Zwischen Rede und Sprache, Drama und Text. Überlegungen zur gegenwärtigen Diskussion. In: Vom Drama zum Theatertext? Zur Situation der Dramatik in Ländern Mitteleuropas, hrsg. v. Hans-Peter Bayerdörfer in Verb. m. Malgorzata Leyko u. Evelyn Deutsch-Schreiner, Tübingen 2007, S. 15–23.

Brincken, Jörg von/Englhart, Andreas: Einführung in die moderne Theaterwissenschaft, Darmstadt 2008.

Catholy, Eckehard: Das deutsche Lustspiel. Vom Mittelalter bis zum Ende der Barockzeit, Stuttgart u. a. 1969. [Standardwerk]

Catholy, Eckehard: Das deutsche Lustspiel. Von der Aufklärung bis zur Romantik, Stuttgart u. a. 1982. [Standardwerk]

Daphinoff, Dimiter: Boulevardstück. In: Reallexikon I 1997, S. 246–249.

Detken, Anke: Im Nebenraum des Textes. Regiebemerkungen in Dramen des 18. Jahrhunderts. Tübingen 2009.

Dörr, Volker C./Schneider, Helmut J. (Hrsg.): Die deutsche Tragödie. Neue Lektüren einer Gattung im europäischen Kontext, Bielefeld 2006. [Sammelband]

Düsing, Wolfgang: Tragisch. In: Reallexikon III 2003, S. 666–669.

Eibl, Karl: Bürgerliches Trauerspiel. In: Reallexikon I 1997, S. 285–287.

Elm, Theo: Das soziale Drama. Von Lenz bis Kroetz, Stuttgart 2004. [gute Überblicksdarstellung in Einzelanalysen]

Esslin, Martin: Die Zeichen des Dramas. Theater, Film, Fernsehen. Aus dem Englischen von Cornelia Schramm, Reinbek 1989. [Semiotik des Theaters]

Fischer-Lichte, Erika: Semiotik des Theaters. Eine Einführung, 3 Bde., Tübingen 1983. [Standardwerk Theater-Wissenschaft]

Freytag, Gustav: Die Technik des Dramas, Darmstadt 1992 (Reprint Leipzig [13]1922). [normbildende Abhandlung]

Frick, Werner in Zusammenarb. m. Gesa von Essen u. Fabian Lampart (Hrsg.): Die Tragödie. Eine Leitgattung der europäischen Literatur, Göttingen 2002. [Sammelband]

Fricke, Harald/Würffel, Stefan Bodo: Oper. In: Reallexikon II 2000, S. 749–754.

Geiger, Heinz/Haarmann, Hermann: Aspekte des Dramas, Opladen [2]1982 [[1]1978]. [knappe Einführung]

Gelfert, Hans-Dieter: Wie interpretiert man ein Drama?, Stuttgart 1992. [elementare Aspekte der Dramen-Analyse]

Gelfert, Hans-Dieter: Die Tragödie. Theorie und Geschichte, Göttingen 1995. [Systematik und historischer Überblick]

Greiner, Bernhard: Welttheater. In: Reallexikon III 2003, S. 827–830.

Greiner, Bernhard: Die Komödie. Eine theatralische Sendung: Grundlagen und Interpretation, Tübingen/Basel 1992. [Überblicksdarstellung und Einzelanalysen]

Greiner, Norbert: Figur. In: Einführung ins Drama. Handlung, Figur, Szene, Zuschauer, Bd. 2: Figur, Szene, Zuschauer, hrsg. v. Norbert Greiner, Jörg Hasler, Hajo Kurzenberger, Lothar Pikulik, München/Wien 1982, S. 9–67. [ausführlich mit Beispielen über Grundbegriffe der Dramen-Analyse]

Grimm, Reinhold (Hrsg.): Deutsche Dramentheorien. Beiträge zu einer historischen Poetik des Dramas in Deutschland, 2 Bde., Frankfurt a. M. 1971. [Sammelband zur Poetik des Dramas]

Guthke, Karl S.: Geschichte und Poetik der deutschen Tragikomödie, Göttingen 1961. [Standardwerk]

Guthke, Karl S.: Die moderne Tragikomödie. Theorie und Gestalt, Göttingen 1968.

Gut-Sembill, Katrin: Vaterländisches Schauspiel. In: Reallexikon III 2003, S. 747–749.

Hasler, Jörg: Szene. In: Einführung ins Drama. Handlung, Figur, Szene, Zuschauer, Bd. 2: Figur, Szene, Zuschauer, hrsg. Norbert Greiner, Jörg Hasler, Hajo Kurzenberger, Lothar Pikulik, München/Wien 1982, S. 69–122. [ausführlich mit Beispielen über Grundbegriffe der Dramen-Analyse]

Herweg, Mathias: Fastnachtspiel. In: Handbuch der literarischen Gattungen, hrsg. v. Dieter Lamping in Zusammenarb. mit Sandra Poppe, Sascha Seiler, Frank Zipfel, Stuttgart 2009, S. 254–263.

Hinck, Walter: Das deutsche Lustspiel des 17. und 18. Jahrhunderts und die italienische Komödie, Stuttgart 1965. [Standardwerk]

Hinck, Walter (Hrsg.): Handbuch des Dramas, Düsseldorf 1980. [empfehlenswerter Sammelband als Gesamtüberblick über alle Epochen und kanonische Dramatiker]

Holl, Karl: Geschichte des deutschen Lustspiels, Leipzig 1923.

Hübler, Axel: Drama in der Vermittlung von Handlung, Sprache und Szene. Eine repräsentative Untersuchung an Theaterstücken der 50er und 60er Jahre, Bonn 1973.

Japp, Uwe: Die Komödie der Romantik. Typologie und Überblick, Tübingen 1999.

Japp, Uwe: Komödie. In: Handbuch der literarischen Gattungen, hrsg. v. Dieter Lamping in Zusammenarbeit mit Sandra Poppe, Sascha Seiler, Frank Zipfel, Stuttgart 2009, S. 413–431.

Kafitz, Dieter: Grundzüge einer Geschichte des deutschen Dramas von Lessing bis zum Naturalismus, 2 Bde., Königstein/Ts. 1982. [literaturgeschichtlicher Überblick]

Keiper, Hugo: Bühnenrede. In: Reallexikon I 1997, S. 282–285.
Keller, Werner (Hrsg.): Beiträge zur Poetik des Dramas, Darmstadt 1976. [Sammelband zu systematischen Aspekten des Dramas]
Kiel, Ewald: Dialog und Handlung im Drama. Untersuchungen zu Theorie und Praxis einer sprachwissenschaftlichen Analyse literarischer Texte, Frankfurt a. M. 1992.
Klotz, Volker: Geschlossene und offene Form im Drama, München ¹¹1985 [¹1960]. [grundlegendes Standardwerk]
Kluge, Gerhard: Spiel und Witz im romantischen Lustspiel. Zur Struktur der Komödiendichtung der deutschen Romantik, phil. Diss. Köln 1963.
Korthals, Holger: Zwischen Drama und Erzählung. Ein Beitrag zur Theorie geschehensdarstellender Literatur, Berlin 2003. [Gattungstheorie Epik vs. Drama]
Krause, Markus: Das Trivialdrama der Goethezeit 1780–1805. Produktion und Rezeption, Bonn 1982
Krieger, Gottfried: Dramentheorie und Methoden der Dramen-Analyse. In: Literaturwissenschaftliche Theorien, Modelle und Methoden. Eine Einführung, hrsg. v. Ansgar Nünning unter Mitw. v. Sabine Buchholz u. Manfred Jahn, Trier 2004, S. 69–92. [methodengeschichtlicher Überblick]
Landwehr, Jürgen: Das suspendierte Formurteil: Versuch der Grundlegung einer Gattungslogik anlässlich von Lenz' sogenannten Tragikomödien *Der Hofmeister* und *Die Soldaten*. In: Lenz-Jahrbuch 6 (1996), S. 7–61. [Grundlagenreflexion]
Landwehr, Jürgen: Tragikomödie. In: Reallexikon III 2003, S. 663–666.
Lehmann, Hans-Thies: Postdramatisches Theater, Frankfurt a. M. 1999. [Gegenwartstheater]
Lösch, Matthias: Bühnenbild. In: Reallexikon I 1997, S. 274–279.
Luserke, Matthias: Sturm und Drang. Autoren – Texte – Themen, Stuttgart 1997.
Mahler, A.: Lustspiel, Komödie. In: Historisches Wörterbuch der Rhetorik, hrsg. v. Gerd Ueding, Bd. 5, Tübingen 2001, S. 661–674. [genau in der theoretisch-historischen Grundlegung]
Meier, Albert: Dramaturgie der Bewunderung. Untersuchungen zur politisch-klassizistischen Tragödie des 18. Jahrhunderts, Frankfurt a. M. 1993.
Meier, Albert: Offenes Drama. In: Reallexikon II 2000, S. 742–744.
Menke, Christoph: Die Gegenwart der Tragödie. Versuch über Urteil und Spiel, Frankfurt a. M. 2005.
Mennemeier, Franz Norbert: Zur Frage der ‚Tragikomödie'. In: Drama und Theater im 20. Jahrhundert, hrsg. v. Hans Dietrich Irmscher, Werner Keller, Göttingen 1983, S. 66–70.

Müller, Gerd: Volksstück. In: Reallexikon III 2003, S. 799–801.
Müller-Salget, Klaus: Historisches Drama. In: Reallexikon II 2000, S. 55–58.
Nieder, Christoph: Libretto. In: Reallexikon II 2000, S. 416–420.
Niefanger, Dirk: Geschichtsdrama der Frühen Neuzeit 1495–1773, Tübingen 2005.
Oehm, Heidemarie: Subjektivität und Gattungsform im Expressionismus, München 1993.
Ottmers, Martin: Drama. In: Reallexikon I 1997, S. 392–396.
Ottmers, Martin: Lesedrama. In: Reallexikon II 2000, S. 404–406.
Pfister, Manfred: Das Drama. Theorie und Analyse. 7. Aufl. München 1988 [¹1977]. [*das* Standardwerk]
Pikulik, Lothar: Handlung. In: Einführung ins Drama. Handlung, Figur, Szene, Zuschauer, Bd. 1: Handlung, hrsg. v. Norbert Greiner, Jörg Hasler, Hajo Kurzenberger, Lothar Pikulik, München/Wien 1982. [ausführlich mit Beispielen über Grundbegriffe der Dramen-Analyse]
Platz-Waury, Elke: Drama und Theater. Eine Einführung, Tübingen 1978.
Platz-Waury, Elke: Figurenkonstellation. In: Reallexikon I 1997, S. 591–592.
Platz-Waury, Elke: Nebentext. In: Reallexikon II 2000, S. 693–695.
Poschmann, Gerda: Der nicht mehr dramatische Theatertext. Aktuelle Bühnenstücke und ihre dramaturgische Analyse, Tübingen 1997. [postdramatisches Gegenwartstheater]
Prang, Helmut: Geschichte des Lustspiels, Stuttgart 1968.
Profitlich, Ulrich/Stucke, Frank: Komödie. In: Reallexikon II 2000, S. 309–313.
Pütz, Peter: Die Zeit im Drama. Zur Technik dramatischer Spannung, Göttingen 1970. [Standardwerk]
Pütz, Peter: Grundbegriffe der Interpretation von Dramen. In: Handbuch des deutschen Dramas, hrsg. v. Walter Hinck, Düsseldorf 1980, S. 11–25. [gut zur Erstinformation]
Rochow, Christian Erich: Das Drama hohen Stils, Heidelberg 1994.
Roumois-Hasler, Ursula: Dramatischer Dialog und Alltagsdialog im wissenschaftlichen Vergleich: Die Struktur der dialogischen Rede bei den Dramatikerinnen Marieluise Fleißer (*Fegefeuer in Ingolstadt*) und Else Lasker-Schüler (*Die Wupper*), Bern/Frankfurt a. M. 1982.
Saße, Günter: Dokumentartheater. In: Reallexikon I 1997, S. 385–388.
Saße, Günter: Typenkomödie. In: Reallexikon III 2003, S. 700–702 (a).

Saße, Günter: Rührendes Lustspiel. In: Reallexikon III 2003, S. 337–339 (b).

Schabert, Ina (Hrsg.): Shakespeare-Handbuch. Die Zeit. Der Mensch. Das Werk. Die Nachwelt. Unter Mitarbeit zahlreicher Fachwissenschaftler hrsg. v. Ina Schabert. Mit einem Geleitwort von Wolfgang Clemen, Stuttgart 1992.

Schade, Richard Erich: Schultheater. In: Reallexikon III 2003, S. 403–405.

Schalk, Axel: Das moderne Drama, Stuttgart 2004. [typologischer Überblick]

Scherer, Stefan: Verworrne Doppelschrift. Christlich-nationale Erneuerung und poetische Ambivalenz in Eichendorffs *Ezelin von Romano*. In: Das romantische Drama. Produktive Synthese zwischen Tradition und Innovation, hrsg. v. Uwe Japp, Stefan Scherer, Claudia Stockinger, Tübingen 2000, S. 175–198.

Scherer, Stefan: Witzige Spielgemälde. Tieck und das Drama der Romantik, Berlin/New York 2003.

Schings, Hans-Jürgen: Consolatio Tragoediae. Zur Theorie des barocken Trauerspiels. In: Deutsche Dramentheorien I, hrsg. v. Reinhold Grimm, Frankfurt/M. 1971, S. 1–44. [Standardaufsatz]

Schings, Hans-Jürgen: Der mitleidigste Mensch ist der beste Mensch. Poetik des Mitleids von Lessing bis Büchner, München 1980.

Schlaffer, Heinz: Tragödie. In: Reallexikon III 2003, S. 669–674.

Schmid, Herta: Strukturalistische Dramentheorie. Semantische Analyse von Cechovs *Ivanov* und *Der Kirschgarten*, Kronberg i. Ts. 1973.

Schmid, Herta: Ist die Handlung die Konstruktionsdominante des Dramas? In: Poetica 8 (1976), S. 177–207.

Schmid, Herta: Dramaturgie[1]. In: Reallexikon I 1997, S. 399–401.

Schnell, Bruno: Aischylos und das Handeln im Drama, Leipzig 1928.

Schößler, Franziska: Einführung in das bürgerliche Trauerspiel und das soziale Drama, Darmstadt 2003.

Schößler, Franziska: Augen-Blicke. Erinnerung, Zeit und Geschichte in Dramen der neunziger Jahre, Tübingen 2004. [Überblick Gegenwartsdrama]

Schößler, Franziska/Bär Christine (Hrsg.): Ökonomie im Theater der Gegenwart. Ästhetik, Produktion, Institution, Bielefeld 2009.

Schulz, Georg-Michael: Drei-Einheiten-Lehre. In: Reallexikon I 1997, S. 408–409.

Schulz, Georg-Michael: Einführung in die deutsche Komödie, Darmstadt 2007.

Schulze, Ursula: Geistliches Spiel. In: Reallexikon I 1997, S. 683–688.

Schwanitz, Dietrich: Die Wirklichkeit der Inszenierung und die Inszenierung der Wirklichkeit, Meisenheim 1977. [Interaktionsprogramme]

Schwanitz, Dietrich/Schwalm, Helga/Weiszflog Alexander: Drama, Bauformen und Theorie. In: Das Fischer Lexikon Literatur, Bd. 1., hrsg. v. Ulfert Ricklefs, Frankfurt a. M. 2002, S. 397–420. [Einführung Dramenanalyse]

Seeck, Gustav Adolf: Die griechische Tragödie, Stuttgart 2000.

Simon, Eckehard: Weltliches Spiel. In: Reallexikon III 2003, S. 822–824.

Simon, Ralf: Theorie der Komödie. In: Theorie der Komödie – Poetik der Komödie, hrsg. v. R. S., Bielefeld 2001, S. 47–66.

Steinmetz, Horst: Komödie der Aufklärung, 3. Aufl. Stuttgart 1978. [Standardwerk]

Stockinger, Claudia: Dramaturgie der Zerstreuung. Schiller und das romantische Drama. In: Das romantische Drama. Produktive Synthese zwischen Tradition und Innovation, hrsg. v. Uwe Japp, Stefan Scherer, Claudia Stockinger, Tübingen 2000, S. 199–225 (a).

Stockinger, Claudia: Das dramatische Werk Friedrich de la Motte Fouqués. Ein Beitrag zur Geschichte des romantischen Dramas, Tübingen 2000 (b).

Szondi, Peter: Theorie des modernen Dramas 1880–1950, Frankfurt a. M. 1963. [Grundlagenreflexion und historischer Überblick]

Szondi, Peter: Das lyrische Drama des Fin de Siècle, hrsg. v. Henriette Beese, Frankfurt a. M. 1975.

Turner, Victor: Vom Ritual zum Theater. Der Ernst des menschlichen Spiels, Frankfurt a. M. 1989.

Vogel, Benedikt: Revue. In: Reallexikon III 2003, S. 278–281.

Vogel, Juliane: Realismus und Drama. In: Realismus. Epoche – Autoren – Werke, hrsg. v. Christian Begemann, Darmstadt 2007, S. 173–188 [realistisches vs. idealistisches Drama].

Vöhler, Martin: Monodrama. In: Reallexikon II 2000, S. 627–629.

Wagner, Hans: Ästhetik der Tragödie von Aristoteles bis Schiller, Würzburg 1987.

Warning, Rainer: Elemente einer Pragmasemiotik der Komödie. In: Das Komische, hrsg. v. Wolfgang Preisendanz, Rainer Warning, München 1976, S. 279–333. [grundlegend für die Theorie der Komödie]

Weimar, Klaus: Regieanweisung. In: Reallexikon III 2003, S. 251–253.

Werling, Susanne: Handlung im Drama. Versuch einer Neubestimmung des Handlungsbegriffs als Beitrag zur Dramen-Analyse, Frankfurt a. M./Bern u. a. 1989.

Wogenstein, Sebastian: Schicksalsdrama. In: Reallexikon III 2003, S. 375–377.

Zahn, Peter: Die Tragikomödie. In: Formen der Literatur, hrsg. v. Otto Knörrich, Stuttgart 1981, S. 385–397.
Zimmer, Reinhold: Dramatischer Dialog und außersprachlicher Kontext. Dialogformen in deutschen Dramen des 17. bis 20. Jahrhunderts, Göttingen 1982.
Zymner, Rüdiger: Versdrama. In: Reallexikon III 2003, S. 763–765.

3. Weitere Forschungsliteratur

Barner, Wilfried (Hrsg.): Geschichte der deutschen Literatur von 1945 bis zur Gegenwart, München 1994. [empfehlenswerte Literaturgeschichte]
Burdorf, Dieter: Einführung in die Gedichtanalyse, 2. überarb. u. aktual. Auflage Stuttgart/Weimar 1997.
Burdorf, Dieter: Lyrisch. In: Reallexikon II 2000, S. 505–509.
Burdorf, Dieter: Song. In: Reallexikon III 2003, S. 452–454.
Curtius, Ernst Robert: Europäische Literatur und lateinisches Mittelalter, 4. Aufl. Bern/München 1963 [¹1948]. [Nachschlagewerk Rhetorik, Poetik, Topik]
Eder, Jens: Die Figur im Film. Grundlagen der Figurenanalyse, Marburg 2008.
Fleischer, Michael: Conférence. In: Reallexikon I 1997, S. 321 f.
Frank, Gustav: Auf dem Weg zum Realismus. In: Realismus. Epoche – Autoren – Werke, hrsg. v. Christian Begemann, Darmstadt 2007, S. 27–44.
Frank, Gustav/Kopp, Detlev (Hrsg.): „Emancipation des Fleisches". Erotik und Sexualität im Vormärz. Jahrbuch Vormärz Forschung 5 (1999).
Frank, Gustav/Palfreyman, Rachel/Scherer, Stefan (Hrsg.): *Modern Times?* German Literature and Arts Beyond Political Chronologies/Kontinuitäten der Kultur: 1925–1955, Bielefeld 2005. [Sammelband zur neuen Epochenkonstruktion Synthetische Moderne]
Fricke, Harald/Stocker, Peter: Lyrik. In: Reallexikon II 2000, S. 498–502.
Fuhrmann, Manfred: Geschichte der römischen Literatur, Stuttgart 2005.
Hügel, Hans-Otto: Populär. In: Handbuch Populäre Kultur, hrsg. v. H.-O. H., Stuttgart/Weimar 2003, S. 343–348. [Standardwerk]
Jannidis, Fotis: Figur und Person. Beitrag zu einer historischen Narratologie, Berlin/New York 2004.
Kablitz, Andreas: Komik, Komisch. In: Reallexikon II 2000, S. 289–294.
Konstellationen. Literatur um 1955. Eine Ausstellung des Deutschen Literaturarchivs im Schiller-Nationalmuseum Marbach am Neckar, Marbach 1995.
Kreidt, Dietrich: Gesellschaftskritik auf dem Theater. In: Literatur der Weimarer Republik, hrsg. v. Bernhard Weyergraf, München 1995, S. 232–265.
Lausberg, Heinrich: Handbuch der literarischen Rhetorik. Eine Grundlegung der Literaturwissenschaft, 2 Bde., München 1960. [Nachschlagewerk]
Paulsen, Thomas: Geschichte der griechischen Literatur, Stuttgart 2004.
Rusch, Gerhard: Kommunikation. In: Reallexikon II 2000, S. 303–306.
Schanze, Helmut (1983): Der Experimentalroman des deutschen Naturalismus. Zur Theorie der Prosa um 1890. In: Handbuch des deutschen Romans, hrsg. v. Helmut Koopmann, Düsseldorf 1983, 460–468.
Scherer, Stefan: Philologische Modernisierung in der Restauration. Literaturwissenschaft in den 1950er Jahren: Peter Szondi. In: Literaturwissenschaft und Wissenschaftsforschung. DFG-Symposion 1998 (Heidelberg), hrsg. v. Jörg Schönert, Stuttgart/Weimar 2000, S. 292–316.
Schmidt, Jochen: Die Geschichte des Genie-Gedankens 1750–1945, Bd. 1: Von der Aufklärung bis zum Idealismus, Darmstadt 1985. [Standardwerk]
Schwanitz, Dietrich: Systemtheorie und Literatur. Ein neues Paradigma, Opladen 1990.
Sprengel, Peter: Geschichte der deutschsprachigen Literatur 1870–1900. Von der Reichsgründung bis zur Jahrhundertwende, München 1998. [empfehlenswerte Literaturgeschichte]
Strube, Werner: Illusion. In: Reallexikon II 2000, S. 125–128.
Vogl, Joseph: Über das Zaudern, Berlin 2007.

4. Zitierte Literatur zu den Einzelanalysen

Adorno, Theodor W.: Mahagonny [1929/30]. In: *Mahagonny*, hrsg. v. Fritz Hennenberg, Jan Knopf, Frankfurt a. M. 2006, S. 354–362.
Alt, Peter-André: Schiller. Leben – Werk – Zeit. Erster Band, München 2000, S. 351–372.
Bellmann, Werner: Gerhart Hauptmann: *Vor Sonnenaufgang*. Naturalismus – soziales Drama – Tendenzdichtung. In: Interpretationen. Dramen des Naturalismus, Stuttgart 1988, S. 7–46.
Eibl, Karl: „Ergo todtgeschlagen". Erkenntnisgrenzen und Gewalt in Büchners *Dantons Tod* und *Woyzeck.* In: Euphorion 75 (1981), S. 411–429.
Frank, Gustav: Georg Büchner. In: Zwischen Revolution und Restauration 1815–1848, hrsg. v. Gerd Sautermeister, Ulrich Schmid, München 1998, S. 579–604.

Funk, Gerald: Georg Büchner. Dantons Tod. Erläuterungen und Dokumente nach der Historisch-kritischen Marburger Ausgabe, Stuttgart 2002.

Geißler, Rolf: Theatrum sine mundo – Zum geschichtlichen Zusammenhang von Ludwig Tiecks *Ein Prolog* und Thomas Bernhards *Der Theatermacher*. In: Literatur für Leser 21 (1999), S. 224–238.

Greiner, Bernhard: Engführung von Theatralität und Komödie: *Der Theatermacher* Thomas Bernhard(s). In: ders.: Die Komödie. Eine theatralische Sendung: Grundlagen und Interpretation, 2. aktual. u. erg. Aufl. Tübingen/Basel 2006, S. 475–488.

Guthke, Karl S.: *Kabale und Liebe*. Tragödie der Säkularisation. In: Schillers Dramen, hrsg. v. Walter Hinderer, Stuttgart 1992, S. 105–158.

Hauff, Andreas: *Aufstieg und Fall der Stadt Mahagonny* als Zeitstück. Historische Anmerkungen zu einer unterschätzten Repertoireoper. In: Musikkonzepte – Konzepte der Musikwissenschaft. Bericht über den Internationalen Kongreß der Gesellschaft für Musikforschung Halle (Saale) 1998, hrsg. v. Kathrin Eberl, Wolfgang Ruf, Bd. 2: Freie Referate, Kassel/New York 2000, S. 661–668.

Höller, Hans: *Der Theatermacher*. Zur Poetik Thomas Bernhards. In: Verbergendes Enthüllen. Zur Theorie und Kunst dichterischen Verkleidens. FS Martin Stern, hrsg. v. Wolfram Malte Fues, Wolfram Mauser, Würzburg 1995, S. 399–408.

Huntemann, Willi: Artistik und Rollenspiel. Das System Thomas Bernhard, Würzburg 1990.

Japp, Uwe: Widersprüchliche Weltbegegnung im Werk Thomas Bernhards. In: Das Paradoxe. Literatur zwischen Logik und Rhetorik. FS Ralph-Rainer Wuthenow, hrsg. v. C. Romahn u. G. Schipper-Hönicke, Würzburg 1999, S. 291–305.

Joyce, Steven: Kismet and Continuities. Postmodernism and Thomas Bernhard's *Der Theatermacher*. In: Colloquia Germanica 24, Nr. 1 (1991), S. 24–37.

Knopf, Jan: Die Stücke. Einführung. In: Brecht-Handbuch in fünf Bänden, Bd. 1: Stücke, hrsg. v. J. K., Stuttgart/Weimar 2001, 3 (a).

Knopf, Jan: Aufstieg und Fall der Stadt Mahagonny. In: Brecht-Handbuch in fünf Bänden, Bd. 1: Stücke, hrsg. v. J. K., Stuttgart/Weimar 2001, S. 178–196 (b).

Knopf, Jan: Zur Entstehung der Mahagonny-Oper. In: *Mahagonny*, hrsg. v. Fritz Hennenberg, Jan Knopf, Frankfurt a. M. 2006, S. 293–309.

Meyerhofer, Nicholas J.: The Laughing Sisyphus: Reflections on Bernhard as (Self-)Dramatist in Light of His *Der Theatermacher*. In: MAL 21, Nr. 1 (1988), S. 107–115.

Mittermayer, Manfred: Die Theaterstücke. In: ders.: Thomas Bernhard, Stuttgart 1995, S. 133–175.

Nyström, Esbjörn: Libretto im Progress: Brechts und Weills *Aufstieg und Fall der Stadt* Mahagonny aus textgeschichtlicher Sicht, Bern/Frankfurt a. Main [u. a.] 2005.

Poschmann, Henri: Kommentar. In: Georg Büchner. Sämtliche Werke, Briefe und Dokumente in zwei Bänden. Bd. 1: Dichtungen, hrsg. v. H. P. unter Mitarb. v. Rosemarie Poschmann, Frankfurt a. M. 1992 [zu *Danton's Tod* S. 426–585].

Ritzer, Monika: Schillers dramatischer Stil. In: Schiller-Handbuch, hrsg. v. Helmut Koopmann in Zusammenarb. m. d. Deutschen Schillergesellschaft Marbach, Stuttgart 1998, S. 240–269 [zu *Kabale und Liebe* S. 246–248].

Scheuer, Helmut: Gerhart Hauptmann (1862–1946). In: Deutsche Dramatiker des 20. Jahrhunderts, hrsg. v. Alo Allkemper, Norbert Otto Eke, Berlin 2002, S. 36–62.

Schmidt-Dengler, Wendelin: Der Übertreibungskünstler. Studien zu Thomas Bernhard, Wien 1986.

Schröder, Jürgen: Unmöglichkeit und Notwendigkeit einer deutschen Revolution. Büchners *Dantons Tod*. In: ders.: Geschichtsdramen. Die „deutsche Misere" – von Goethes *Götz* bis Heiner Müllers *Germania*. Eine Vorlesung, Tübingen 1994, S. 161–189.

Sorg, Bernhard: Thomas Bernhard, München 1992.

Streim, Gregor: Bertolt Brecht/Kurt Weill: Aufstieg und Fall der Stadt Mahagonny. In: ders.: Einführung in die Literatur der Weimarer Republik, Darmstadt 2009, S. 108–119.

Voges, Michael: Dantons Tod. In: Interpretationen. Georg Büchner. Dantons Tod, Lenz, Leonce und Lena, Woyzeck, Stuttgart 1990, S. 7–61.

Weill, Kurt: Zeitoper [1928]. In: *Mahagonny*, hrsg. v. Fritz Hennenberg, Jan Knopf, Frankfurt a. M. 2006, S. 152–155.

Weill, Kurt: Anmerkungen zu meiner Oper *Mahagonny* [1929/30]. In: *Mahagonny*, hrsg. v. Fritz Hennenberg, Jan Knopf, Frankfurt a. M. 2006, S. 170 f.

Weill, Kurt: Zur Uraufführung der *Mahagonny*-Oper [1930]. In: *Mahagonny*, hrsg. v. Fritz Hennenberg, Jan Knopf, Frankfurt a. M. 2006, S. 171–174.

Zeller, Rosmarie: *Dantons Tod* und die Poetik des Geschichtsdramas. In: Zweites Internationales Georg Büchner Symposion 1987. Referate, hrsg. v. Burkhard Dedner, Günter Oesterle, Frankfurt a. M. 1990, S. 146–174.

Personenregister

Abbé d'Aubignac 63
Abel, Julia 63
Adorno, Theodor W. 99, 133
Aischylos 8f., 19, 31, 33, 62, 70
Alt, Peter-André 75, 77, 105, 110f.
Andreotti, Mario 20
Andronikashvili, Zaal 22
Anouilh, Jean 97
Aristophanes 19, 32, 49, 70f.
Aristoteles 7, 9f., 12, 14, 19–21, 23, 33–37, 39, 41, 44f., 47, 50, 53, 56, 58, 61–69, 70, 77, 83, 114
Arnim, Achim von 79, 82f.
Arntzen, Helmut 51
Artaud, Antonin 101, 103
Asmuth, Bernhard 10, 27, 30, 43, 45, 55, 57, 62

Bachmaier, Helmut 49
Balme, Christopher 11, 18, 21, 70
Bär, Christine 104
Barner, Wilfried 97, 103f.
Barthes, Roland 43, 126
Batteux, Charles 10
Bauer, Roger 78
Bebel, Heinrich 72
Beck, Ulrich 102
Beckett, Samuel 58, 97f., 102f., 139, 143f.
Bellmann, Werner 124, 129–131
Benjamin, Walter 46
Berg, Sibylle 104
Bernhard, Thomas 104, 139–146
Bidermann, Jakob 72
Birgfeld, Johannes 79
Birkenhauer, Theresia 21
Boileau, Nicolas 64
Borchert, Wolfgang 92, 97f.
Börne, Ludwig 121f.
Brachvogel, Albert Emil 88
Braun, Volker 60
Brecht, Bertolt 9, 12, 20f., 23, 31f., 58–61, 69, 91f., 95, 97f., 100–102, 131–139
Brentano, Clemens 79, 81, 83, 87
Brincken, Jörg von 11, 21
Broch, Hermann 93
Bronnen, Arnolt 69
Bruckner, Ferdinand 69, 95f.
Büchmann, Georg 22
Büchner, Georg 10, 20, 34, 44, 53, 68, 81, 84f., 86f., 90, 114–123, 129f., 136
Bunge, Gustav 129
Burdorf, Dieter 13, 26, 133
Bürger, Gottfried August 82

Calderón, de la Barca, Pedro 72, 79, 81
Camus, Albert 97
Castelvetro, Lodovico 63
Catholy, Eckehard 50
Chapelain, Jean 63
Chaplin, Charles 136
Comte, Auguste 89, 129
Conter, Claude D. 79
Corneille, Pierre 34, 63f., 66
Credé, Carl 96
Curtius, Ernst Robert 10, 63

Dahn, Felix 129
Dalberg, Wolfgang Heribert von 105, 112
Daphinoff, Dimiter 91
Darwin, Charles 129
David, Jacques-Louis 101
Detken, Anke 22
Diderot, Denis 10, 64, 66
Diomedes 10
Donatus, Aelius 33
Dorst, Tankred 104
Dryden, John 64
Dürrenmatt, Friedrich 32, 52, 61, 98, 100
Duschinsky, Richard 96
Düsing, Wolfgang 45

Eder, Jens 22
Eibl, Karl 76, 118
Eichendorff, Joseph von 79, 81, 83, 136
Eliot, Thomas Stearns 104
Elm, Theo 85, 111f., 127, 130f.
Englhart, Andreas 11, 21
Ernst, Paul 92
Eschenburg, Johann Joachim 10
Esslin, Martin 17
Euripides 19, 31f., 33, 47, 62, 70, 79

Fassbinder, Rainer Werner 95
Feyerabend, Paul 103
Fischer-Lichte, Erika 21
Fleischer, Michael 135
Fleißer, Marieluise 34, 95
Fontane, Theodor 123, 128
Fouqué, Friedrich de la Motte 84
Frank, Gustav 97, 114, 119, 121f.
Freud, Sigmund 88
Freytag, Gustav 20, 35–37, 87, 127
Fricke, Harald 15, 132
Frisch, Max 32, 58, 97–99, 100
Fuhrmann, Manfred 70
Fukuyama, Francis 102
Funk, Gerald 121

Geißler, Rolf 141

Gelfert, Hans-Dieter 8, 46
Gellert, Christian Fürchtegott 65, 75
Gemmingen-Hornberg, Otto Freiherr von 106
Gerstenberg, Heinrich Wilhelm von 10, 67
Giraudoux, Jean 97
Goethe, Johann Wolfgang von 10, 14, 25–27, 29, 39, 41, 44, 46f., 54, 57, 67, 72, 78–80, 83, 85f., 114, 116, 125, 129, 140
Goetz, Rainald 104
Goffman, Ervin 20
Goldoni, Carlo 73, 79
Gorki, Maxim
Gottsched, Johann Christoph 19, 61, 64–66, 75, 140, 145
Gozzi, Carlo 54, 73, 79, 81
Grabbe, Christian Dietrich 10, 20, 39, 53, 84f., 87, 117f., 136
Greiner, Bernhard 49, 63, 141, 144f.
Greiner, Norbert 21, 56
Grillparzer, Franz 27, 46, 53, 80, 84–87
Grimm, Reinhold 22
Gryphius, Andreas 31f., 65, 73f.
Guthke, Karl S. 54, 113
Gut-Sembill, Katrin 83
Gutzkow, Karl 85, 114

Habermas, Jürgen 102f.
Haeckel, Ernst 129
Handke, Peter 60, 102–104, 144
Hartmann, Eduard von 51
Hasler, Jörg 21, 24
Hauff, Andreas 138
Hauptmann, Gerhart 29, 31, 44, 54, 58, 86, 89f., 123–131
Hebbel, Friedrich 13, 46, 53, 61, 68, 78, 84–87
Hegel, Georg Wilhelm Friedrich 20, 68, 86f.
Heine, Heinrich 68, 84, 119, 121f.
Herweg, Mathias 72
Heyse, Paul 87
Hindemith, Paul 132
Hochhuth, Rolf 31, 58, 100
Hofmannsthal, Hugo von 44, 88f., 91f.
Höller, Hans 146
Holz, Arno 68f., 89, 125f., 128
Homer 14
Horaz 10, 19, 33f., 64f.
Horkheimer, Max 99
Horváth, Ödön von 34, 95
Houwald, Ernst 80
Hrotsvith von Gandersheim 71
Hübler, Axel 21

Hügel, Hans-Otto 82
Huntemann, Willi 143

Ibsen, Henrik 43, 59, 88, 90, 123, 129f.
Iffland, August Wilhelm 78, 82, 105
Immermann, Carl Leberecht 84
Ionesco, Eugène 97f., 103

Jannidis, Fotis 22
Japp, Uwe 32, 81, 142
Jarry, Alfred 98
Jelinek Elfriede 104, 144
Jonson, Ben 64, 72, 79
Joyce, Steven 143

Kablitz, Andreas 48
Kafitz, Dieter 85, 88, 118
Kaiser, Georg 69, 92–94, 97, 136
Kane, Sarah 104
Kant, Immanuel 49, 68
Kayser, Wolfgang 20
Keiper, Hugo 24, 32
Keller, Werner 22
Kerr, Alfred 69, 127
Kiel, Ewald 21
Kipphardt, Heinar 99f.
Kisch, Egon Erwin 93
Kleist, Heinrich von 9, 27, 46–48, 52, 54f., 57, 82f.
Klinger, Friedrich Maximilian 78, 105
Klotz, Volker 20, 27, 34f., 38, 129
Knopf, Jan 131f., 134, 136–138
Kopp, Detlev 121
Korthals, Holger 9, 17, 21f.
Kotzebue, August von 78, 82
Kowzan, Tadeusz 17
Kraus, Karl 31, 94f., 115, 126
Krause, Markus 47
Kreidt, Dietrich 136
Krieger, Gottfried 17, 20f.
Kroetz, Franz Xaver 95
Küchenmeister, Karl 128

La Roche, Sophie von 29
Lampel, Peter Martin 96
Landwehr, Jürgen 12, 52
Lausberg, Heinrich 26, 33
Lazarowicz, Klaus 18
Lehmann, Hans-Thies 21
Lenz, Jakob Michael Reinhold 20, 23, 28–31, 34, 39–42, 44, 52f., 56, 58, 61, 66f., 78, 85, 90, 107, 116, 120, 129
Lessing, Gotthold Ephraim 10–12, 19, 23–31, 34, 36–43, 43, 49, 52f., 55–57, 61, 64–67, 75–77, 105, 108, 110–112
Lillo, George 77
Lochner, Jacob 72
Lohenstein, Daniel Casper von 31f., 73f.
Loher, Dea 104
Lösch, Matthias 25
Ludwig, Otto 84
Luserke, Matthias 78

Mach, Ernst 88
Mahler, A. 49, 51, 71
Marlowe, Christopher 72
Marquard, Odo 103
Meier, Albert 28, 65, 75
Meier, Christian 103
Menander 33, 70f.
Mendelssohn, Moses 66
Menke, Christoph 45f.
Mercier, Louis-Sébastien 120
Meyerhofer, Nicholas J. 144
Mittermayer, Manfred 141–144
Molière 54, 56, 64, 73, 82
Moritz, Karl Philipp 106
Müller, Gerd 95
Müller, Heiner 104
Müller-Salget, Klaus 82
Müllner, Adolf 80

Nestroy, Johann 82, 87, 95
Nicolai, Friedrich 66
Nieder, Christoph 134
Niefanger, Dirk 72, 83
Nietzsche, Friedrich 68, 88
Nyström, Esbjörn 131, 134

O'Neill, Eugene 92
Oehm, Heidemarie 92
Opitz, Martin 19, 26, 46, 61, 64f., 73
Ostermaier, Albert 104
Ottmers, Martin 8f., 39

Palfreyman, Rachel 97
Parsons, Talcott 20
Paulsen, Thomas 26, 46
Perrault, Charles 79
Petsch, Robert 20
Pfeil, Johann Gottlob Benjamin 77
Pfister, Manfred 16–18, 20–22, 24f., 27, 34, 38, 41, 55, 57, 60
Pikulik, Lothar 20, 36, 41, 81
Pirandello, Luigi 59
Piscator, Erwin 69, 137
Platon 14
Platz-Waury, Elke 21, 24, 57
Plautus, Titus 19, 26, 53, 63, 71f., 82
Poschmann, Gerda 21, 104
Poschmann, Henri 116
Profitlich, Ulrich 22, 48, 51, 65f., 68
Pütz, Peter 20, 22f., 42f., 61

Racine, Jean 64, 66
Raimund, Ferdinand 87
Ranke, Leopold von 83
Raumer, Friedrich von 83
Raupach, Ernst 80
Ravenhill, Mark 104
Rehfisch, Hans José 96
Reuchlin, Johannes 26, 72
Ritzer, Monika 108
Robortello, Francesco 63
Roumois-Hasler, Ursula 21
Rusch, Gerhard 16
Rutschky, Michael 101

Sachs, Hans 50, 72
Saint-Simon, Claude Henri 121
Sartre, Jean-Paul 97f., 143
Saße, Günter 56, 75f., 99
Scaliger, Julius Caesar 10, 19, 33f., 61, 64
Schabert, Ina 25–27, 38, 41, 72
Schalk, Axel 98
Schanze, Helmut 126
Scherer, Stefan 20, 27, 80, 82f., 97
Scheuer, Helmut 123f., 128, 130
Schiller, Friedrich 10, 14f., 26, 30, 32–34, 46f., 54, 57f., 61, 67f., 77–80, 82–85, 100, 105–114, 116, 120
Schings, Hans-Jürgen 73, 122
Schlaf, Johannes 89, 128
Schlaffer, Heinz 45f.
Schlegel, August Wilhelm 8
Schlegel, Friedrich 26f., 37, 81
Schlegel, Johann Elias 65, 75
Schmid, Herta 10, 21
Schmidt, Jochen 78
Schmidt-Dengler, Wendelin 143
Schnell, Bruno 9
Schnitzler, Arthur 44, 54, 59, 88–91
Schönberg, Arnold 133
Schopenhauer, Arthur 49
Schößler, Franziska 104, 112f., 124, 129–131
Schröder, Jürgen 121
Schulz, Georg-Michael 50, 63, 89, 129
Schulze, Ursula 72
Schwab, Werner 104
Schwalm, Helga 42
Schwanitz, Dietrich 20, 42
Seeck, Gustav Adolf 33, 46
Seneca, Lucius Annaeus 19, 33, 63f., 70, 72f., 79
Shaftesbury, Anthony Ashley Cooper, 3. Earl of 67
Shakespeare, William 19f., 23f., 26f., 31–34, 38f., 41f., 44, 47, 52f., 55f., 58, 64–68, 72–74, 78f., 81, 83, 104, 111, 114, 119, 139f.
Simon, Eckehard 72
Sloterdijk, Peter 103
Sophokles 8, 19, 33, 43, 45f., 62, 70, 82
Sorg, Bernhard 143f.
Spengler, Oswald 93
Sperr, Martin 95
Sprengel, Peter 125
Staiger, Emil 13
Stein, Peter 103
Sternheim, Carl 92f.
Stocker, Peter 15
Stockinger, Claudia 80, 84
Strahlheim, Carl 120
Strauß, Botho 59, 92, 98, 103
Streeruwitz, Marlene 104
Streim, Gregor 132, 137
Strindberg, August 43, 59, 88, 92
Strube, Werner 136
Stucke, Frank 48, 51

Sulzer, Johann Georg 10
Szondi, Peter 17, 20f., 27f., 54, 58f., 88f., 92

Taine, Hippolyte 89, 128f.
Terentius Afer, Publius 19, 26, 33, 63, 71f.
Thespis 8
Thiers, Louis-Adolphe 120
Tieck, Ludwig 26f., 32, 42, 44, 78f., 81, 83, 87, 136, 141
Toller, Ernst 92, 97
Tolstoi, Lew Nikolajewitsch Graf 130
Tschechow, Anton Pawlowitsch 59, 88
Turk, Horst 21
Turner, Victor 21

Vega, Lope de 81

Vischer, Friedrich Theodor 20
Vogel, Benedikt 135
Vogel, Juliane 84
Voges, Michael 122f.
Vogl, Joseph 9
Vöhler, Martin 44, 78
Voltaire 64

Wagner, Heinrich Leopold 44, 78, 107
Wagner, Richard 88
Warning, Rainer 51
Wedekind, Frank 54, 69, 90f., 96, 136
Weill, Kurt 131–139
Weimar, Klaus 24
Weise, Christian 26, 35, 52, 74
Weisenborn, Günther 96f.
Weiss, Peter 100f.

Weiszflog Alexander 42
Werling, Susanne 20
Werner, Zacharias 80
Weyrauch, Wolfgang 97
Widmer, Urs 104
Wieland, Christoph Martin 26, 78
Wilder, Thornton 97
Wittgenstein, Ludwig 144
Wogenstein, Sebastian 80
Wolf, Friedrich 96
Würffel, Stefan Bodo 132

Zahn, Peter 52
Zeller, Rosmarie 121
Zimmer, Reinhold 21
Zola Émile 129
Zuckmayer, Carl 95, 97f.
Zymner, Rüdiger 26

Sachregister

Abhandlung 28, 72, 73f.
Absolutheit 17, 46, 60
Absurdes Theater 21, 55, 58, 69, 98, 101, 140, 143
ad spectatores (Zuschaueranrede) 16, 32, 60
Akt 11, 24, 32–35
Alexandriner 26, 28, 35, 64, 66, 73, 75
anagnórisis (Wiedererkennung) 29, 37, 62
Analytisches Drama 43, 82, 89f., 123
Angemessenheit (*aptum*) 35, 63
Antike 13f., 19, 26, 63, 68, 70f., 79, 104
antike Komödie 32, 63, 70f.
antike Tragödie 25, 29, 31f., 33, 46, 47, 62, 68, 70, 79f., 101
Antitheater 69, 98, 102
aptum (Angemessenheit) 35, 63
Aufführung (Inszenierung, theatralische Umsetzung) 8, 11f., 17f., 21f., 24, 29, 39
Auftritt 24, 29, 33f.
Aufzug 29, 33
Aus-der-Rolle-Fallen 32, 60
Autonomiepoetik, -ästhetik 10, 67f., 79f., 84
auto sacramental 72

Ballett 55
Bänkelsang 191
Bauform 11, 19, 32–44, 62, 82
Beiseitesprechen 32, 51, 69
Bekehrungsdrama (christliches) 71
Bewunderung 28, 46, 65f., 75f.
bienséance (Schicklichkeit) 19, 63
Blankvers 26f., 35, 47, 52, 79f., 82, 85f., 89, 116
Bote 56f., 127

Botenbericht 32
Boulevardstück (-theater) 14, 75, 82, 91, 136
Bühne 7, 55
- Guckkasten- 25, 55, 63
- Illusions- 25, 55, 63
- Simultan- 55, 63
Bühnenanweisung (Regieanweisung, Szenenanweisung) 24, 29, 56, 106, 123f., 133
Bühnenbild 18, 24, 29, 69
Bühnenform 25
Bühnenraum 11, 17f.
Bürgerliches Trauerspiel 11, 13, 15, 23, 25, 30, 34, 36, 46, 53, 66, 75–78, 82, 86, 105–107, 112, 116, 140f., 145

catastasis 33
Chanson 133
Charakter 23, 56, 62, 67, 78
mittlerer (gemischter) 23, 66, 76
Charakterdrama 39, 56, 67
Charakterisierungstechnik 55
Chor(lied) 8, 16, 26, 30, 31–33, 45, 47, 60, 62, 71, 73, 86, 101, 132f., 138
Choreographie 18
Collage 91, 101
comédie larmoyante 53, 65, 75–77
commedia dell'arte 72, 81, 140
consolatio 64, 73f.
Couplet 87

delectare (erfreuen) 26
deus ex machina 70
Dialekt 25, 38, 95, 126f.
Dialog 8, 15f., 20f., 25, 29, 54, 58f.
Dialogstruktur 28, 38

Diener 32, 51, 56f., 107f.
discours 41
docere, prodesse (belehren, nützen) 26
Dokumentarstück, -theater 31, 58, 96, 98–101
doppelte Kommunikation 24
Doppeltitel 73, 105
Drama
- Analytisches 43, 82, 89f., 123
- Bekehrungs- (christliches) 71
- Charakter- 39, 56, 67
- Entscheidungs- 43, 108, 110
- Familien- 77–79, 82, 105f., 113, 126, 130, 141
- Geschichts- 47, 53, 68, 72, 80, 82–84, 100, 104, 114, 118, 121, 140
- Gesellschafts- 30, 34, 40, 90f., 95f., 103, 130
- geschlossene Form 11, 19f., 23, 27, 34–38, 41, 45f., 55, 61f., 69, 70, 79, 83–85, 100, 108, 127f.
- Handlungs- 28, 39, 56, 66f., 83
- idealistisches 53, 100, 120
- Ideen- 43
- klassizistisches 23, 25, 41, 53, 67, 78, 85f., 108, 110
- Lyrisches 13, 44, 59, 89
- Märtyrer- 46, 71, 73
- Milieu- 86, 123-131
- Mono- 44, 78
- Musik- 54f., 88, 137
- offene Form 11, 20, 27, 33–35, 38–41, 44, 66, 69, 78, 83, 85f., 90, 100, 108f., 118f., 127f.
- realistisches 43, 47, 67, 69, 80, 84–87, 96f., 106–108, 114, 127
- Schicksals- 46f., 80, 86

Sachregister

- Schul- 26, 72, 74
- ‚shakespearisierendes' 39, 41, 78
- soziales 21, 28–30, 34, 40, 53, 78, 85f., 89, 116, 123f., 127, 129f.
- Stationen- 43, 58f., 91f., 94, 98, 103
- Synthetisches 43
- Trivial- 47, 77, 82, 112
- Universal- 79, 81f., 83, 85
- Unterhaltungs- 79, 82, 87f., 95
- Verkündungs- 43, 91
- Vers- 80
- Wandlungs- 43, 91
- Ziel- 43, 108, 110

dramatis personae (Personenverzeichnis) 24, 30, 36, 39, 73f., 85, 101, 103, 106, 115, 125f., 141
dramatische Ironie 45
Dramaturgie 9–11, 18, 20
Dramentheorie 9–12, 20–22, 33, 61–69
Dreiaktigkeit 44
drei Einheiten 11f., 19, 22, 34–37, 38, 63f., 67, 75f., 127, 143

Einakter 44, 59, 89–91
Einakterzyklus 44, 90
Einheiten, drei 11f., 19, 22, 34–37, 38, 63f., 67, 75f., 127, 143
Einpersonenstück 78
éleos (Schauder) 45, 62f., 66
elisabethanisches Theater 25, 55, 72
emblematisch 73f.
Entliterarisierung 21, 88, 104
Entscheidungsdrama (Zieldrama) 43, 108, 110
Epeisodion 33, 62
Epik 9, 12–16, 18, 22, 24f., 41, 43, 59, 61, 128
Epilog (Nachspiel) 24, 31, 60, 94
Epische Oper 131, 133f., 138f.
Episches Theater 31f., 57f., 60f., 69, 92, 100, 131–139
Episierung, episierend 9, 17, 29, 56, 58–60, 87, 89, 94, 125
Episode 36f., 40, 90
epítasis (Verwicklung, Verwirrung, Intrige) 33, 63
Epos 14, 25, 62, 68
ernste Komödie 51, 75
erregendes Moment 35, 37
Erzählerfigur 60
Exodus 33, 62
Exposition 31, 33, 35–37, 47, 107, 110

fallende Handlung 36, 48
Fallhöhe 46, 146
Familiendrama 77–79, 82, 105f., 113, 126, 130, 141
Farce 69, 98f.
Fastnachtspiel 63, 72, 74
Fehler 23, 45, 47, 62f., 73, 75f., 86
Fernsehspiel 55
Festspiel (höfisches, *Trionfi*) 72
Fetzenszene 28, 40
Figur 22f., 24, 35, 54, 56, 63, 139

- Haupt- 35, 44–46, 56f.
- Neben- 56f., 128, 143

Figurencharakterisierung 57
Figurenkomik 50
Figurenkonfiguration 15, 28, 41, 57, 109, 119
Figurenkonstellation 15, 35, 40, 57, 73, 85, 91f., 111, 113
Figurenrede (Haupttext) 9, 11, 15f., 20, 24f., 27–30, 32, 34, 36, 38f., 41, 46, 52, 55, 59f., 62, 80f., 85–87, 89, 92f., 100, 102, 106f., 116f., 127, 133f., 141
Figurenstil 27f., 52
Fronleichnamspiel 63, 72
Fünfaktigkeit 44
Furcht (und Mitleid) 66, 77

Gattung 14f.
Gattungen 13, 15, 22
Gattungstheorie 10, 13f.
Gattungstrias 10, 13f.
Geistererscheinung 86f.
Geistliches Spiel 7, 63, 72
gemischter (mittlerer) Charakter 23, 26, 36, 51, 66, 76
Gendertheorie 21
genera dicendi 25, 35, 52, 63f., 75
Genieästhetik 19, 78, 107
Genre(s) 11, 14f., 24, 44, 52–54, 64, 68, 77, 83, 94–96, 105, 114, 133, 141
Gesamtkunstwerk 88
Gesang 17, 45, 62, 70, 86f., 100, 132, 134, 137
Geschehen 8, 12, 22, 25, 32f., 38, 40–43, 58–60, 80, 89, 125f., 132, 137f., 142
Geschichtsdrama 47, 53, 68, 72, 80, 82–84, 100, 104, 114, 118, 121, 140
Geschlossenheit 19f., 23
Gesellschaftsdrama 30, 34, 40, 90f., 95f., 103, 130
Gestik 18, 24, 29, 57
grotesk 51, 54, 71, 74, 87, 90f., 98f., 101, 144f.
Guckkastenbühne 25, 55, 63

Handlung 8–10, 15–17, 19–21, 23f., 27, 30–38, 41–59, 62f., 67, 73, 88, 91f., 103, 108–112, 114, 119f., 127, 131f., 137, 139
- fallende 36, 48
- Haupt- 56
- nachgeholte 32
- Neben- 36
- Ort der 36
- steigende 35, 37, 48
- verdeckte 32
- Zeit der 30, 35f.
Handlungsdrama 28, 39, 56, 66f., 73, 83
Handlungskomik 50
Handlungsschema (romaneskes Schema) 71f., 74, 81

Harlekin 65
harmatía (Fehler) 47, 62f., 86
Hauptfigur 35, 44–46, 56f.
Haupttext (Figurenrede) 9, 11, 19, 24f., 29, 39, 57, 100
Heiligenspiel 63
Heroische Bewunderungstragödie 28, 46, 48, 66, 75f.
Hexameter 14
histoire 41
höfisches Festspiel (*Trionfi*) 72
Hörspiel 55, 97

idealistisches Drama 53, 100, 120
Ideendrama 43
Identifikation 12, 28, 66, 76, 100, 138
illudierende Spielkomödie 81, 87
Illusion, Illusionierung, illusionistisch 9, 12, 69, 80, 102, 128, 133, 136, 141, 146
Illusionsbühne, -theater 25, 55, 63, 69, 136
imitatio (Nachahmung, *mimesis*) 7, 10f., 12, 19, 45, 56, 62, 64f., 67, 69, 91, 128, 139
Innerer Monolog 28
Inszenierung (Aufführung, theatralische Umsetzung) 8, 11f., 17f., 21f., 24, 29, 39
Interaktionsprogramme 42
Interludien 72
Intrige 33, 35, 42, 51, 57, 74, 76, 105, 108, 113
Intrigenkomödie 51, 81
Ironie, dramatische 45

jambischer Senar 26
jambischer Trimeter 26, 79
Jammer 45, 62f., 66
Jesuitentheater 72

Kabarett 91, 133, 135
Katastrophe 33, 35f., 46–48, 50, 63
Katharsis 7, 23, 45, 62, 64f., 73
Klassizismus (französischer) 12, 17, 19f., 25, 34, 36, 46, 62–65, 67, 79
klassizistisches Drama 23, 25, 41, 53, 67, 78, 85f., 108, 110
Komik, komisch 23, 26, 30, 32, 36, 42, 44f., 47–54, 56, 62f., 71f., 74–76, 82, 87, 90, 98, 107, 112, 117, 129, 141, 144f.
- Figuren- 50
- Handlungs- 50
- Situations- 50f., 87
- Sprach- 50, 74, 87
Komiktheorie 49
Kommunikationssystem 16
Komödie (Lustspiel) 11, 13f., 25–27, 36, 44, 46, 48–51, 53f., 57, 61–65, 67f., 71, 75–77, 87, 92, 94, 145
- antike 32, 70–72
- ernste 51, 75

Sachregister

- Intrigen- 51, 81
- lateinische 72
- Masken- 72
- parabatische 32, 51, 81, 78, 81, 87
- satirische Sitten- 72
- satirische Verlach- 51, 56, 73, 75
- Spiel- (illudierende) 51, 79, 81, 87
- Stegreif- 72, 81
- Typen- 71, 75

Komödientheorie 62, 67
Konfiguration der Figuren 15, 28, 41, 57, 109, 119
Konflikt 13, 20, 23, 30f., 33, 35f., 40–51, 56–58, 63, 76, 82, 85–87, 89, 90–92, 94, 105f., 108, 110–113, 115, 122, 145
Konfliktstruktur 38, 47, 59, 108
Konkrete Poesie 102, 144
Konstellation der Figuren 15, 35, 40, 57, 73, 85, 91f., 111, 113
Konversation 25, 28, 127
Konversationsstück 82, 91
Konzentration 22f., 41, 43, 60, 128
Kritisches Volksstück 95
Kulisse (Kulissenwechsel) 25, 33, 137, 145

Lachen, Verlachen 12, 48–50, 66f., 73–76, 98
Lehre 7, 11, 19, 32, 57, 59, 61, 63–65, 70, 73f., 80, 91, 99
Lehrstück 69, 99, 135f.
Leid (Pathos) 23, 46, 62–64
Lesedrama 8f., 39
Libretto 13, 54, 134f.
Liedeinlage 27f., 38f., 86, 117
Living-Theatre 102
Lokalisierungstechnik 55
Lösung 33, 35f., 37, 48, 58
Lustspiel 14, 44, 50f., 53f., 64–66, 71, 75–77, 92
- Rührendes 14, 51, 53, 66, 75–77
Lyrik 9, 12–16, 18, 22, 25, 44, 61, 68, 89, 101, 128
Lyrisches Drama 13, 44, 59, 89

Märtyrerdrama 46, 71, 73
Maske 8, 17f., 24, 29, 32, 72f., 141
Maskenspiel, -komödie 72, 81
Massenszenen 39
Mauerschau (Teichoskopie) 32, 47f., 146
Melodrama 78
metrische Bindung 22, 25–27, 33, 39, 46f., 80, 87
Milieudrama 86, 123-131
mimesis (Nachahmung, *mimesis*) 7, 10f., 12, 19, 45, 56, 62, 64f., 67, 69, 91, 128, 139
Mimik 16, 18, 24, 29, 57, 142
Mitleid (und Furcht) 66, 77
mittlerer (gemischter) Charakter 23, 26, 36, 51, 66, 76
Monodrama 44, 78

Monolog 15, 24f., 27f., 36f., 44, 41, 56, 59, 69, 92, 108–110, 116, 118, 127, 139–144
Montage(technik) 60, 88, 91, 93f., 99, 101, 135f.
Moralitäten 57, 63, 72
Mosaiktechnik 83, 85
movere (berühren, bewegen) 26
Musical 54, 93, 133
Musik 13, 15, 17, 62, 69, 78, 88, 101, 132–135, 138
Musikalisch, Musikalität, Musikalisierung 13, 26, 100, 134f., 141–143
Musikdrama 54f., 88, 137
Mysterienspiel 63, 72

Nachahmung (*imitatio*, *mimesis*) 7, 10f., 12, 19, 45, 56, 62, 64f., 67, 69, 91, 128, 139
nachgeholte Handlung 32
Nachspiel (Epilog) 24, 31, 60, 94
Nationaltheater 77, 105
Nebenfigur 56f., 128, 143
Nebentext 9, 19, 22, 24, 27, 29f., 34, 36, 39, 41, 56f., 59, 60, 89, 100, 105–107, 115f., 124f., 127, 132f., 141
neulateinisches Theater 26, 72
Novelle 14, 120

offene Form 11, 20, 27, 33–35, 38–41, 44, 67, 69, 78, 83, 85f., 90, 100, 108f., 118f., 127f.
Oper 13, 27, 54f., 69, 78, 88, 131–134, 136–139
- Epische 131, 133f., 138f.
Opernrevue 131
Operette 54f., 82, 132
Oratorium 54, 100
Ortswechsel 33
Osterspiel 72

Pantomime 8, 29, 54f., 66, 88, 101, 125, 142
Parabase 32, 60, 71
parabatische Komödie 32, 51, 78, 81, 87
parabelhaft 69
Parabeltheater 99
Paratext 24, 30f., 90, 93, 125
Paratheater 18
Parodie 29, 50, 80, 115, 133, 137f., 140f.
Parodos 33
Passionsspiel 63, 72
pathetisch-erhaben 68, 120
Pathos (Leid) 23, 46, 62–64
Performance 20, 102, 104
Performanz 18
Peripetie 35, 37, 48, 62
Personenverzeichnis (*dramatis personae*) 24, 30, 36, 39, 73f., 85, 101, 103, 106, 115, 125f., 141
Personenwechsel 33f., 37, 108
Personenzahl 36, 39, 109, 114, 119

Perspektivstruktur 57f., 113, 121, 130, 143
philosophischer Dialog 16
phóbos (Jammer) 45, 62f., 66
phonographische Methode 89, 126, 128
Plurimedialität des Dramas 17f., 21
poeta doctus 26
Poetik(en) des Dramas 7, 14, 19f., 22, 25f., 35, 39, 44, 61–69, 122
politisches Theater 18, 69, 83, 101
Posse 82
postdramatisches Theater 21, 101, 104
prodesse, docere (nützen, belehren) 26
Prolog (Vorspiel) 17, 24, 31, 33, 53, 60, 62f., 141
Promenadenszene 85, 116, 118f.
Prosa(drama) 15, 25–28, 52, 66, 74, 76, 79f., 85–87, 90, 106, 116, 128
prótasis (Einleitung, Exposition) 33
proverbe dramatique 89
Prozessionsspiel 72
prudentia 74
Publikum (Zuschauer) 7–9, 12, 16–18, 22, 24–26, 28, 31f., 35f., 38, 40, 42–45, 51, 57, 59, 63, 65–67, 69, 73, 75f., 89, 91, 95f., 98f., 102, 105, 108, 110, 113, 136–138, 140f., 146
pun (Wortspiel) 41, 52, 81
Puppenspiel 54f.
Pyramidenschema (Freytag) 35, 127

Raum 23, 55, 124, 141, 145
realistisches Drama 43, 47, 67, 69, 80, 84–87, 96, 98, 106–108, 114, 127
Realitätseffekt 43, 69, 126
Redekriterium 14, 19
Regelpoetik 25, 44, 46, 51–53, 62, 64, 67, 75, 79
Regie 18, 69
Regieanweisung (Bühnenanweisung, Szenenanweisung) 24, 29, 56, 106, 123f., 133
Regiebuch 29
Regiefigur 60
Reportage 93, 96
republikanisches Trauerspiel 66, 105
Requisiten 17, 24, 29, 55, 110, 141f.
retardierendes Moment 35f., 48
Revue 69, 93, 131, 135
Revuestruktur 125, 127, 135
Reyen 73f.
Rhetorik 25f., 64
Ritterschauspiel 79, 82
Rolle 8, 21, 32, 51, 60, 69, 74, 85, 93, 102, 107f., 110, 116, 122, 136, 141, 146
- Aus-der-Rolle-Fallen 32, 60, 74
- Geschlechter- 21
- soziale 65, 107, 109
Rollenspiel 7, 21, 60, 62, 82, 104, 139
Rollentausch 42

Sachregister

Roman 14, 17, 128
romaneskes Schema 71f., 74, 81
Rührendes Lustspiel 14, 51, 53, 65f., 75–77
Rührstück 78f., 105f., 112

satirische Sittenkomödie 72
satirische Verlachkomödie 51, 56, 73, 75
Schäferspiel 64, 72
Schattenspiel 54f.
Schaubühne 10
Schauder (*éleos*) 45, 62f., 66
Schauplatzwechsel 11, 33–35, 40, 116, 119
Schauspiel 10, 13, 44, 46, 54f., 79
Schauspieler 8, 24, 33, 69, 136, 142, 144
Schauspielkunst 18
Schicklichkeit (*bienséance*) 19, 63
Schicksal 23, 41, 63, 80, 145
Schicksalsdrama 46f., 80, 86
Schlager 133, 139
Schlesisches Kunstdrama 73
Schrecken 65
Schuld 23, 82, 86, 92, 112
Schuldrama 26, 72, 74
Schwank 54
Sekundenstil 89
Semiotik 21
Sentenz 22, 25, 70
'shakespearisierendes' Drama 39, 41, 78
Show 135
Simultanbühne 55, 63
Singspiel 54f.
Sittenkomödie 72
Situation 8, 15–18, 24, 27–30, 35f., 38f., 41, 43–45, 52, 56–59, 63, 66, 71, 75f., 87, 90, 94, 108, 110–112, 120, 127
Situationskomik 50f., 87
Sketch 54
Sonett 25, 27
Song 131, 133–135, 137–139
Songspiel 131f., 133, 135f.
soziales Drama, Sozialdrama 21, 28–30, 34, 40, 53, 78, 85f., 89, 116, 123f., 127, 129f.
Soziolekt 25, 28, 38
Spiel 8, 17, 20, 51, 67f.
Spiel im Spiel 42, 51, 55, 79, 81, 101
Spielkomödie (illudierende) 51, 79, 81, 87
Spielleiter 60
Spannung 20, 23, 33, 35–37, 42f., 73, 110, 114, 128
Sprachkomik 50, 74, 87
Sprechakt 16, 102
Ständeklausel 13, 46, 52f., 63–66, 75
Stanze 27
Stasimon 33
Stationendrama 43, 58f., 91f., 94, 98, 103

Stegreifkomödie 72, 81
steigende Handlung 35, 37, 48
Stichomythie 25
Stilhöhe 25
Stillagen 25f., 35, 52, 64, 75, 107
Straßentheater 54
Stummfilm 55
Sujet 22, 82
Synthetisches Drama 43
Szene 11, 21, 24, 33–35, 37f.
Szenenanweisung (Regieanweisung, Bühnenanweisung) 24, 29, 56, 106, 123f., 133
Szenenanzahl 34, 37, 44, 48
Szenenfolge 34, 37, 44, 46, 82, 86, 89, 142
Szenenstruktur 37

Tanz 8, 33, 54, 88, 93, 135
Taubstummenspiel 55
Teichoskopie (Mauerschau) 32, 47f., 146
Theater 7–12, 18, 21f., 33
Theater der Grausamkeit 101f.
Theatercode 16f.
Theatergeschichte 11
Theaterkritik 11
Theaterstück 10, 18, 55
Theatertheorie 11
Theaterwissenschaft 11, 19, 21
Theatralisierung 21
Theatralität 8, 11, 19, 90, 101, 115, 131
theatrum mundi (Welttheater) 7, 63, 74, 85, 92, 104, 141
Tonfilm 55
Tragik, tragisch 44–46, 49–52, 54, 57, 62f., 67, 70, 73, 75, 82, 86f., 98, 105, 113, 121, 129, 144f.
Tragikomödie 11, 14f., 29f., 32, 40, 44, 47, 51–54, 75, 82, 90f., 93f., 99, 101, 104, 115, 139, 144
Tragödie 11, 14, 17, 19, 25, 29, 31–33, 35f., 44–48, 50–54, 56f., 61–69, 70–73, 77–82, 84, 86f., 90, 92, 94, 101, 115, 129–131, 140, 145
– antike 17, 19, 25, 29, 31–33, 46f., 68, 70, 72f., 79f., 101
– Bewunderungs- 28, 75f.
– heroische 28, 66, 75f.
Tragödientheorie 62, 67
Trauerspiel 26f., 31f., 44, 46, 52, 64, 66, 70, 73–75, 79, 84
– Bürgerliches 11, 13, 15, 23, 25–27, 29f., 34, 36, 46, 53, 65f., 75–78, 82, 86, 105–107, 112, 116, 140f., 145
– historisches 52
– Märtyrer- 46
– politisches 72
– republikanisches 66
Travestie 50
Trionfi (höfisches Festspiel) 72
Trivialdramatik 47, 77, 82, 112
Typenkomödie 71, 75
Typus 23, 56, 90

überreden (*persuadere*) 25
Universalschauspiel, -drama 79, 81f., 83, 85
Unmittelbarkeit 8, 12, 15, 55, 59
Unterhaltungsdrama (-theater) 79, 82, 87f., 95

Varieté 93, 135
Vaterländisches Schauspiel 83f.
verdeckte Handlung 32
Verfremdung 9, 12, 136f.
Verkündungsdrama 43, 91
Verlachen, Lachen 12, 48–50, 66f., 73–76, 98
Verlachkomödie 51, 56, 73, 75
Vers 14f., 19, 26f., 101
Versdrama 80
Vertrautenrede 56
Verwicklung 33, 63
Verwirrung 33, 63
vierte Wand 17, 25
Volk 74, 85
Volkslied 25, 28, 117, 133
Volksstück (kritisches) 94f.
Volkstheater 18, 75, 82, 87
Vorspiel (Prolog) 17, 24, 31, 33, 53, 60, 62f., 141
vraisemblance (Wahrscheinlichkeit) 19, 42, 63, 66, 76

Wahrscheinlichkeit (*vraisemblance*) 19, 42, 63, 66, 76
Wanderbühne 65, 74, 140
Wandlungsdrama 43, 91
Was-Spannung 23, 114
Weihnachtsspiel 72
Weltliches Spiel 63, 72
Welttheater (*theatrum mundi*) 7, 63, 74, 85, 92, 104, 141
Wiener Volkstheater 87
Wie-Spannung 23
Wortkulisse 24f., 55
Wortspiel 41, 52, 81, 116, 142
Wunderbares im Drama 78, 81f., 86f.

Zauberspiel 87
Zeit 20, 23
Zeitstruktur 42f.
Zeitstück 91, 95f., 99, 121, 130, 136
Zeitverhalten 43
Zieldrama (Entscheidungsdrama) 43, 108, 110
Zirkus 88
Zufall 23, 41
Zuschauer (Publikum) 7–9, 12, 16–18, 22, 24–26, 28, 31f., 35f., 38, 40, 42–45, 51, 57, 59, 63, 65–67, 69, 73, 75f., 89, 91, 95f., 98f., 102, 105, 108, 110, 113, 136–138, 140f., 146
Zuschauerraum 140, 146
Zweipersonenstück 13
zwischenmenschliche(r) Aktualität, Bezug 20, 28, 58f., 134, 139